정만원을 읽으면 e-business가 보인다

정만원을 읽으면 e-business가 보인다

정만원 지음

나무생각

차 례

프롤로그

1. 나의 생각

내가 쓴 글을 남에게 보다 쉽게 읽히게 하려면, 나의 생각과 사는 방식을 이해시킬 수 있어야 할 것이다.

'인터넷'이라는 만만치 않은 주제를 가지고, 그것도 초급에서 고급까지 다양한 수준의 이용자(User)들을 모두 만족시키려 나섰을 때, 걱정이 앞선 것도 바로 그러한 이유에서다. 필자가 자주 쓰는 용어나 비유가 독자에게 얼마만큼 생생하게 전해질 것인가 하는 점은 더욱 걱정되는 부분이다.

몇 차례 고민을 거듭한 끝에 앞부분에는 e – 비즈니스(인터넷 비즈니스)를 하고 싶은 분들께 조그마한 등대를 놓아 드리기로 결정했다. 그리고 이 책의 마지막 부분 역시 인터넷을 쓰고 싶으나 엄두가 나지 않는 분들이 손쉽게 접할 수 있도록 조그마한 등대를 부록처럼 끼워놓았다. 또한 중간중간에 단상이라 할 수 있는 글들을 삽입해 놓았다.

그런데도 각 페이지마다 드리고 싶은 메시지가 독자들에게 제대로 전달될 수 있을까 하는 의문은 여전히 걱정으로 남는다.

2. 요약본

일반적으로 긴 보고서를 만들고 난 후 요약본을 만들어 바쁜 분들께 드리는 것이 관례인데, 이 글의 요약본은 〈가상 세계와 현실 세계의 조화〉라는 월간 《e – Business》 잡지에 2000년 2월부터 4월에 걸쳐 연재한 글을 모태로 한다.

그 글의 내용을 다시 정돈해 정리한 것이 'e – 비즈니스를 하고 싶은 분들께 드리는 조그마한 등대'인 본문 제4장의 글이다.

따라서 이 책을 서점에서 들춰보시는 분들은 4장을 먼저 읽어보고 흥미가 느껴지면 책을 구입해 계속 읽으시는 것이 바람직하다.

그렇지 않다면 시간과 돈을 낭비할 필요 없이 조용히 이 책을 접어 제자리에 두시면 된다.

3. 나의 삶

자서전도 아닌데 어찌 살아온 이력을 줄줄이 나열할 수 있을까?

앞에서도 말씀드렸듯이, 글쓴이의 생각과 사는 방식에 대한 이해가 글을 보다 쉽게 읽을 수 있도록 도와줄 것이라 믿기 때문에 나의 삶을 편린이나마 보여 드리고자 하는 것이다. 이 또한 1999년 10월 20일자 조선일보 '샐러리맨 연구'에 실린 글로 대신한다.

적어도 인터넷을 말할 때 그 이상의 것은 불필요하다고 생각한다.

4. 이 글을 읽는 독자에게

일단은 많은 것을 늘어놓을 것이다. 다만 산만하다고 느껴질 만하면 중간중간 요약을 할 것이다.

요즈음 하늘 높은 줄 모르고 치솟던 닷컴(.com) 주식들이 휘리릭 추락하고 있다. 회원을 모집하고 회원 수를 무기로 광고를 유치하는 수익 모델이 현실적이지 않다는 사실이 이제야 입증되고 있는 셈이다.

이처럼 현실 세계와 가상 세계를 자의적으로 격리시키고, 양 세계를 대립의 개념으로 파악하던 허구의 실체가 서서히 드러나고 있다.

인터넷으로 대표되는 디지털 시대는 우리 민족사적 관점에서 볼 때 천재일우의 기회임에 분명하다. 이러한 기회를 맞아 보다 더 문제의 핵심에 접근하는 것이 후손에게 자랑스러운 선대로서의 위치를 자리매김하는 방책임은 의심할 여지가 없다.

이 책은 미래를 지향한다. 우리의 앞에는 빛나는 미래와 찬란한 여명이 기다리고 있다. 그 날까지 프로젝트를 사랑하고 꽃을 피워야 한다. 따라서 개념만으로 전쟁을 논해오던 형식적이고 관념적인 태도를 과감히 부수고 전투에 임하듯 사력을 다해야 한다. 야전군 사령부에서 다가올 전투에 대비하는 전사로서의 자세를 가다듬으며 글을 시작한다.

제1장

인터넷과 요트 경기

1. 샐러리맨 연구 - SK(주) 정만원 상무

1) 틀에 박힌 회계사·공무원이 싫었다

그는 직장을 두 번 옮겼다. 첫 직장은 회계법인의 회계사. '평생의 업'으로 생각하고 있던 회계사 직업을 그는 회계법인에 들어간 지 겨우 5개월 만에 그만두었다.

"새롭고 창의적인 일을 하는 것 같지 않아서!"

그 당시 그에겐 행정고시에 합격해 공무원으로 일하는 대학친구가 있었다. 그 친구에게서 창의적인 일을 하려면 공무원이란 직업이 적합하다는 얘기를 들었다. 그래서 그는 회계법인을 그만두고 곧 행정고시 준비에 들어가 7개월 만에 수석으로 합격했다.

그 뒤 그는 문교부(지금의 교육부)에서 잠깐 일한 뒤 동력자원부(지금의 산업자원부)에서 에너지 정책 분야의 일을 담당하게 되었다.

"1년에 3개월 정도는 집에 들어가지 못했을 겁니다. 그래도 여러 정책을 기획하면서 힘든 줄 몰랐습니다."

1993년 3월부터 그는 통상관련 업무를 담당했다. 그 업무를 하면서 "이게 창조적인 일인가?" 하는 회의가 들었다.

"1년만 더 일하면서 생각해 보자."

그런 결심을 한 지 1년 2개월 만인 1994년 5월 어느 날 아침, 그는 아내에게 "오늘 사표를 내겠다"고 불쑥 말했다. 아내는 별말 없이 "그렇게 하라"고만 말했다.

과천 청사에 들러 사직서를 낸 그는 잠적해 버렸다. '잘 나가던 공무원'이라는 평가를 받던 그가 16년 간의 공무원 생활을, 그것도 어느 날 갑자기, 아무런 대책 없이 그만둔 것이다.

"새롭고 창조적인 생각을 펼칠 업무가 아닌데, 무슨 재미로 일하겠어요."

물론 그는 민간 기업에 들어가겠다는 생각은 전혀 없었다. '강압적으로' 떠밀리다시피 해서 선경그룹(지금의 SK그룹)으로 출근했다고 한다.

"다른 사람들이 하는 똑같은 일을 할 수는 없잖습니까? 새로운 영역을 개척할 수밖에요."

1994년 당시 인터넷과 정보 통신은 다소 생소한 비즈니스 영역이었다. 마치 '달나라 얘기'처럼 허황하게 느껴졌던 이 사업을 해보겠다고 달려들었다. 그는 "5년 전부터 인터넷 사업을 하겠다고 떠들었으니 이상한 사람으로 생각한 사람들도 많았을 것"이라고 말했다. 어쨌거나 그는 최고 경영층을 4년 넘게 설득해 오케이 사인을 받았다.

"집념이 강하고 아이디어가 많아요. 자기가 이거다 하는 부분에 대해선 끝을 보려는 성격의 소유자죠. 반대로 이게 아니다 싶으면 주위의 사람이 놀랄 정도로 과단성 있게 그만둬 버립니다"(30년 가깝게 친구로 지내고 있는 대학동기인 ㈜용비통상 김성인 사장).

SK주식회사 김대기 전무 또한 그에 관해 "도전 의식이 강해 성공 가능성이 불확실한 일을 밀어붙여 성사시키는 능력이 뛰어나다"고 평가했다.

그는 지금 민간 기업에서 첫 번째 과실을 거두고 있다. 가맹점에서 물건을 사거나 식사 등을 하면 가격의 일정 부분을 구매자에게 적립시켜 주는 'OK캐쉬백(OK Cashbag)' 사업이 그것이다. 5,000원이 적립

되면 가맹점에서 현금처럼 쓸 수 있고 5만 원이 되면 현금으로 받을 수 있다. 지난 3월 시작했는데, 현재 회원은 800만 명에 이른다. 내년에는 무선전화 011 가입자에게 모두 회원 자격을 줄 예정이기 때문에 회원 수가 1,600만 명으로 늘어날 것이라고 그는 자신했다.

요즘은 내년 1월에 탄생할 예정인 전문형 전자 상거래 포털 사이트(Portal site) 준비로 쉴 틈이 없는 상황이다. 그런데도 휴대폰 등으로 교통과 생활 정보를 제공하는 TSD(Total Service for Driver) 사업을 또한 동시에 시작할 계획을 추진하고 있다.

그는 "필생의 사업으로 데이터베이스 마케팅 계획을 세워두고 있다"며 "창조적인 아이디어가 없어지거나 새롭게 도전할 만할 일이 없어졌다는 생각이 들면 언제든 직장을 떠날 작정"이라고 말했다.

"모든 업무를 착실하게 빠뜨리지 않고 일하는 스타일이라기보다는 창의적인 아이디어를 내서 일하는 스타일에 가깝습니다. 또 그 아이디어를 과단성 있게 밀어붙이는 데는 따를 사람이 없어요. 그러다 보니 가끔은 주위 사람들을 따뜻하게 감싸안는 데 부족한 점도 없지 않아 있지요"(공무원 생활 때 상급자로 근무했던 윤수길 전 동자부 기획관리실장).

김성인 사장도 "정 상무는 자기 주장이 강해 다른 사람 얘기를 끝까지 들어주지 않고 자기 논리로 누르려는 경향이 있다"면서 "처음 만나는 사람들은 상당히 당혹해할 수도 있을 것"이라고 말했다.

그러나 부하 직원인 SK주식회사 김민주 부장은 조금 다르게 말했다. "회의를 하다 보면 사정없이 대하기도 하지만 나중에 불러서 기분 나쁘지 않도록 풀어줍니다."

2) 착실함보다는 '미친 듯한 정열'로

그는 직장에서 일을 할 때 '미친 듯한 정열'을 가지고 있어야 한다고 말했다. 자기가 하고 싶은 일이면 그 일에 온몸을 바칠 준비가 되어 있어야 한다는 얘기였다. 그렇지 않으면 결코 성공할 수 없다는 게 그의 신념이다. 그는 "하고 싶은 일에는 온몸으로 부딪치려고 노력하고 있다"면서 "혼신의 노력을 기울이면 안 되는 게 없을 것"이라고 말했다.

미친 듯한 정열을 가지고 일한다는 것은 결코 정해진 시간에 출퇴근하면서 착실하게 근무하는 것을 말하는 게 아니다. 그는 자기 자신의 창조적인 역량을 모두 털어놓을 수 있도록 노력하는 것이라고 말했다. 그리고 환경 미화원을 예로 들어 설명했다. 하는 일이 그렇게 대단하지 않더라도 티끌 하나 없이 깨끗하게 청소해야겠다는 마음을 가지고 있고, 어떻게 하면 그렇게 청소할 수 있는지에 대해 아이디어를 짜내고, 실제로 깨끗하게 청소했다면 존경받을 가치가 충분히 있다는 것이었다. 또 그런 환경 미화원을 우리 모두가 존경해야 한다고 강조했다.

그러나 미친 듯한 정열이 결코 우직한 것은 아니라고 했다. 앞만 보고 그냥 나아가는 것이 아니라 새 조류를 잘 읽어 변화에 적응하고 선도하는 창조성을 가지고 있어야 한다는 게 그의 지론이다. 그는 죽을 때까지 미친 듯한 정열을 가지고 창조적인 일을 해보는 것이 소원이라고 말했다.

@ 1999. 10. 20. 조선일보

2. 인터넷과 요트 경기

1999년 봄, 인터넷이라는 화두가 갑자기 떠오르더니 이제는 모든 길이 인터넷으로 통한다는 말이 낯설지 않을 정도가 되었다.

야후는 나스닥 상장 후 3년 반 만에 105조 원대의 가치를 지닌 기업으로 성장했다. 디지털 시대에서 남보다 한 발 앞서면 상상할 수 없을 만큼 많은 돈이 쏟아진다. 콜럼버스의 눈앞에 신대륙이 나타나는 것과 같은 형국이다.

그러나 앞으로도 그럴 수 있을까? 만일 그렇다면 그 신화는 언제까지 이어질 수 있을 것인가? 야후의 뒤를 좇아가면 그만큼은 안 되더라도 어느 정도는 기업가치가 오르게 되는 건 아닐까?

과연 디지털 신대륙은 콜럼버스의 후예들에게 아직도 배를 댈 만한 땅을 내놓을까?

1) 인터넷에 적합한 민족성

요즘 잘 알려진 벤처 회사 사장들을 만나면서 어떻게 e - 비즈니스에 들어오게 되었느냐고 묻는 것이 습관처럼 되었다. 그들의 대답은 한결같이 '우연히' 이다.

대체적으로 개인 목적의 어떤 특정 정보나 서비스를 찾다가 문득 "우리 나라엔 왜 이런 것이 없을까?" 하고 생각하는 순간 영감처럼 번뜩 뇌리를 스치는 사업 아이디어가 나왔다는 것이다.

국내 처음으로 전 세계 700여 개 항공사의 항공 노선을 검색·예약

할 수 있는 사이트 travelok.co.kr을 만든 사람은 국내에 이런 사이트가 없다는 것에 대해 자존심이 상해서 이를 만들었다고 한다.

몇 사람이 모여 문득 영감처럼 스치는 사업 아이디어를 낸 뒤 이를 현실로 구현해 내는 속도와 열정은 우리 민족이 갖고 있는 아주 귀중한 자산이다.

그렇다. 인터넷으로 대변되는 디지털 시대는 하늘이 우리에게 준 천재일우의 기회이다. 5년 가까이 인터넷의 짙은 안개 속을 헤매면서 나는 인터넷이야말로 우리가 정말 잘할 수 있는 분야라는 걸 느꼈다.

훗날 한민족의 역사 속에서 자랑스러운 연대로 자리 매김할 수 있는, 그리하여 후손들에게 자랑스러운 선조로서 기억될 수 있는 '거리'를 우리는 갖고 있는 셈이다.

그러한 점 때문에 나는 이 시대의 20대 후반에서 30대 후반의 사람들에게 엄청 큰 시샘을 느낀다.

2) 인터넷과 요트 경기

인터넷은 정해진 항로 위를 움직이는 여객선 운항이 아니다. 그것은 등대도 항로도 없이 목적지만 정해 놓고 칠흑같이 어두운 바다 위를 헤쳐나가는 요트 경기이다.

따라서 여객선 운항처럼 기능별로 업무를 분담한 조직이 힘을 겨루는 게임이 아니라, 몇 사람의 리더가 백척간두에 서서 모든 것을 결정하는 게임이다. 인터넷은 잘 짜여진 기능별 조직보다는 도전 정신과 창의성을 갖춘 유연한 조직이 훨씬 효율적으로 활동할 수 있는 분야이기 때문이다.

지금 이 순간에도 세계 최고의 사이트를 만들기 위해 골방에서 날밤을 지새우는 젊은이들이 있다. 이는 아날로그가 지배하던 여객선 시대에는 상상조차 할 수 없었던 모습이다.

작년 이맘때에 몇 가지 속성을 가지고 그 사람에게 맞는 것을 추천해 주는 추천 엔진을 개발하기로 마음을 먹고 이미 알려진 외국의 추천 엔진 개발업체를 만난 적이 있다.

그러나 그들을 만나본 결과 엄청난 비용이 소요될 것 같았다. 그제야 나는 우리 나라에도 이런 것을 만들고 있는 사람들이 있지 않을까 하는 생각이 들었다.

내가 예상했던 대로 아주 젊고 자랑스러운 후배들이 아무도 알아주지 않지만 꼭 필요한 것들을 만들고 있었다. 우리는 곧 그들에게 원하는 것을 주고 추천 엔진 개발에 전념케 했다.

가을! 두근거리는 마음으로 그들의 작품을 테스트하던 그 날을 필자는 잊을 수 없다. 그들의 작품은 세계 최고의 추천 엔진을 성큼 뛰어넘었던 것이다. 그들은 지금도 날밤을 지새우고 있다. 그 엔진으로 세계를 섭렵하는 꿈을 키우며 뼈를 깎는 노력을 기울이고 있는 것이다. 그들의 날밤 속에는 언젠가는 화려하게 피어날 꽃씨가 숨어 있다.

동방의 아름다운 불꽃은 인터넷이라는 이 시대 최고의 화두 위에서 결국 찬란하고도 빛나는 꽃망울을 터뜨리고야 말 것이다.

@ 2000. 3. 21. 내외경제신문

3. 인터넷 거품론과 방울론

1) 인터넷 거품론

《인터넷 거품론》의 저자인 앤터니 퍼킨스와 마이클 퍼킨스는 현재의 인터넷 열풍을 사상 최대의 투기적 열풍으로 규정한다.

그들에 따르면, 인터넷 회사들은 경영 개념조차 정립되어 있지 않고 전략 자체도 짧은 기간에 국한해 인터넷 특수를 잡는 정도의 단순 차원에 머무르고 있다는 것이다.

이러한 인터넷 거품을 만드는 주체는 벤처 투자자이고, 이를 터질 듯이 크게 부풀리는 사람들은 기업 공개를 주업으로 하는 투자은행가이다.

인터넷 투자은행들이 과도한 자본을 투입해서 거품을 조장하기 때문에 불필요한 기업들이 세워지고, 그에 따라 투자 위험도가 높아짐으로써 결국 일반 개인투자자를 희생양으로 만들게 된다고 주장한다.

물론 이와 유사한 사례는 과거의 패러다임 변화 시기에도 있었다. 1920년대와 1930년대에 설립된 자동차 회사들, 그리고 1980년대 후반과 1990년대 초반의 생명공학 회사들이 좋은 예이다.

인터넷 거품론을 주장하는 전문가들은 일반 투자자들에게 하루 속히 금융 먹이사슬의 농간에서 빠져나올 것을 강력히 권고한다.

2) 인터넷 방울론

이와 반대되는 의견도 만만치 않다. 이러한 현상은 정보화 사회로 진입하는 과정에서 나타나는 일시적인 현상이라는 것이다.

그들은 인터넷, 그리고 e - 비즈니스라는 용어 자체가 불과 몇 년 전까지만 해도 매우 생소한 용어였음을 환기시킨다. 그들은 인터넷 관련 주식의 가치는 '거품'이 아니라 '방울'이라고 주장한다.

다만, 지속적으로 호황 국면에 있던 미국의 신경제 자체가 조정을 받기 때문에 거품처럼 비칠 뿐이며, 정보화 사회로 나아가는 것은 피할 수 없는 대세라는 것이다. 따라서 인터넷 기업은 계속 성장할 것이라고 주장한다.

인터넷 사업은 부풀어올랐다가 꺼지는 거품이 아니라, 몇 개가 꺼지고 몇 개가 계속 생겨나는 '맥주 방울' 같은 것이라는 것이다.

그리고 현재는 인터넷 사업의 진정한 승자가 누구인가에 대한 옥석을 가리는 기간이며, 이러한 과정을 거쳐야만 벤처 기업이 건전한 발전을 할 수 있다고 한다. 필자도 인터넷 방울론에 동감한다.

3) 새로운 패러다임에 적응하기

이러한 혼란기에 우리가 주의해야 할 사항 몇 가지를 살펴보자.

첫째, 주식 가치에 맞는 수익 모델을 보완해야 한다.

수익 모델이 변변치 않을 경우, 주식 가치는 언제든지 추락할 수 있다.

둘째, 투자자들의 투자 변별력이 높아진 점에 주목해야 한다.

인터넷 기업이 주식시장에 상장된 지 2~3년이 지난 미국의 경우, 성장과 이익이라는 두 마리 토끼를 다 잡으리라 생각했던 투자자들의 기대가 의심으로 바뀌기 시작했다.

셋째, 무리한 기업 사냥 모델은 주가 하락기에 악순환의 고리를 낳는다.

지주회사를 통해 기업의 내재가치보다는 시가 총액 관리를 우선시해 온 기업들은 주가 하락기에 인수 기업의 주가가 하락하는 악순환의 고리 속에서 설 땅을 잃게 될 것이다.

그러나 이러한 우려는 사실 인터넷 사업이 세계 최대의 네트워크로, 과거에 사람들이 조그마한 부락에서 거의 완벽한 커뮤니케이션을 했던 것처럼, 전 세계적 차원의 커뮤니케이션을 가능하게 하는 엄청난 자산임을 잊고, 빙산의 일각처럼 드러난 주식 가치에만 국한해 논의를 진행시킨 결과물임을 지적하지 않을 수 없다.

사실 정보화 기능이 몰고온 산물 중 우리를 가장 크게 자극한 것은 나스닥이니 코스닥이니 하면서 증권 시장에서 주식 가치가 놀라운 속도로 급등한 일이다. 우리는 우리도 모르는 사이에 인터넷 사업의 진정한 가치를 잊고, 다가올 패러다임을 준비하기보다는 내재 가치에 의해 평가될 주식 문제에 너무 많이 매달려온 것이다.

인터넷이 거품이 아니라 방울이라면, 그 방울을 고고하게 유지할 수 있는 백마 탄 왕자는 과연 어떤 모습으로 우리에게 다가올까?

4) 백마 탄 왕자

백마 탄 왕자는 1996년부터 등장한다.

1996년의 백마 탄 왕자는 넷스케이프였다. 인터넷을 하기 위해 통과해야 하는 관문인 브라우저는 넷스케이프가 90퍼센트의 시장 점유율을 갖는 바람에 야후·라이코스·익사이트 등은 연간 500만 달러라는 임대료를 내고 넷스케이프를 사용할 수밖에 없었다.

그 후 임대료가 아까웠던 검색 업체들이 자기네 사이트에 무료 전자 우편, 무료 채팅, 무료 홈페이지 등을 제공하면서 넷스케이프와 제1차 포털 전쟁을 선언했는데, 그 결과 야후가 승리하기에 이른다.

그러나 이렇게 좋은 시장이 포털들만의 전쟁으로 끝날 만큼 세상이 어리숙하지는 않았다.

정보의 범람으로 인해 필요한 자료를 찾는 데 많은 시간과 숙련된 노력이 요구되자 네티즌들이 짜증을 내기 시작한 것이다.

이에 두 번째 백마 탄 왕자들의 집단이 도도히 모습을 드러냈다. 그들은 누구인가? 자기만의 독특한 정보를 보유한 '전문 컨텐츠 제공자'들이다. 그들은 '목적형 포털(Destination Portal)'이라는 기치를 내걸고 제2차 포털 전쟁을 일으킨다.

바로 월트디즈니·워너브라더스·파라마운트 등 우리도 잘 아는, 도저히 백마를 타고 공주를 구하러 나타날 것 같지 않은 왕년의 패자들이다.

그래서 방문 목적이 명확한 고객의 특정 사이트 방문에 힘입어 제2차 포털 전쟁은 결국 포털과 목적형 포털의 시장 균형으로 정리되기에 이른다.

제2차 포털 전쟁을 치르는 동안, 인터넷 서비스는 양적·질적 확대뿐 아니라 그야말로 진짜 고민에 빠져들게 된다. 고객의 입장에서 느끼는 가치를 최대화할 수 있는 서비스가 무엇인지를 새롭게 정의하고 고민하기 시작한 것이다.

이 고민은 지금도 계속되고 있다. 그래서 이제 새롭게 나타날 백마 탄 왕자들인 제3차 포털은 결국 다음과 같은 형태로 정리될 것이다.

첫째, 단순한 정보 관문에 더하여 개인 사무 대행 기능이 추가될 것이다.

둘째, 여러 전문 포털 사이트를 묶어 서로 중복되지 않도록 기능을 모은 다음, 또 다른 정보군을 형성함으로써 고객들이 한 곳에서 다양한 정보와 서비스를 접할 수 있을 것이다.

셋째, 엄청난 숫자로 신설되는 사이트를 검색, 필요한 자료를 발췌·요약해 주고, 고객이 필요 없다고 판단하는 자료는 다음 번에 검색 엔진이 스스로 알아서 삭제해 버리는 차세대 지능형 검색 엔진이 장착될 것이다.

결국 인터넷이 거품인가, 방울인가 하는 논란이 종식될 무렵, 제3차 포털은 묵묵히 고객 가치를 창출해 온 왕자들에 의해 만들어질 것이다. 이러한 왕자들은 칠흑 같은 어둠 속에서 조그마한 항로를 통해 등대도 없는 길을 찾아 가장 빠른 시간에 목적지에 도착하는 게임을 즐길 것이다.

이러한 인터넷 공간은 그 공간에서 발생하는 아주 사소한 일조차 우리가 미리 경험해 보지 못한 것이기에 창의력과 순발력, 그리고 육감이 아주 중요한 성공 요소로 작용할 것이다.

그러므로 우리에겐 희망이 있다. 사업을 하다 망하면 일가친척까지 쪽박을 차던 산업 사회 환경에서, 몇 번의 실패가 오히려 큰 자산이 되고 소규모 자본에 의한 창업이 가능해진 인터넷 환경이야말로 창의력과 순발력, 그리고 육감을 갖춘 N세대가 마음껏 즐기고 환호할 만한 환경이기 때문이다.

따라서 테헤란밸리에 빈 공간이 있게 해서는 안 된다. 엄청난 노동력이 요구되는 인터넷 사업의 메카인 테헤란밸리를 다시 꽉꽉 채울 수 있도록 우리 모두 격려하고 힘을 합쳐야 할 때이다.

@ 2000. 6. 내외경제신문

제2장

세 쌍둥이의 탄생

1. 방황, 서광, 그리고 IMF

1994년 5월, 나는 1976년말 산경회계법인에 공인회계사 시보로 입사한 뒤 공직에 몸담았던 때까지를 합쳐, 변변한 휴가조차 가지 못하고 일에 파묻혀 지낸 지 17년 반만에 생의 전환기를 맞았다.

돌이켜 보면 내가 공인회계사를 하겠다는 마음을 굳힌 때는 고등학교 2학년 때였다.

그 당시 가장 잘 팔리던 잡지인 《진학》의 직업 소개란에서 공인회계사라는 직업을 접했던 나는 바로 이거다 하며 무릎을 쳤다. 그 잡지 또한 친구의 것이었으니……. 한 사람의 삶이라는 것이 이런 식으로 정해진다는 사실을 생각해 보면, 요즘도 매일매일 사건을 확실히 정리하고 되새겨 보아야 한다는 교훈을 소홀히 할 수 없다.

1970년부터 신촌 백양로에서 시작된 대학 생활은 무료와 방황, 뭐 그런 단어들로 채워졌다.

홍익대학 앞의 까타리나 명동의 심지다방과 함께 3대 다방으로 꼽히던 할렘다방에서 하루종일 퍼져 앉아 흐느적거리는 것이 주된 일과였다. 당시 할렘다방은 음악 감상실 특유의 분위기가 물씬 풍기던 곳이었다.

친구들은 하나같이 실연의 아픔에 혼자 울고(상대는 전혀 미동도 않는데), "인생이 지겹다"란 치기 어린 생각으로 우울해 했다. 그러던 어느 날 지금은 외무고시를 통과해 외교통상부에서 근무하는 죽마고우와 골방에 앉아 죽음을 얘기하고 야릇한 유혹에 빠져들었으나, 목숨을 끊을 만한 대단한 이유가 있는 것은 아니어서, "이러지 말고 여행이나 떠나자"라며 의기투합하게 되었다.

우리는 아르바이트를 해서 번 돈 몇 푼을 든 채 "당분간 찾지 마세요"라는 편지를 남기고 부산행 완행열차에 몸을 실었다. 그러다가 대구쯤에서 내려 여관에 투숙했던 우리는 그제야 소매치기로 인해 돈이 없어진 사실을 깨달았다. 결국 여관에 잡혀 있던 우리는 문구 제조업을 하시던 아버지 덕에 그 옆의 문구 도매상에 들러 돈을 받아 여관비를 내고 집으로 돌아오는 해프닝을 벌이기도 했다.

그 뒤 신체검사 중에 군의관이 "화상 입은 왼손이 겨울에 마비 증세가 없느냐?"라고 물었을 때 짜증을 내며 멀쩡하다고 소리질러 받은 신체등급이 갑1종이었다.

3년간의 군대 생활을 마칠 무렵 《연세춘추》를 받아 읽어보던 나는 뜨끔하고 놀라고 말았다. 거기엔 공인회계사 시험과 행정고시에 모두 합격한 학우의 사진이, 그것도 대학 1학년 때 같은 서클에 다니던 학우가 줄줄이 3명씩이나 들어 있었던 것이다.

아, 그랬다!

내가 하고 싶었던 것은 바로 공인회계사였다. 나 역시 공인회계사가 되어 산경회계법인에 들어갔다. 이미 산경회계법인에는 앞서 들어간 학우가 있었다.

그 친구는 내가 산경회계법인에 들어간 지 3개월 만에 휴직을 한 뒤 6개월을 공부하더니, 20회 행정고시에 합격해 공직 생활로 들어갔다.

나는 합격 축하연에서 만난 그가 몹시 부러워 보였다. 그가 설명하는 공직 생활을 통한 가치 창출에 취해 나는 21회 행정고시에 응했고, 결국 1978년 5월부터 공직 생활을 시작하게 되었다.

마침 이란의 팔레비 국왕이 1978년 말 물러나면서 시작된 제2차 석유 파동은 우리 나라에도 여지없이 휘몰아쳐, 59.43퍼센트에 이르는 유가 인상이 두 차례나 단행되었다. 나는 공인회계사라는 타이틀 덕분에 1980년 8월 24일 석유 가격 조정 때부터 동력자원부 자원정책실 석유정책과 소속의 석유 가격 담당사무관으로 일하게 되었다. 그 뒤로 줄곧 수면 부족에 시달리면서 파란 파도를 동경했던 기억이 아직도 뇌리에 남는다.

1994년 5월에 공직을 정리하고 아무런 기약 없이 거리에 나왔을 때, 왜 그렇게 프랜차이즈 커피숍을 하고 싶었던지 모르겠다. 아주 밝은 커피숍 한가운데에 개당 1,000원쯤 하는 팬시 아이템을 둥그런 테이블 위에 올려놓고 일주일 한정 판매를 하면서, 회원을 모으고 커뮤니티를 엮어 팬시 아이템 동호회를 만들 생각을 골똘히 했다.

이것이 현재 하고 있는 e ─ 비즈니스인 컨텐츠(Contents), 커뮤니티(Community), 커머스 모델(Commerce Model)임을 뒤늦게 깨달을 수 있었다.

그 당시 난 세계 방방곡곡을 돌아다니면서 팬시 아이템을 모아 오는 재미에 남은 인생이 무척이나 즐거울 것이라는 생각이 들었다.

동네 근처에 1호 상점을 열려고 분주히 알아보던 중, 1980년부터 친형처럼 모시던 한 직장 상사님을 비롯해 국장님·과장님들이 모두 모이신 자리로 불려나가 재판을 받게 되었다.

"그래, 무엇을 하려고 하는가?"

"아무 생각 없이 그저 연말까지 쉴 생각입니다."

"그럴 리가 없어. 가만히 있을 사람이 아닌데…… 무언가 꿍꿍이속이 있지?"

"아뇨, 없습니다!"

한참을 고문받던 끝에 결국 커피숍 얘기를 꺼내자 예상대로 대단한 진노가 나타났다.

"아무 소리말고 7월 1일부터 선경그룹 경영기획실로 출근해!"

누구의 영이라고 감히 거역할 수 있겠는가. 이 세상에서 가장 존경하는 분의 말씀인데다 천재를 거명하라면 서슴없이 거명할 수 있는 분의 지시인데 말이다. 결국 나의 민간기업 생활은 그렇게 시작되었다.

그 당시 정부는 도로·항만·철도 등 사회간접자본의 부족을 메우기 위해 민간자본을 유치키로 하고 '사회간접자본 민자 유치법'을 바쁘게 만들고 있었다.

그래서 신문지상에는 큰 기업마다 어떤 민자 유치 프로젝트에 참여할 것인가 하는 기사가 매일 실리고 있었다.

약간의 빈틈이 보였다.

"그래, 이 일을 하면 되겠다!"

선경그룹 입사 후 석 달쯤 지난 1994년 9월 말의 그 날을 나는 잊을 수가 없다.

왜인가? 그 날은 '에너지' 부문만 담당해 오던 내가 '정보 통신' 분야의 일을 시작한 날이기 때문이다. 정보 통신과 관련되는 사회간접자본 민자 유치를 검토하라는 임무가 내게 주어졌다.

막상 일을 맡고 보니 너무 막막했던 까닭에 정보 통신부에 근무하는 지인을 찾아가서 함께 상의했다.

그러나 그의 대답은 별로 신통치 않았다.

"가서 잘못했다고 그래. 정보 통신은 정부가 허가만 내주면 다들 돈 들여 하겠다고 하지만, 사실 민자 유치와는 안 맞는다고. 그냥 조금 아는 에너지를 계속하겠다고 말해."

하지만 빌 때 빌더라도 맡은 이상 죽을 힘을 다해 하는 데까지는 해봐야 하지 않겠는가!

"그럼, 정보 통신 관련 박사들 좀 소개시켜 줘."

그 뒤 나는 참으로 많은 사람들을 만났다. 하지만 그들의 대답은 앞의 대답과 대동 소이했다. 이러한 상태에서 한 달쯤 지나 민자 유치를 검토할 팀이 구성되었다. 나까지 포함해 총 5명이었다.

첫날 원형 테이블에 팀원들이 모두 앉았다.

"자, 이제 어떻게 할까?"

그들 모두 묵묵부답이었다.

"얘기를 좀 해봐. 어떻게 해야 할지……."

여전히 묵묵부답이었다.

하긴 나부터도 정리가 안 되는데, 그들이라고 무슨 할 얘기가 있겠는가!

얼마쯤 지났을까? 우리는 모두 서점으로 향했다. 그래서 '정보 통신'이라는 이름이 붙은 책들을 샅샅이 뒤져 찾아냈다. 다해보았자 40권에 불과했다. 우리는 8권씩 나눈 다음 책을 읽고 요약해 5부씩 복사본을 만들어 토론에 착수했다.

하긴 지금 이와 같은 일을 벌인다면 정말 아득할 것이다. 서점에 즐비한 정보 통신 책을 보면서 지레 질려버렸을 테니까!

그러나 1994년 11월 대형 서점에는 정보 통신에 관련된 책이 겨우

40권에 불과했다. 얼마나 다행한 일인가!

첫날과 둘째 날, 팀원들은 짜증을 내기 시작했다. 그도 그럴 것이 하루종일 임원 방에서 꼼짝도 못하고 책을 읽고 요약을 한 뒤 토론하니, 죽을 맛이었을 게다.

더구나 임원이라는 사람은 아무 뿌리도 없이 날아 들어온 외계인인 데다, 얼마나 버텨낼지도 모르는 불확실한 인물이 아닌가. 게다가 이렇게 볶아대는 임원도 처음 보았을 터이니…….

셋째 날과 넷째 날, 시간이 흐르면서 조금씩 열기가 붙는 모습이 보였다. 나는 정말 열심히 책을 읽었다. 몇 차례 시험 공부를 한 덕도 엄청나게 보았다. 3주차가 되자 놀랍게도 그들 속에서 이러한 얘기가 나오기 시작했다.

"아, 그건 이런 거잖아."

"아냐, 그건 너무 단편적인 시각이야."

드디어 우리는 토론을 할 수 있게 되었다. 그리고 4주차가 되면서 엄청난 속도로 아이디어가 튀어나오기 시작했다.

그 무렵, 우리는 열정에 빠졌고 한 식구가 되었다. 어차피 되돌아갈 수 없는 터널에 빠진 바에야 회중 전등 하나 들고 캄캄한 미로를 헤쳐 나갈 수밖에 없다고 느끼던 바였다.

1995년 4월, 우리는 드디어 다섯 개의 프로젝트를 만들어 보고했다.

그리고 그 중 두 개의 프로젝트를 직접 추진하라는 지시를 받아 인력을 두 배로 늘렸다. 드디어 정보 통신 관련 프로젝트를 본격적으로 검토할 조직이 갖추어진 셈이었다.

그 당시 우리의 규칙은 어떠했는가?

① 남이 먼저 한 말을 되풀이하지 않는다.

② 어떤 아이디어든 탓하지 않는다.

③ 자기가 낸 아이디어는 자기 스스로 전체 계획을 만든다.

④ 한 말을 바꾸는 것을 허용하되, 왜 바꾸는지를 명확히 한다.

⑤ 말을 안 하는 것보다는 틀린 얘기라도 하는 게 낫다.

⑥ 틀린 얘기를 경청함으로써 자신의 아이디어를 점검한다.

1995년 8월 확장된 조직은 모양새가 갖추어졌고 모두들 정말 열심히 일해 주었다.

그러나 정보 통신이라는 것이 원래 네트워크(Network)—플랫폼(Platform)—컨텐츠(Contents)인 바, 엄청난 인프라가 필요했던 까닭에 경영 계획을 만들기까지는 했으나 인프라를 내어줄 주체를 찾는 과정에서 우리는 번번이 실패하고 말았다.

그 당시까지 나는 스트레스라는 것을 받아본 적이 없었다.

"다가오면 헤쳐나간다"라는 의지 하나로 버텨온 삶이기에 스트레스를 즐기기는 하나 스트레스로 마음을 다치지는 않았다. 스트레스는 삶을 다시 생각하게 하는 청량제일 뿐, 맹독성의 독극물이 아니었다.

그러나 그것은 분명 스트레스였다. 아침마다 세수하면 앞머리가 수북이 떨어지고, 자다가 벌떡 일어나고, 나 하나 믿고 죽어라고 노력한 팀원들의 모습이 어른거리고……

유일한 해결책은 자기 세뇌와 자기 암시였다. 매일 아침, 하루가 끔찍하다는 생각을 떨쳐내면서 거울을 보고 열 번씩 되뇌었다.

"나는 할 수 있다. 나는 해낼 거다. 해내야 할 가치를 이 프로젝트가 가지고 있는 이상……."

마침내 하늘의 도우심이 있었다. 자기 암시조차 소진되어 갈 즈음, 우리의 프로젝트를 받아 주는 분이 나타난 것이다.

그 날, 우리는 송골매의 '탈춤' 이라는 노래를 불렀다.

"한삼 자락 휘감으며, 덩실덩실 춤을 추자. 탈춤을 추자."

1996년 9월, 드디어 프로젝트 관련 인프라를 내어줄 주식회사 유공 (지금의 SK주식회사)에서 우리는 20명의 전사로 불어난 '복합네트워크 프로젝트 추진팀' 이라는 긴 이름의 조직을 발진하기에 이르렀다.

일만 열심히 하면 되는 상황이 얼마나 좋은 것인지를 오랜만에 가슴 벅차게 느낄 수 있는 순간이었다.

끝이 없는 터널을 빠져나온 듯한 쾌감이 밀려왔다. 우리의 프로젝트는 5년 뒤쯤에 활짝 피어날 세상을 준비하는 것이었다. 정보 통신과 유통 물류와 문화 레저라는 3대 연관 산업 구도에서 고객이 필요로 하는 생활과 관련된 컨텐츠를 만들어 미래를 준비하는 것이었다.

그리고 다행히도 그 프로젝트는 1997년 11월 말에 완성되어 모습을 나타냈다. 그와 때를 맞추어 나는 그간 고생한 동료들과 함께 IAAPA가 주최하는 테마 파크 관련 행사인 무역 전시회(Trade Show)를 참관하기 위해 플로리다로 향했다.

그러나 무역 전시회를 참관하고 돌아온 플로리다의 호텔 방에서 CNN 뉴스를 보던 우리는 우리 나라가 IMF에 긴급 구조 금융을 요청했다는 참담한 소식을 듣게 되었다.

그것은 분명 우리 프로젝트에는 엄청난 좌절을 안겨주는 사건이었다.

2. 내로밴드(Narrowband)에 전념

IMF 긴급 구조 금융 요청 뉴스를 본 직후 우리는 로스앤젤레스로 향했다. 그간 논의되어 오던 코리아 디즈니랜드 건에 관해 디즈니와 결론을 내기 위해서였다.

스티브 타이트 해외 담당 부사장을 유니버설 스튜디오 옆의 카페에서 만났을 때 그는 이렇게 말했다.

"IMF 구조 금융 상태에서 한국인들이 테마 파크에 오겠는가? 참 좋은 동업자를 만났는데 시기가 좋지 않다."

또 하나의 좌절을 겪은 셈이었다. 6·25 전쟁 당시, 모친이 고향인 충남 아산으로 피난가던 중 몸을 숨겨 나를 낳은 곳이 경기도 평택군 팽성면이었다. 남의 집 건넌방이었는데, 아랫방에 기식하는 한학자께 모친이 누룽지 꽤나 드렸던 덕에 그분께서 흔하지 않은 내 이름을 한 달 걸려 지으시고 평생사주도 한지에 써서 실로 꿰어 주셨다 한다.

분명 그 평생사주에는 1997년쯤의 내 인생은 '순풍에 돛단 듯'이 잘 나갈 거라고 되어 있는데, 실제로는 죽을 힘을 다해 노력해도 일은 마냥 꼬여만 갈 뿐이었다.

사람의 평생을 좌우하는 것은 다섯 가지 상(相)이라고 한다. 그것을 차례대로 살펴보면 족상(足相)·수상(手相)·관상(觀相)·사주팔자인데, 이 가운데 발의 선이 삶의 편린을 나타내고 손의 선이 이를 조금 더 구체화한다면, 얼굴 모양은 대체적인 윤곽을 보여주고, 태어난 일시는 평생 삶의 여정을 정해 준다는 것이다.

그러나 이 모든 것을 뛰어넘는 마지막 상이 있어 이 네 가지를 형편

없이 갖고 태어난 이들에게도 용기를 주는데, 그것이 바로 심상(心相)
이다. 결국 마음이 모든 것보다 위에 있다는 뜻으로, 이는 후광효과
(halo effect)와도 일맥 상통한다.

성인(聖人)들의 모습 뒤에서 원처럼 밝게 비춰지는 배광(背光)처럼
사람마다 스스로를 남에게 드러내 주는 자기만의 빛이 있다고 한다.

학창시절 못나 보이던 친구를 오랜만에 만났을 경우, 그가 아주 밝
고 멋진 모습을 하고 있다면 우리는 은근히 놀라면서 그의 차림새부터
살펴볼 것이다. 그러나 이는 그 친구가 자신의 마음을 잘 다스린 결과,
심상이 좋아져서 후광 효과가 나타난 것이라 할 수 있다.

살아오는 과정에서 주저앉고 싶을 때마다 우리는 자신의 심상을 다
스려 다가오는 운과 융합해야 한다.

어찌되었건 지나간 것은 지나간 것이고 중요한 것은 현재와 미래이
다. 최소한 다가올 5년 뒤의 세상을 예견하고, 이를 위해 현재 무엇을
준비할 것인가를 찾아야 한다.

어차피 살아오면서 다섯 차례의 죽을 고비를 넘겼는데, 무엇이 두려
워 현실에만 안주하겠는가?

이쯤에서 내게 닥쳐왔던 그 죽을 고비들에 대해 잠깐 얘기해 보도록
하자.

IMF 긴급 구조 금융 요청 당시, 내가 좌절하지 않고 다시금 전투 의
욕을 북돋울 수 있었던 것도 과거에 수 차례씩이나 죽다 살아난 일들
이 크게 도움이 되었음을 미리 밝혀둔다.

첫 번째 고비는 네 살때 동네 우물가에서 놀다가 그만 우물 속으로

퐁당 빠져버린 일이다.

그런데 천만다행으로 떨어진 곳이 물을 퍼올리는 두레박 위였다. 나는 그 두레박에 올라 탄 자세로 우물 속에 앉아 있었다. 우물 안은 다닥다닥 큰 돌들이 박혀 있어 마치 성벽 같아 보였는데, 얼마 있다가 청년 하나가 내려와 날 건져 주었다.

요즘도 가끔 그 우물 속에 앉아 있는 내 모습이 꿈에 나타나는 것을 보면 꽤나 재미있었던가 보다. 물론 그 곳이 무섭지는 않았다. 시원했고 옷을 적셔서 야단 맞겠구나라는 생각만 했다.

오늘날 인터넷이라는 가상 공간은 시각적 요소와 청각적 요소로 구성되어 있다.

그러나 이를 완벽하게 구현하려면 인간의 오감이 전파를 타고 교류되어야 한다. 이것을 구현시키는 기술이 가상 현실(Virtual Reality) 기법인데, 몸에 감지기(sensor)를 붙여 움직임을 데이터화한 뒤 이를 네트워크를 통해 타고 흐르게 하는 것이다.

요즘 오락실에 가면 엉덩이를 흔들면서 오토바이를 타는 모습을 볼 수 있는데, 이것이 아주 초보적인 가상 현실 기법을 채용한 게임기인 것이다.

테마파크마다 설치되는 모션 시뮬레이터도 스크린에 영상을 던지면서 앉아 있는 의자를 흔들어 주는 초보 단계의 가상 현실 기계이다. 이것이 아주 잘 발달하면 우리는 네트워크를 통해 오감을 느끼게 될 것이다.

결국 사이버 섹스까지 가능해진다는 얘기다. 이 정도 되면 네 살 때 우물에 빠진 기억을 가상 현실 기법을 통해 가상 공간에서 생생하게 재현할 수도 있을 것이다. 아주 재미있는 일 아닌가?

두 번째 고비는 중3때 친구와 함께 학교 운동장에 있는 쇠사다리를 타고 올라가 그네를 타다가 겪게 되었다.

손에 땀이 나서 한 팔을 봉에 끼운 상태로 손을 닦다가 그만 바닥으로 떨어진 것이다. 그 순간 귓전을 스치는 바람소리와 함께 파노라마처럼 펼쳐지는 삶의 기억들, 그리고 걱정에 잠긴 부모님의 모습이 눈앞에 떠올랐다.

족히 30분은 될 듯한 아득하고 하얀 찰나의 시간, 엄청난 속도로 뇌는 회전했다. 머리를 가슴 쪽으로 파묻는 것만이 살아날 수 있는 유일한 길이라 생각하고 고개를 숙이는 순간, 쿵 하고 모랫바닥에 처박혔다. 터질 듯이 숨이 막혀 헉헉거리다 일어서니 오른팔이 덜렁거리는 게 아닌가.

빗장뼈라고 해서 목과 가슴 사이에 가로로 놓인 두 개의 뼈 중 오른쪽 것이 깨끗이 부러져 버린 거였다. 병원에서 마치 갑옷처럼 깁스를 해준 덕에 한겨울인데도 호주머니에 손을 못 넣어 한동안 시리게 지내야 했다.

하지만 4주 후에 풀어야 할 깁스가 2주 만에 세수하다 등 쪽이 완전히 반으로 갈라지며 부서졌는데, 그때의 개운함이라니!

어쨌든 링에서의 추락은 내게 아주 기이한 체험을 안겨 주었다. 떨어지는 시간이 찰나였을 터인데, 어쩌면 그토록 많은 생각과 영상들이 머릿속을 스쳐 지나갈 수 있었을까?

아마도 뇌세포가 이제 끝장이라는 판단을 하고서 잠재된 힘을 최대한 발휘했는지도 모를 일이다. 그래서 자기 안에 저장되어 있던 데이터들을 엄청난 속도로 끄집어내어 영상으로 전달한 듯싶다.

죽음을 대면한 순간 아날로그인 인간어를 디지털인 기계어로 전환해(그렇게 해야 데이터의 추출·합성이 빠르니까) 엄청난 속도로 재생했을 것이다. 이것이 우리가 현재 맞고 있는 21세기 디지털 시대의 의미이다.

세계를 잇는 네트워크, 그리고 엄청난 데이터를 저장했다 빠른 속도로 끄집어내는 서버(Server)와 플랫폼.

결국 세상은 엄청나게 빨라지는데 우리가 그 속도에 맞추게 되면 우리 삶의 길이 또한 엄청나게 길어지는 것이다.

이쯤 되면 삶을 길게 살기 위해서라도 인터넷을 익힐 수밖에 없지 않은가? 결국 인터넷을 잘 쓰는 사람들의 실질 수명(시간가치)은 몇 배 늘어난다는 계산이 나오므로…….

앞서 두 번에 걸친 고비가 철들기 전의 사건이라면, 세 번째 고비는 철든 후에 일어난 일이다.

원주에서 군대 생활을 하던 시절이었다. 하루는 중대장 인솔하에 부대원들이 단체로 영화 구경을 가게 되었다.

마침 총각이었던 중대장은 길 건너편에서 아름다운 처녀 둘이 걸어가는 것을 발견하고는 나를 불렀다.

"가서 커피 한잔 하자고 말 좀 건네줄래."

어느 새 내 시야는 그 처녀 둘을 초점으로 카메라 줌인(Zoom-in) 상태로 좁혀졌다. 그래서 나는 지나다니는 차들을 전혀 아랑곳하지 않은 채 곧장 차도로 뛰어들었다. 그 순간 급정거하는 소리가 고막을 찢는가 싶더니, 엉덩이에서 뭔가 뜨겁고 둔탁한 느낌이 불같이 확 일어났다.

잠시 후 작은 구멍 속으로 물이 소용돌이치며 빨려들어 가는 모양을 뒤집어 놓은 듯한 그림이 눈앞에 펼쳐졌고 나는 길 한가운데에 멍하니 앉아 있었다. 택시에 부딪치면서 몸이 붕 떴다가 한 3미터쯤 날아 털썩 떨어진 것이었다. 그러면서도 나는 놓쳐 버린 의식의 끝을 붙잡기 위해 애를 썼다.

"아, 그래! 길 건너에 있는 처녀 둘을 찾아야지."

난 후닥닥 일어나 길 건너편을 둘러보았다. 마침 그 처녀들도 깜짝 놀란 눈으로 나를 쳐다보고 있었다.

오른쪽 엉덩이가 묵직하게 아팠으나 꾹 참고 걸음을 옮기려는데 누군가 자꾸 나를 잡아끌었다. 택시운전사였다. 잔뜩 겁에 질린 얼굴로 병원으로 가자는 것이었다.

아무렇지도 않으니 자꾸 귀찮게 굴지 말라고 하면서 잔뜩 인상을 써서 택시운전사를 쫓아버린 나는 그 처녀들에게로 천천히 다가갔다.

"좋은 구경 하셨으니, 우리 중대장님과 커피 한 잔은 당연히 해야 합니다."

"아니, 그 말 하려고 이 길을 뛰어오신 거예요?"

그 순간 난 목숨을 걸고 중대장의 데이트를 성사시키려 애쓴 충직한 부하가 되어 버렸고, 목숨까지 걸었다는데야 아가씨들 입장에서도 내 요청을 받아들이지 않을 도리가 없게 되었다.

하지만 불행하게도 일이 성사되었다는 생각이 들자마자 엉치뼈 부위에서 맹렬한 통증이 일기 시작했다. 나는 데이트는커녕 영화 관람조차 포기한 채 곧바로 내무반으로 돌아와 끙끙 앓아 누워 있어야만 했다.

이 사건으로 인해 나는 훗날 몇 가지 교훈을 얻었다. 인터넷, 그 칠흑같이 어두운 바다 위에서 벌이는 경주에서는 목적지까지 곧장 빠른 속도로 접근해 가는 순발력이 아주 중요한데, 그러면서도 매 순간 옆을 스치고 지나가는 위험 요소가 없는지 아주 재빨리 간파해 낼 수 있어야 한다는 점이다.

하지만 주변을 살피는 탐색의 태도보다는 여전히 도전적으로 앞을 향해 부딪혀 나가는 자세가 훨씬 더 중요하다는 것은 두말할 나위가 없다. 일단 과감히 부딪혀서 예스(Yes)냐, 노(No)냐를 확인해야지, 주춤거리기만 하는 자세는 스스로를 가장 아래에 묶어두는 어리석은 태도임을 잊어서는 곤란한 것이다.

네 번째 고비는 결혼하고 한 집안의 가장이 된 다음에 벌어졌다. 아직 딸이 태어나기 전이고 아들이 유치원을 다닐 때였으니 적잖이 민망하고 면목없는 일임에 분명하다.

사건이 일어났던 그 날 저녁은 약속 두 개가 겹쳐져 있었다. 그런데 어느 쪽도 취소할 수 없는 약속이었다. 그래서 나름대로 계획을 세워 양쪽을 다 만나기로 결심했다.

사우나에서 일단 한쪽을 만나 양해를 얻은 다음, 술집으로 가서 다른 쪽 사람을 만난다. 거기서 조금 앉아 있다가 다시 양해를 구한 뒤, 사우나로 돌아와 처음쪽 사람을 만난다. 내 계획은 대충 이러했다. 하지만 술집에서 양해를 구하고 나오면서부터 일이 꼬이기 시작했다.

"뭐 그럴 필요 있어요? 한 사람이라면 같이 합석하면 되지."

나는 곧장 사우나로 가서 사람을 데리고 술집으로 왔다. 완전히 빈속이었던 난 후래자삼배(後來者三杯, 술자리에 늦게 오는 자에게 내리석 잔의 술을 주어 취한 정도를 동등화시키는 음주 문화)에다 술이 한잔 들어가면 안주를 전혀 안 먹는 못된 습관 탓에 결국 만취하였다. 그러자 합석한 사람 중 한 명이 자신은 거의 술을 안 했으니 나를 데려다 주겠다고 나섰다. 집으로 가는 도중 그는 자기 형도 오랜 지기인 나를 보고 싶어하니 형을 한번 보고 가자고 제안했다.

그렇게 해서 그의 형을 만나 새벽까지 마주 앉아 얘기를 나누게 되었다. 그러다 보니 술도 거의 깬 상태가 되었다. 그래서 차에 올라타고 시동을 걸었는데, 그것이 바로 문제의 발단이 될 줄이야!

그 날이 바로 13일의 금요일이었다. 시각은 새벽 2시 반쯤, 장소는 일원동이었다. 술에 취해 들어간 집이어서 그런지, 나올 때는 동서남북의 구분이 전혀 안 되었다. 한참을 빙빙 돌다가 남부순환도로처럼 가로등이 일렬로 배치된 길이 앞에 보여 그곳을 향해 씽씽 달려간 것까지는 좋았다.

4차선 도로, 환한 가로등. 그런데…… 아뿔싸! 길이 갑자기 끊어져 있었다. 공사를 하다가 예산이 부족해서 그랬겠지만, 길이 끊어진 상태에서 10미터 높이의 낭떠러지와 암거라고 하는 돌로 만든 하수구가 눈앞을 덮쳐왔다(물론 정확히 표현하자면, 직각으로 꺾여 있는 길이었지만……).

핸들을 오른쪽으로 급히 틀었지만, 쿵하는 충격음과 함께 내가 탄 차는 이미 공중을 날고 있었다.

중3때 링에서 밑으로 날던(?) 때보다 훨씬 더 오래, 그리고 훨씬 더 길게 날고 있었다. 처와 아들의 모습이 눈에 선하게 떠올랐다. 초라하게 변한 그들의 모습, 홍건히 젖은 큰 눈망울로 그들은 나를 나무라고 있었다.

얼마나 시간이 지난 걸까? 정신을 차려 보니 나는 조수석에 비스듬히 기대 누워 있었고, 와이셔츠는 온통 빨간색으로 철갑이 되어 있었다. 흰 와이셔츠가 피로 홍건히 물든 것이었다.

"이상하다. 빨간 와이셔츠를 입고 나왔었나?"

가까스로 일어나 앉으며 억지로 눈을 떴는데 왼쪽 눈이 안 보였다. 그리고 팔을 흔드니 오른팔이 움직이지 않았고 왼발은 마비되어 있었다. 그래도 한쪽씩은 멀쩡하니 남은 인생 사는 데 큰 지장이야 있겠나 생각하면서 차에서 내리는데 양복 안주머니에 있던 지갑이 바닥으로 툭 떨어졌다.

주머니에서 일회용 라이터를 꺼내 지갑을 찾는다고 두리번거리는데, 두런두런하는 남녀의 목소리가 들려왔다.

"또 떨어졌지?"

"응!"

"소형차 같아."

나중에 안 일이지만, 자신의 이름을 끝내 개똥아빠라고밖에 밝히지 않은 사내와 그의 아내는 내 차가 추락한 도로 밑 근방에서 비닐하우스 재배를 하면서 살고 있었다.

개똥아빠는 피투성이인 나를 들쳐업으려 했다. 하지만 업히려다 말고 지갑을 찾아 달라고 부탁하는 나를 개똥아빠는 한심하다는 듯 쳐다보았다. 그에게서 지갑을 건네 받은 나는 그의 등에 업힌 상태에서 다시 차 트렁크 좀 닫아 달라고 부탁했다. 그러자 그들은 "뭐 이런 사람이 다 있어?" 하는 눈빛으로 나를 흘겨보더니 몇 번 정도 트렁크를 닫는 시늉을 해보였다. 하지만 트렁크는 닫히지 않았다.

"왜 안 닫히지?" 하는 생각을 하다가 나는 정신을 잃고 말았다.

"36!"

눈이 부셨다.

"어, 이제 눈을 뜨시네! 잘 세셔요. 한 바늘에 6,000원입니다."

얼굴을 꿰매고 있는 모양이었다. 그런데 숫자가 60에서 멈추었다.

"36만 원이군."

간호사가 거즈를 들고 내 얼굴을 덮으려 해서 입씨름 끝에 거울을 보았다.

마지막인 듯하니 내 얼굴 한 번만 보게 해달라고 고집을 부렸는데, 정작 보고 나니 간호사 말을 듣는 게 나았을 거란 생각이 들었다.

길고 날카로운 손톱을 세워 좌에서 우로, 위에서 아래로 긁어놓은 것과 같은 형국이었다.

어느 부위는 아예 얼굴 살점이 날아가 뼈가 살짝 보이기까지 했는데, 그 색깔이 어쩌면 그렇게도 하얗던지……

개똥아빠가 미처 "목숨에는 지장이 없다"라고 말하지 않았던 탓에 내 처는 시신을 보러 병원으로 달려왔다. 때문에 비록 형편없이 망가진 몰골이었지만 살아 있는 내 모습을 보면서 어찌나 기뻐하던지……

"결혼해서 정말 다행이었다. 총각이었다면 평생 혼자 살 뻔했다."

여섯 살 된 아들은 겁에 질려 제 어미에게 들러붙어 꼼짝도 하지 않았다. 요즘도 아들은 그때 괴물같이만 보였던 아비 얼굴에서 받았던

쇼크를 얘기하곤 한다.

　입원 3일 만에 갑갑증을 참지 못한 나는 친구에게 차를 가져오게 했다. 시동을 걸고 슬쩍 병원을 도망쳐 나왔을 때, 조수석에 탄 내 처는 "참, 당신 못 말려!" 운운하면서 결혼을 잘했다는 건지 못했다는 건지 구분이 안 가는 얘기를 했다.

　개똥아빠 말로는 이사온 지 3개월 동안 10명을 업어 날랐는데, 인사 온 사람은 내가 처음이었다고 한다. 아마 사고를 당한 사람이 불구가 되었거나 목숨을 잃었기 때문일 것이라고 그는 추측했다.

　그로부터 4개월쯤 지난 어느 날, 같은 장소에서 모신문사 사진기자가 떨어져 생명을 잃었다는 신문기사를 우연히 보게 되었다.

　어쨌든 나는 부서진 차를 보러 자동차 정비 공장에 들렀는데, 핸들이 타원으로 휘어져 있었다.

　"사고 탓인가?"

　아니었다.

　"그럼 어떻게 이 지경이 된 거지?"

　떨어지면서 핸들을 쥐어 구부렸을 거라는 답이 나왔다. 생과 사가 갈리는 극한 상황에서 한 인간의 손에 의해 우레탄 핸들이 엿가락처럼 휘어져 버린 것이었다. 사람의 몸 속에 숨겨져 있는 힘이 얼마나 대단한 것인지……. 가슴이 뜨거워졌다.

　그러니 우리에겐 좌절이 없다. 한계도 없다. 그리고 소진도 없다. 살아가면서 우리가 쓰는 자기 능력의 폭과 깊이는 얼마나 되는 것일까?

이제 마지막 다섯 번째 고비에 대해 말할 차례가 되었다. 1992년 대통령 선거가 끝나고 정부 조직에 일대 폭풍이 불어닥쳤다. 동력자원부가 문을 닫고 상공부와 합쳐진다는 발표가 나오면서 졸지에 산업자원부로 더부살이하러 가는 신세가 되고 말았다.

우리는 슬펐다. 저녁 7시경 소주로 시작한 이별 파티가 무척이나 길게 이어졌다. 아무도 말이 없었다.

그 다음날 숙취로 쩔쩔매던 나는 땀이나 흘리자는 생각에 골프 연습장으로 향했다. 단 한 번의 스윙 뒤에 삼지창으로 쿡 찌르는 듯한 배의 통증이 있어 나는 그 자리에서 나동그라졌다. 앰뷸런스를 부르는 동안 연습장 숙소로 옮겨진 나는 우기다시피 해서 진통제 두 알을 먹었다.

진통제의 위력은 참으로 놀라워서 통증이 거짓말처럼 가라앉았고, 나는 달려온 앰뷸런스를 그냥 돌려보냈다. 집으로 돌아오는 길에 약국에 들러 근육통 약을 산 뒤 그것을 배에 바른 다음 저녁을 먹었다.

그런데 아뿔싸! 식사 후 아내와 밤을 먹고 있는데, 삼지창이 십지창이 되어 다시 뱃속을 찌르는 게 아닌가? 쓰러져 데굴데굴 구르는 형국이었다.

네 살짜리 딸아이는 내가 장난하는 줄 알고 깔깔 웃어대고 아들은 그런 딸아이를 윽박질러 울게 만들어 순식간에 집안은 소용돌이 속에 빠져들었다. 그 난리 중에 나는 아내에게 대바늘을 꺼내 양손 엄지와 양발 엄지를 바늘 끝이 보일 듯 말 듯하게 찔러 넣으라고 말했다. 아내는 대바늘을 꺼내긴 했으나 차마 찌르지는 못하고 쩔쩔매기만 했다.

"할머니께 전화해서 어서 오시라고 그래!"

전화를 받은 지 5분 만에 어머니가 득달같이 달려오셨다.

어머니는 인정사정 없이 대바늘 네 개를 끝도 안 보이게 푹 찔러 넣으셨다. 그러자 손가락과 발가락에서 까만 피가 방울방울 솟아올랐고, 그제야 겨우 숨통이 트이는 것 같았다.

"119에 전화해!"

결국 바람같이 달려온 119 구급차에 실려 동네 병원으로 옮겨졌다. 창피한 얘기지만, 그때까지도 나는 내 병을 근육통으로만 생각하고 있었다. 몸도 안 푼 상태에서 갑자기 몸을 쓴 탓에 근육이 놀란 것이라 판단했던 것이다.

그 상황에서도 엑스레이를 찍자는 의사에게 나는 진통제 주사나 놓아달라고 고집을 부렸다. 그런데도 통증이 더욱 심해져서 하는 수 없이 엑스레이를 찍었더니, 의사가 하얗게 질린 얼굴로 빨리 큰 병원으로 옮기라고 말하는 게 아닌가!

그 순간 난 큰일이 터졌다는 걸 직감했다. 그래서 결국 보라매 병원으로 옮겨졌으며 마취 후 수술실로 보내졌다.

마취하는 데 상당히 오랜 시간이 걸린 듯싶었다. 수술대 위에서 쏟아지는 아주 밝은 불빛을 보면서 나는 내 주위에서 수술 도구를 챙기는 사람들의 분주한 움직임을 느꼈다. 그러다가 잠에 빠져들었다.

얼마나 지났을까? 눈을 뜨니 입원실이었다. 주사를 놓는 간호사의 얼굴이 굳어 있었다. 그 태도가 무척 쌀쌀맞았고 주사도 무척 아프게 놓았다.

나는 아내에게 그 이유를 조용히 물어보았다. 아내의 대답은 나를 아찔하게 만들기에 충분했다. 마취가 깰 때 내가 간호사에게 술 한 병을 더 달라고 말했다는 것이다. 아마도 마취 상태에서 깨어나면서 머릿속이 몽롱하고 어질어질한 것이 꼭 술에 만취한 상태와 같았을 것이므로, 아마 병원을 술집으로 착각했던 모양이다.

그 간호사도 처음 당하는 일인지라 자기를 술집여자로 본 게 아니냐며 화를 냈다고 하니, 참으로 딱한 노릇이 아닐 수 없었다. 그래서 의사와 간호사가 엄청 기분 나쁜 표정으로 나를 쳐다보았던 모양이다.

나중에 들은 얘기지만, 세상에 밥을 잔뜩 먹고 후식까지 먹은 후 배가 터져서 병원에 실려온 사람은 그 병원이 생긴 이래 내가 처음이었다고 한다. 대개의 경우, 배가 터지기 전에 아픈 신호가 먼저 오기 때문에 더 이상 음식을 먹지 못한다는 것이다.

때문에 병원으로 실려온 복통 환자들은 며칠을 굶겨서 그 속을 완전히 비운 뒤에 안전한 상태에서 수술을 받게 한다고 한다. 마취할 때는 누구나 구토 증세를 느끼게 되므로 속에 있는 것이 위로 올라와 기도를 틀어막게 될 가능성이 있고 그러면 환자가 죽을 수도 있어 공복 상태에서 수술하는 것이 철칙이라는 것이다.

그러나 내 경우는 어차피 위가 찢어져 음식물이 밖으로 쏟아져 나왔기 때문에, 그대로 두면 장기들이 썩게 되어 죽을 위험이 있으므로 서둘러 마취를 한 것이다.

집도한 내과 과장은 위 속에 있는 음식물을 꺼내다 지쳐 중간에 내 동생 둘을 수술복을 입혀 현장에 데려 왔다고 한다. 결국 동생들도 내 내장을 다 보게 된 것이다. 지금도 난 그 모습이 어떠했는가 물어보지만, 내 착한 동생들은 웃기만 할 뿐 도무지 말을 하지 않는다.

그런 꼴이었으니 의사인들, 그리고 술집 접대부 취급을 받기까지 한

간호사인들 표정이 밝을 리 있겠는가?

깨어나 보니 코 속에 박힌 튜브가 목을 통해 가슴속까지 들어와 있었다. 너무 갑갑하고 아팠다.

"이거 빼주시오!"

"예, 무슨 말씀을……? 6개월은 입원해야 하고 퇴원하고도 어느 장기가 속을 썩여 다시 입원해야 할지 모르는데 무얼 빼달라는 거요?"

"어떻게 하면 빼주겠소?"

"방귀를 뀌면 빼드리지요."

그렇다. 내장을 마구 밀어 넣었으니 내장이 마치 고무 호스 꼬인 듯 꼬였을 터인데, 이게 제 자리를 찾으면 가스가 나오는 이치일 거였다.

"어떻게 하면 방귀를 뀌게 됩니까?"

"운동을 하시면 됩니다."

그때부터 나는 운동을 하리라 마음먹고 몸을 기댄 상태에서 밀고 다니는 운동 기구를 가져다 달라고 부탁했다. 그러자 의사와 간호사는 완전히 비웃는 듯한 표정을 지었다.

배가 터지도록 밥을 먹고 위가 찢어져 들어오더니, 마취가 깨자마자 운동을 한다고 하니 참으로 웃기는 사람 다 보겠다는 표정이었다.

결국 내 성질을 뻔히 아는 아내가 운동 기구를 가져왔다. 아내의 부축을 받으면서 침대에서 일어났는데, 아, 이건 내 일생일대의 최대 실수였음을 곧바로 당장 깨달을 수 있었다. 손끝 하나 움직일 기운이 없었다. 그런데 어떻게 일어서서 운동 기구에 매달릴 수 있겠는가. 하늘이 노랗고 별이 번쩍번쩍하는데, 그제야 의사와 간호사의 표정이 비수같이 가슴에 와서 꽂혔다.

나는 죽기를 각오하고 일어선 다음, 기구에 몸을 의지한 채 한 발을 떼었다. 그러고는 병실 전체를 한 바퀴 돌고는 자리로 돌아와 혼절했다. 그러면서도 깨어나면 다시 돌았다. 그리고 혼절했다가 다시 돌고 이러기를 거듭한 결과, 결국 난 그 날 코에 박힌 호스를 빼낼 자격을 얻어내고야 말았다.

　세상의 일 중에서 가장 쉬운 일이 자기에게 엄격한 일이다. 내 몸과 내 마음인데 그마저 스스로 관리를 못한다면 어찌 세상과 맞설 수 있겠는가?

　인터넷 사업이 아무리 깊은 터널 속처럼 어두워도 하려는 마음만 있다면 못할 것도 없을 것이다. 죽기를 각오하면 안 되는 일이 없기 때문이다.

　다음날 의사는 다른 제안을 했다. 대변을 누어야만 호스를 빼내 주겠다는 것이었다. 좋다. 그 날은 하루 종일 기구를 밀면서 뱅뱅 돌아다녔지만 한 번도 혼절하지 않았다. 성공이었다. 다음날 의사는 아내에게서 그 사실을 확인한 후 깜짝 놀라는 표정을 짓더니 두 번 다시는 내 앞에 나타나지 않았다.

　그래서 난 나를 집도했던 내과 과장에게 이 사실을 얘기했다. 내과 과장은 가볍게 호스를 빼내 주고는 미음을 먹으라고 지시를 내렸다.

　이주일 만에 병원의 만류를 뿌리치고 퇴원한 나는 집에서 담배 한 개피를 찾아 태우다가 그만 기절하고 말았다. 그 날 태운 담배의 독함은 지금도 생생하다.

　그 후 난 다섯 번에 걸친 죽음과의 대면을 회고하면서 더 이상은 내게 기회가 없을 것이라는 생각을 했다. 그렇다. 내게는 너무나 많은 기회가 주어졌던 것이다. 따라서 그 이후의 삶은 여분의 삶이라는 생각을 하고 있다.

그런 까닭에 난 지금도 격렬하게 자신을 태우고 혹독하게 스스로를 질책한다. 게으름을 꾸짖고 도량 없음을 탓하고 아이디어가 부족함을 부끄러워한다. 인터넷 사업은 이러한 바탕 위에서 꽃을 활짝 피우게 될 것이라 믿는다.

다섯 번의 고비에 관한 에피소드를 이 정도에서 마치고 다시 1997년 말로 돌아가 보자.

사실 책 내용과는 크게 상관없는 일에 너무 많은 지면을 할애한 것 같다. 다만 변명이 있다면, 이러한 사건들이 척박한 환경 속에서도 나로 하여금 수많은 난관을 돌파할 수 있게 한 원동력이 되었다는 사실이다. 이제는 조금 삭막하고 을씨년스러운 IMF 직후의 얘기를 다시 해보도록 하자.

어찌되었든 IMF 긴급 구조 금융 요청은 빼도박도못하는 현실이었다. 그래서 우리의 프로젝트는 상당 기간 유보되거나 그 틀을 축소해 명맥을 유지할 수밖에 없게 되었다.

얼마간의 고심 끝에 우리는 내로밴드(Narrowband)로 우회키로 결정했다.

"내로밴드!"

아, 얼마나 어려운 단어인가!

이 말은 여기까지 글을 읽은 독자분들께 지금부터는 어쩔 수 없이 어려운 대목으로 들어간다는 사실을 알려드리는 포성이 될 것이다.

통상 데이터를 전송하는 속도를 bps(bit per second)로 표시하는데, 이것은 내로밴드(Narrowband)·와이드밴드(Wideband)·브로드밴드(Broadband)로 나뉜다.

내로밴드는 우리가 지금 맞고 있는 '초고속 인터넷 서비스'라 칭하는 ADSL이나 두루넷의 케이블 모뎀(Cable Modem) 바로 전 단계에 해당하는 가장 낮은 속도 환경을 말한다.

인터넷 사이트에 들어가 보면, 거의 문자 위주로 구성되어 있고 그림을 가급적 적게 넣고 있는 걸 볼 수 있다. 그 이유는 문자가 편하거나 그림이 없어서가 아니라 그림을 쓰면 쓸수록 전송 속도에 문제가 생기기 때문이다. 즉, 그림이 많아지면 사이트 화면이 열리는 시간이 길어지므로(그만큼 데이터가 많이 들어가니까) 가급적 문자로 채우고 있는 것이다.

나이를 좀 드신 분들이 인터넷에 익숙하지 않은 이유는, 활자는 책과 신문, 그리고 예전 청춘시절의 연애편지로 가닥이 잡혀 있는 반면, 즐기고 바라보는 것은 대부분 그림(텔레비전 탓이 크지만)으로만 접해 왔기 때문이다. PC 통신이 1985년부터 시작되었으니 그 이전 세대들이 컴퓨터를 통한 의사 소통에 익숙하지 않은 것은 어쩌면 당연한 일이다.

한 가지 참고로 말씀드리자면 나이가 드신 분들이 인터넷을 쉽게 하시려면 답은 간단하다. 지금처럼 꾹 참고 기다리시면 된다.

왜냐하면 조금 있으면 전송 속도가 더욱 빨라져 그림으로 가득 덮인, 그 세대에 맞는 인터넷 사이트가 만들어질 것이기 때문이다.

그럼 여기서 인터넷이란 무엇인가를 알아보자.

일단 인터넷은 누구든지 네트워크 솔루션 등의 기관에 돈을 내고 도메인 네임을 얻어 조그마한 서버를 사든지, 웹 호스팅(Web hosting)을 하는 업체에서 서버를 빌려 그 안에 자기가 만들고 싶은 것을 만들면 된다. 그것을 인터넷 서비스 프로바이더(ISP)라는 업체가 도메인 네임을 치고 들어오려는 고객에게 연결시키면 만사 오케이다. 알고 보면 아주 쉬운 네트워크가 바로 인터넷이다.

물론 서버 안에 자기가 만들고 싶은 것을 만들어 넣으려면 우리가 쓰는 일반 언어를 가지고는 입력이 불가능하다. 하지만 이는 개발업체가 많이 있으므로 개인이 그것까지 고민할 필요는 전혀 없다.

가끔 주위에서 왜 이런 것이 나와서 속을 썩이는가 하고 투덜거리는 소리를 듣는다. 잘 정돈된 정보 네트워크를 갖고 있는, 그래서 네트워크의 필요성을 못 느끼는 분들에게서 주로 이런 투덜거림을 듣게 된다.

그러나 인터넷에는 우리가 살아가는 데 필요한 정보가 얼마나 많은가! 인터넷이 없던 시절 필요한 정보를 구하는 게 얼마나 힘이 들었는가! 정보가 필요할 때마다 한정된 주변 사람들에게 부탁해서 정보들을 얻느라 의사를 결정하는 순간까지 얼마나 많은 불편을 겪었는지 우리는 잘 알고 있다.

상사로부터 밑도끝도없이 "이러이러한 것 좀 알아봐"라는 지시를 불쑥 받는다면, 누구나 일단은 황당하고 막막한 기분부터 들 것이다.

이런 경우, 십중팔구는 우선 관련 분야에 있을 듯한 지인을 찾아 부탁을 한다. 그리고 거기서 연결되는 또 다른 인맥들을 통해 한정된 정보를 뽑아 이에 근거해 불안전한 의사 결정을 할 수밖에 없을 것이다.

일례로 부부의 경우를 보자. 부부가 되어 한평생을 같이할 수 있는 조건이 어찌 한두 가지겠는가마는 음악적 취향이 같은 것도 상당히 큰 역할을 하리라 본다.

영화 《이보다 더 좋을 수는 없다》에서 잭 니콜슨이 여행을 떠나면서 온갖 장르의 음악을 준비하는 것은 답답한 공간인 차 안에서 조금이라도 같은 정서를 나누기 위함일 것이다.

하드록을 좋아하는 남편과 클래식을 즐겨 듣는 부인이 여름 휴가 때 서울에서 백암온천까지 차를 몰고 간다고 했을 때, 14시간쯤 소요되는 기나긴 시간 동안 그들이 느낄 답답함의 무게가 얼마나 클까?

우리가 누군가를 만나면 얼마 지나지 않아 서로의 음악적 취향을 묻곤 한다. 뭔가 둘 사이에 같은 부분을 찾고 싶어하는 마음의 표현인 것이다.

그러나 이러한 공통점 찾기는 매우 제한된 선택일 수밖에 없다. 열려 있는 이 모든 세상에서 나와 음악적 취향이 같은 사람을 찾을 수 있다면……, 우리가 선택할 배우자의 폭은 얼마나 커질 것인가?

인터넷은 이것을 가능케 한다. 하지만 무엇으로 그걸 가능케 할 수 있는가?

셀 수 없을 정도로 많은 사람들이 접속하고, 자기의 음악적 취향을 나타내는 흔적을 남기면(클릭하다 보면 저절로 그 흔적이 남게 되므로), 이것을 분석하는 추천 엔진이라는 소프트웨어(프로그램)를 작동시킨다. 그렇게 해서 각자의 음악적 취향이 드러난 가운데 이를 묶어주면, 마침내 음악적 취향이 가장 어울리는 커플이 탄생하게 되는 것이다.

무슨 힘인가? 그것이 바로 네트워크의 힘이다. 인터넷은 인류가 만든 가장 싼 네트워크이자 세계 최대의 네트워크이다. 더구나 사이트 검색은 거의 무료이고 보면 배우지 않을 이유가 없다.

이쯤에서 인터넷의 유래를 알아보는 것도 의미가 있을 것이다. 어떤 단체나 기관도 인터넷을 총괄 관리하지는 않는다. 이것은 인터넷이 탄생된 계기와 일맥 상통한다.

1960년대에 미국은 세계 도처에 흩어진 미군들에게 소련의 핵 공격을 받은 후에도 명령을 내릴 수 있을지를 연구하기 시작했다. 만일 통신망이 중앙 통제라면 핵 공격에 의해 중앙 통제소가 파괴될 경우, 해외에 주둔한 미군에게는 더 이상 명령을 내릴 수 없다는 결론이 내려졌기 때문이었다.

따라서 어느 누구의 관리도 받지 않는 자생적인 망이 필요해졌고, 미 국방부의 주도로 하나의 네트워크가 만들어졌는데, 그것이 바로 '알파넷(ARPANET)'이라는 통신망 시스템이었다.

그 후 인터넷은 군사망에서 점점 확장해 학술·연구 정보망으로 발전하기 시작했다.

인터넷의 가치는 여기에 연결된 서버에 종속된다. 전 세계를 연결하는 서버는 엄청난 숫자로 늘어왔으며, 그에 따라 인터넷의 파워도 놀랄 정도로 커져왔다.

우리 나라의 경우, 1982년 서울대와 KIET 간에 네트워크가 구성되면서 인터넷의 역사가 시작되었다는 정도는 상식으로 알아두면 좋겠다.

이 정도에서 전문적인 얘기는 잠깐 미뤄두고, 다시 1998년 봄으로 시간 여행을 떠나보도록 하자.

IMF 긴급 구조 금융 요청에 따라 내린 결론은 내로밴드에 대한 전념이었다. 그것은 인터넷 사이트를 만들어 정보를 가득 담는 일이었다. 우리는 다가올 미래를 기약하면서 척박하기 그지없는, 정말로 수익을 내기 어려운 인터넷 사업으로 곧장 뛰어드는 모험을 감행해야 했다.

하지만 당시 우리에겐 대안이 없었다. 시장이 척박하든 힘들든 그것을 우회해 갈 대안이 없었다. 만일 우회한다면 아마도 상당한 자금이 투여되어야 했을 것이다.

여하튼 우리는 비장한 각오로 내로밴드, 곧 인터넷 사업에 뛰어들었다. 아마도 내로밴드가 어느 정도의 속도인지 궁금하실 것이다.

현재 아주 잘 갖추어진 사무실에서 자기 컴퓨터에 접속되어 오는 전송 속도는 대략 100Kbps이다.

우리 전화선이 9.6Kbps이니까, 100Kbps면 전화선 속도의 10배쯤 되는 속도라고 보면 된다. 물론 이것을 빠르다고 느끼는 분들은 별로 없을 것이다.

브로드밴드(Broadband)가 되려면 속도가 2Mbps, 즉 2,000Kbps쯤 되어야 하니까 전화선의 200배이고, 일반 직장 내 컴퓨터 전송 속도의 20배쯤은 되어야 한다. 이 정도면 움직이는 화상인 동영상을 실시간 베이스로 쌍방향 통신할 수 있다. 부산에 사는 아버지와 미국 로스앤젤레스로 유학 간 딸이 얼굴을 마주보면서 통화할 수 있는 속도인 것이다. 거기엔 음성이 들리고 난 다음에 움직임이 보이는 우스꽝스러운 모습은 없다.

브로드밴드가 일상화된 세상이 오면 사람들의 생활 행태는 어떻게 변화할까? 그리고 인터넷은 얼마만큼 발전해 있을까?

그렇다. 사이트를 열면 문자는 아주 많이줄어들어 대부분 움직이는 사진과 그림으로 뒤덮여 있을 것이다. 참으로 볼 만한 세상이 될 것임에 분명하다. 하지만 아직은 이 얘기를 길게 할 때가 아니니 이쯤에서 접기로 한다.

3. 내로밴드의 수익 모델

5년 뒤의 다가올 세계를 미리 예측한 사업 모델은 가치 있는 정보를 일상 생활의 서비스와 붙여 사업화하는 것이므로 그 자체가 수익 모델이었다.

잘 꾸며진 레스토랑에서 동영상을 주고 받으며 식사하고 그 대가로 식대만 내게 하는 구상으로, 별도의 수익 모델을 고민할 필요가 없었다.

그러나 내로밴드, 즉 지금의 e − 비즈니스는 일상 생활 서비스와 정보를 묶어 특정 장소에서 제공할 수 있는 성격의 시스템이 아니므로, 무료 정보를 전제로 한 수익 모델 창출이 사업 성공의 핵심인 셈이었다.

우리는 우선 살아가면서 필요한 것을 카테고리 별로 나누었다. 그 결과 출생부터 사망까지 대략 11개의 군으로 분류할 수 있었다.

또한 상품을 팔아볼까 하는 생각도 해보았다. 그러나 아마존의 예에서 보듯 인터넷 전자 상거래는 배달이 필수적이므로 가격을 많이 받을 수 없고 아주 박한 마진 탓에 수익 모델이 안 나왔다.

그래서 인터넷 사이트에 실을 정보를 따져 보았다. 정보를 모으는데 비용이 많이 들 뿐 아니라, 또한 정보도 시시각각으로 변할 터이니 고객은 쉽게 싫증을 낼 것이었다. 게다가 무료인데…….

답답했다. 그렇다고 남들 하듯 회원을 적당히 모아 그 세력을 과시한 뒤, 코스닥에 올려 자본 이익(Capital Gain)을 얻는 것을 목표로 할 수도 없었다.

남들은 회원을 어떻게 모을까가 고민의 출발점이었으나, 우리는 있는 회원들에게 어떤 서비스를 제공할 것인가를 고민의 출발점으로 삼았기에 그러한 일은 더더욱 불가능했다.

여러 가지 궁리 끝에 우리는 가장 어려운 길을 가기로 결정했다. 누구나 쉽게 따라올 수 있는 길을 가보았자 고객 가치 창출에 실패할 것이 뻔했기 때문이었다.

그래서 표어를 "어려운 것은 좋은 것이야!"로 정하고 가장 어려운 길을 찾기 시작했다.

마침내 우리는 오프라인으로 통칭되는 실생활 속의 점포들을 많이 만나 계약을 맺은 다음, 인터넷을 통해 우리 고객을 그 점포로 안내해 주면, 그 점포는 고객이 늘어나게 되므로 거기에 따라 할인 등의 혜택을 고객에게 주는 것으로 가닥을 잡았다.

바로 '가상 세계와 현실 세계의 접목'이었다. 이제는 흔한 문구가 되어버린 이것을 당시 우리는 엄청난 토론 끝에 찾아냈다.

당장은 고객들이 그 가치를 모른다 하더라도, 시간이 가면서 차츰 그 가치를 깨닫고 즐기게 되는 그러한 복잡한 길을 설정한 것이다. 그 사이 참으로 많이들 만났다. 인터넷에 익숙지 않은 점포 주인들을 만나, 인터넷이 얼마나 큰 네트워크이고 고객이 얼마나 늘어날 것인지를 설득했다.

알다시피 그 때가 어떤 시절이었는가! IMF 직후 고객들이 내핍 생활로 들어가 모든 점포가 쩔쩔매던 시기가 아니던가!

고객이 줄어들어 고객의 가치가 얼마나 큰지 절실히 느끼던 그 시기에 우리는 고객을 모셔다 드릴 터이니 우리를 믿고, 오시는 고객께 많은 혜택을 드리자고 목청 높이 외치고 다녔던 것이다.

팀원들의 헌신적인 노력으로 엄청나게 많은 점포들이 우리를 믿고 밀어 주었고 그래서 아주 좋은 조건으로 계약을 하게 되었다. 그렇다. 우리는 상품보다 서비스를 연계시키는 데 심혈을 기울였다.

예를 들면 결혼을 90일 앞둔 신부가 등록을 하면, 매일 그 날의 일정을 알려 주고 머리를 만지든 화장을 하든 질 좋고 값싸게 이용할 수 있는 인근의 점포를 안내해 줌으로써, 결혼과 관계된 모든 일들을 한꺼번에 해결할 수 있도록 서비스하는 것이었다.

결국 우리는 고객 만족과 점포 안내를, 점포는 고객의 증대를, 고객은 알찬 정보와 질 좋고 저렴한 서비스를 함께 누릴 수 있는, 이른바 삼자간의 윈윈(win-win) 제휴 모델인 셈이었다.

이렇게 해서 우리는 그 길고 긴 터널의 시작에 섰다. 그리고 호흡을 가다듬으며 드디어 행군의 나팔을 불 채비를 했다.

4. 넘버원 적립식 할인 서비스의 탄생

11개 테마 중 하나가 지역 정보였다. 주요 지역의 먹거리·놀거리·볼거리·쉴거리인 '거리 4형제'에 관련된 정보를 모아, 고객이 어느 곳을 가든 전자 지도로 쉽게 정보를 찾아볼 수 있게 하는 테마였다.

수익은 점포 소개 광고료로 책정했는데, 이는 정보를 모으러 다니는 CP(Contents Provider, 정보 제공자)가 많은 고객이 점포를 방문할 때 들르는 사이트에서 해당 점포를 상세히 안내할 터이니 일정액의 광고료를 지불하라고 권유하면 된다는 판단에서였다.

거기에다 용가리로 불리는 직원 하나가 아이디어를 하나 더 추가했다. 그 점포에 가서 광고 게재를 권유하는 바에야, 적립식 할인 서비스까지 키워보면 어떻겠느냐 하는 것이었다.

적립식 할인 서비스는 곧 마일리지 서비스를 말함이었다. 요즘은 아주 많이 일반화되어 맥도날드에 가든 동네 문구점에 가든 고객이 내는 돈의 일정액을 모두 포인트로 주고, 어느 정도 쌓이면 상품을 주는 형태로 정착되어 있다.

쉽게 생각해 항공사 마일리지를 떠올리면 된다. 열심히 외국 여행을 다니다 보면 어느 날 무료 항공권이 나오는 것과 같은 이치이다.

늘 그러하듯 아이디어로는 괜찮다 싶어서 "그래, 네가 해봐!" 하고 쾌히 받아들였다.

"저 혼자요?"

"그래, 그럼 너 혼자 하지 누가 있어?"

그 때부터 용가리는 거의 죽다시피 했다. 결국 어깨에 물혹이 생겨 수술을 하고는 끝나자마자 사무실로 뛰어왔다. 그는 이 일에 완전히 미쳐 있었다.

그런데도 아직까지 한 번도 따뜻한 말 한 마디 안 건네고 야단만 친 것이 마음에 걸린다. 하지만 긴장을 늦추지 말고 보다 신속하게 고지를 점령해야만 하는 상황에서 같이 뛰는 모습은 보여줘도 멀쩡히 서서 위로나 해주는 모습은 보일 수 없었다.

뛰는 속도가 처질 때만 같이 뛰면서 느리다고 야단을 치는 내 모습에는 나도 질린다.

지역 정보를 만들다 파생된 아이디어였기에 별도로 사업 승인을 받고 할 여유와 시간이 없었다.

그래, 'Think Big, Start Small'이다. 크게 생각하나, 시작은 작게 한다. 그러니 용가리의 고통이야 어느 누구보다 컸으리라.

이제 그 아이디어의 이름을 밝혀보겠다. 그것이 바로 OK캐쉬백이다. 주유소에서 쓰든, 011이나 017 휴대폰을 쓰든, 신세계·이마트에서 물건을 사든, 캐쉬백(Cashbag) 로고가 붙은 점포에서 물건을 구매하면 사용처마다 각 사업자가 정한 일정액을 포인트로 받아 5,000원 이상 되면 화폐처럼 쓰고, 5만 원 이상 되면 현금으로 돌려 받는 사업이었다. 그럼 무엇부터 해야 할까?

이미 음식점 등에서 돈을 지불할 때 카드를 긁는 단말기와 카드사까지 연결된 네트워크를 갖춘 부가 통신사업자(VAN사)와는 적절한 계약이 이루어져 있었다. 따라서 카드를 긁는 단말기 안에 롬(ROM)만 아주 작은 비용으로 교체하면 고객이 사용과 동시에 자기 포인트가 얼마인지 바로 알 수 있도록 되어 있으므로 우선은 가맹점을 모으는 일부터 해야 했다.

우리는 같은 층을 쓰는 모든 직원에게, IMF 탓에 능력은 있으나 직장이 없는 믿을 만한 친지들을 추천하라고 일렀다. 그리고 일정 장소에 그 분들을 모신 다음 본격적인 활동에 들어갔다.

"같이 갑시다. 가맹점 하나 모을 때마다 수당을 드리겠습니다. 비록 큰돈은 아니겠지만 잘하시는 분은 추후 가맹점 관리라는 안정된 직업을 보장하겠습니다."

우선 우리의 목표는 가맹점 3,000개를 모으는 일이었다. 며칠이 지나면서부터, 그 날 모인 DP(Data Provider)들이 하나둘씩 떠나갔다. 역시 모으는 사람만 모으고 있었다.

그 분들 중 끝까지 남은 분들께는 각자 '가맹점 관리 회사'를 만들도록 지원해 고정된 수입원을 갖도록 보은했다.

가맹점 3,000개가 모이자 우리는 이 사업이 될 성싶은 떡잎이라는 사실을 알릴 수 있게 되었고, 드디어 그 동안 엔크린 포인트와 콜 플러스 포인트로 각각 운용되던 주유소와 011 휴대폰 포인트의 대통합을 관련 임직원의 적극적이고 대승적인 협조 아래 이루어냈다.

이렇게 모은 가맹점의 정보는 지역 정보에 더 없이 큰 재산이 되었음은 물론이다.

1999년 가을, 새로운 경쟁 환경이 조성되었다. 바로 카드 가맹점 통합이었다. 어느 카드사와 가맹점 제휴를 했든 아무 카드나 받을 수 있고 결재는 카드사끼리 정산하는 제도가 발효되면서 카드사는 모두 적립식 할인 서비스를 시작하기에 이르렀다.

그간의 가맹점 확보 전략이 가맹점 통합으로 차별성이 없어지자, '적립식 할인 서비스'라는 차별화 전략으로 모두 바꾼 것이다.

숨가쁜 나날이었지만, 가장 큰 주유소 네트워크와 가장 많은 휴대폰 고객 덕분에 그 게임은 OK캐쉬백이 넘버원 적립식 할인 서비스임을 고고하게 알린 채 막을 내리게 되었다.

인터넷 사업을 실생활과의 연계에서 출발했듯 실생활에서 쌓인 포인트는 현재 인터넷에서 상품과 서비스를 살 때 쓸 수 있도록 되어 있다.

다시 한 번 강조하거니와, 가상 세계는 현실 세계의 복사본이다. 단지 게임과 만화와 꿈과 희망이 추가될 뿐이다.

데이터를 보낼 전화선이 작아 문자로 씌어 있을 뿐, 전화선이 커지면 실생활의 모든 영상이 인터넷에 올라올 것이다. 제삿날 '현고학생부군신위'라고 써놓고 돌아가신 분을 생각하는 지금의 모습도 언젠가는 PC나 텔레비전을 켜놓고 돌아가신 분의 살아 생전 모습과 음성을 생생히 보고 들으면서 추념하는 날이 오게 될 것이다.

결국 시간을 극복하고 서울과 로스앤젤레스라는 공간을 뛰어넘는 것이 인터넷의 미래인 것이다. 그러니 이제부터라도 인터넷을 생활과 연결시키는 버릇을 들여야 할 것이다.

시간과 공간 여행을 한자리에서 해내는 꿈, 그것을 실현시켜 줄 수단이기에……

5. 드디어 세 쌍둥이를 출산

왜 현금으로 돌려주는데 무식하게 Cashbag인가? Cashback이어야 맞지 않는가! Cashbag을 현금 가방으로 생각하고 쓴 거라면, 이건 정말 무식의 소치일 거라는 말을 많이 듣는다. Cashbag이 된 이유는 이러하다.

처음에는 OK Cashback으로 정하려 했는데, 상표 등록이 안 된다는 것이다. Cashback이 일반 용어이기 때문이라는 게 그 이유였다.

여하튼 OK캐쉬백은 1999년 6월 텔레비전 광고를 시작하고, 용가리 옆에 젊은 전사들을 새로 붙여 빠른 속도로 시장을 향해 진군하기에 이른다.

아, 우리 젊은이들에겐 희망이 있다!

우리의 젊은 고객들은 일단 주어진 것이라면 철저히 본인의 권리로 알고 점검한다. 엄청난 고객의 소리가 쏟아져 들어왔다. 서비스의 부족을 지적하는 이메일부터 칭찬하는 이메일까지 고객의 반응은 대단했다. 그래서 우리는 고객들로부터 무척 많은 것을 배웠다.

내로밴드에 전념한 후 우리의 사업은 세 쌍둥이의 출생으로 일막을 내리게 되었다.

· 적립식 할인 서비스인 OK캐쉬백 사업

· OK캐쉬백 회원 2,500만 명을 대상으로 인터넷에서 정보 · 상품 · 서비스를 제공하는 okcashbag.com

· 교통 정보를 축으로 해서 운전자에게 필요한 모든 것을 제공하는 Entrack 사업

이 세 쌍둥이는 비록 시기를 달리해 태어났지만 아날로그에서 디지털로 경제 · 문화의 흐름이 바뀌는 현 시대에 우리의 고객에게 디지털적인 혜택을 제공하기 위해 탄생한 쌍둥이였다.

그러면 이 정도에서 이 장을 정리하고 다음 장으로 넘어가 무엇이 인터넷의 본질이고 어떠한 전사들이 이 시장에서 활약하고 있는지, 가야 할 방향은 과연 어디인지를 살펴보기로 하자.

제3장

요람에서 무덤까지

1. 가상 세계에 대한 사색

인터넷을 통해 하루가 다르게 등장하고 있는 가상 사회는 종류도 다양하다. 사이버 시장, 사이버 학교, 사이버 쇼핑몰, 사이버 동창회, 사이버 분향소, 사이버 모델, 사이버 뱅크, 사이버 캐쉬……. 그 중에서 사이버 공간을 무대로 활약하는 가상 인간을 예로 들어보자.

미국의 라라 크로포드, 일본의 교코 다테, 우리 나라의 아담·류시아·사이다 등 사이버 가수들이 잇따라 데뷔했고, 국내 텔레비전을 통해서 경제 해설을 맡고 있는 나잘난 박사와 미국의 세계 최초 사이버 앵커우먼 아나노바(www.ananova.com) 등도 대중의 눈길을 끌고 있다. 또한 우리 나라에서는 KAIST에 입학한 사이버 대학생과 사이버 기자도 등장했다.

이미 사이버 공간이 현실에 영향력을 미치는 것은 새삼스러운 일이 아니다. 사이버 여론은 현실 정치·문화·사회에 커다란 영향을 끼치고 있다. 최근 여러 비정부기구(NGO)에서는 인터넷을 통해 적극적으로 국회 의원 선거에 개입하고 있으며, 미국 대통령 예비 선거에서는 사이버 투표가 등장하고 후보에 대한 기부금도 공모하고 있다.

얼마 전 탤런트 서갑숙 씨가 펴낸 책《나도 때로는 포르노그라피의 주인공이고 싶다》란 책의 음란성 여부를 가늠하는 척도도 네티즌의 의견이 주요 준거 기준이 되었다.

이처럼 가상 공간에서의 여론은 현실 세계에 영향력을 행사하기 시작했다. 따라서 앞으로는 빠르고 집중적이며 결속력을 가진 강력한 여론 형성의 장소인 사이버 공간을 지배하는 자가 현실 세계를 지배해

갈 것이라는 전망이 점점 더 설득력을 얻고 있다.

여기서 잠깐 가상 세계와 현실 세계를 혼동한 모습을 다룬 신문 기사를 소개해 보겠다.

중학교 2학년인 박모 군(14)은 학교에서 돌아오자마자 컴퓨터를 켠다. 박군이 요즘 즐기는 사이버 게임은 〈단군의 땅〉. ID는 '유리마마'로 레벨은 48이다. 사이버 공간에서 직업은 의사이며, 나이는 20세이고 여자친구의 ID는 '아침이슬'이다.

유리마마는 오늘 반드시 사령관을 죽이리라 결심한다. 여러 번 전투를 치르고 도착한 사령관의 숙소. 의사여서 그런지 공격력이 별로 없다. 그래도 용기를 내어 마음을 가다듬고(컴퓨터 앞에서 진짜로) 호흡을 고른다. 드디어 사령관과의 결전을 시작했지만, 아무래도 정신력이 모자란다. 체력에만 너무 신경을 쓴 나머지 정신력 점수를 올려놓지 못한 것이 후회된다. 아, 이렇게 죽는구나 하는 순간 레벨이 60인 여전사 아침이슬이 나타났다. 반가워 (진짜) 눈물이 났다.

유리마마와 아침이슬은 힘을 합쳐 사령관을 무찔렀다. 승리의 감격으로 (진짜로) 가슴이 벅차올랐다. 두 사람은 결혼을 약속했다. 단군의 땅에서 결혼을 하려면 신선에게 1,000만 냥을 줘야 한다. 그러나 현재 두 사람이 가진 돈은 300만 냥, 열심히 돈을 벌어 (레벨을 올려) 결혼 자금을 마련할 계획이다.

박군은 친구도 만나지 않는다. 일주일에 한 번 신촌 햄버거집에서 이뤄지는 〈단군의 땅〉 게임자 동호인 모임이 그의 유일한 오프라인 접촉이다. 이 모임에는 20대 후반 형에서부터 초등학생인 동생뻘까지 있다. 나이와 직업은 상관없다. 게임 얘기만 해도 시간이 모자라기 때문이다. 여기서 나누는 온라인 전투 경험은 그에게 커다란 도움이 된다.

그들은 모두 이름 대신 ID를 부른다. 그러다 보니 황당한 일도 생긴다. 한 번은 모임에 늦어 약속 장소로 전화를 걸었다. 그런데 아뿔싸! 참새등짝·미친개·아사녀 등 ID만 알고 있을 뿐 진짜 이름을 몰라 그냥 전화를 끊어야 했다.

박군은 이처럼 온라인과 오프라인을 혼동할 때가 있다. 게임을 하다 감정에 북받쳐 운 적도 있고 게임에서 돈을 벌면 진짜 부자가 된 듯한 느낌도 갖는다. 그리고 게임하다 목이 마르면 컴퓨터 자판을 두드려 목이 마르다고 쓴 뒤 온라인상에서 물을 마신다. 레벨이 높아져 약자를 도울 때는 봉사와 희생 정신으로 똘똘 뭉쳐지고 그들에게 고맙다는 말이라도 들으면 어깨가 으쓱해진다. 레벨이 높아질수록 강자에게는 약자의 생사 여탈권이 주어지는데, 그럼으로써 게임 세상에서 신이 된다.

이것은 오프라인으로까지 이어져 동호인 모임에서는 나이와 직업에 상관없이 게임자의 레벨에 따라 서열이 정해진다. 동호인 모임에서 레벨이 높은 사람은 거의 경외의 대상이 된다. 박군과 같은 사이버 키드들은 바깥 세상에서 친구 관계와 학교 생활의 경험 및 시행 착오를 통해 배우고 익혀야 할 사랑·우정·헌신·배신·미움·리더십·협동심 같은 것을 온라인 세상에서 배운다. 굳이 책을 읽거나 학급의 친구들과 놀 필요를 느끼지 못한다. 온라인 세상이 오프라인보다 훨씬 박진감이 넘치기 때문이다. 그리고 그것이 체질에도 맞다.

사이버 공간에서의 또 다른 분신은 누구인가? 온라인 게임에서는 롤 플레잉(Role Playing) 장르의 게임을 더욱 발전시켜 가상적인 육체의 신원(Avarta)을 설정하고 있다.

현실에서는 중학생이지만 가상 세계에서는 20세의 의사인 '유리마마' 로 불리며, 또한 '아침이슬' 과 결혼할 계획이다. 목이 마르면 자판에 물을 달라고 쓰고 온라인에서 물을 마시면 현실에서 갈증이 해소되는 기분을 느낀다. 가상 게임을 잘한 날은 현실에서의 학교 생활도 자신만만해진다.

한 게임방 주인이 석 달간 게임을 해서 벌어 놓은 무기가 패키지로 없어진 사실을 알고 추적한 사건이 있었다. 결국 경찰은 실제로 200만 원에 달하는 가상 사회의 캐릭터와 아이템을 훔친 학생을 검거했다.

어떤 학생이 게임 중에 상대 캐릭터를 공격해 숨지게 하자 화가 난 상대방은 직접 현실 세계에서 주먹으로 붙어보자고 도전한 일이 있다. 물론 가상 게임보다 원시적인 수준의 무술이었지만, 이번에는 정반대로 거의 묵사발이 되도록 폭행을 당하고 가상 재산인 무기조차 빼앗겼다.

미국에서는 한 네트워크 게임에서 사이버 성폭력 사건이 일어나 논란이 된 적이 있었다. 한 남자가 순차적으로 두 명의 여성과 강제로 관계를 한 뒤, 이어 두 여성간 행위를 하도록 조작했다는 것이다. 이

남자는 시삽(System Operator, 동호회를 이끄는 리더)이 나타나 감옥에 가둘 때까지 가학성 변태행위를 계속했다.

이 사건을 게시판에 공개한 여성 회원은 자신의 분신이 성폭력을 당하는 동안 실제로 강간을 당하는 듯한 고통과 치욕을 느꼈다고 토로했다. 여러분은 이러한 경우에 정신적인 성폭력을 당했으므로 이것도 일종의 성폭력 사건이라고 보겠는가? 아니면 육체적으로는 아무 일도 없었으므로 성폭력이 아니라고 하겠는가?

결국 격론을 벌인 끝에 그 남성은 회원 자격을 박탈당했지만 곧 부활해 다른 ID로 나타났다. 이처럼 사이버 세계에서 추방은 무의미한 일일지도 모른다. 아무리 내쫓아도 언제든 돌아올 수 있기 때문이다.

이미 우리는 가상 공간과 현실 공간이 뒤섞인 복합(Hybrid) 공간에서 생활하고 있다. 현실 세계가 빛이고 사이버 공간이 그림자라는 이분법은 이제 맞지 않게 되었다. 가상이 현실이 되고 현실이 가상이 되는, 공간의 전도가 일어난 것이다. 이처럼 사이버는 그 자체로 존재하는 또 다른 차원의 현실인 것이다.

2. 지킬 박사와 하이드 씨

30대 중반의 기혼남인 김씨는 〈리니지 게임〉에서는 20대 초반의 아리따운 미혼 여성이다. 공주 캐릭터를 선택해 만화 속 여주인공처럼 예쁜 이름(ID)도 지었다. 상대적으로 여성 캐릭터 수가 적은 게임 세계에서 김씨는 제법 인기가 있다.

요염함이 물씬 풍기는 말솜씨(채팅 내용)가 매력 포인트인데, 미모(?)에 반한 남성 참가자로부터 새 아이템을 선물받기도 하고 가끔은 청혼도 받는다. 최근엔 그 중 한 남성 캐릭터와의 결혼을 두고 진지하게 고민중이다. 강력한 혈맹의 평판 좋은 군주인데다 마음도 잘 맞기 때문이다.

"여성 캐릭터를 선택한 건 미인계를 써 좀더 빨리 고수가 되기 위해서였어요. 해보니 나름대로 색다른 재미가 있더군요. 물론 실수로 정체가 들통날 수도 있겠죠. 그럼 또 어떻습니까. 자살하고 다른 캐릭터로 부활하면 되지요. 지금까지 모아 온 아이템들이 좀 아깝긴 하겠지만……."

익명성이 힘을 발휘하는 곳은 비단 게임 속만이 아니다. 가상 현실 속에서는 어디에서건 실제의 나를 드러내지 않은 채 평소에 상상했던 수많은 일들을 진짜로 행할 수 있다. 생김새도 마음대로 변형이 가능하다. 나이·성별·직업·성격 등 일체의 물리적인 특성은 그곳에서 아무런 의미가 없다. 온순하고 방어적인 사람이 차마 입에 담지 못할 욕설로 무장한 무뢰한이 된다거나, 할 일 없는 백수가 대학 교수 행세를 한다거나 하는 것은 이제 새로운 일이 아니다.

이처럼 익명의 정체성을 통해 현실의 금기는 사라지고 환상을 통한 새로운 체험 세계가 열린 것이다. 현실을 잊고 몰입하는 가상 현실은 종종 사이버와 현실의 경계를 희미하게 만든다.

영화 《매트릭스》에서 인간들은 컴퓨터의 원격 조정에 의해 인큐베이터 안에서 계속 잠을 자면서 매트릭스(Matrix, 자궁)라는 가상 현실에서의 꿈을 현실로 생각하면서 살아간다. 그냥 멍하게 영화를 보면 무엇이 현실 세계이고 무엇이 가상 세계인지 혼돈에 빠지게 된다. 물론 《매트릭스》라는 영화 자체가 가상이지만……

또 다른 SF 영화에서는 남녀가 오프라인상의 데이트라는 절차를 생략하고 가상 섹스(Virtual Sex)를 즐기는 장면이 나온다. HMD를 머리에 뒤집어쓰고 자극적인 영상과 음향을 받으며, 코에는 페로몬을 접촉시키고 몸 곳곳에 전기적인 자극을 주어 이미 밝혀진 인간의 성적 흥분과 반응 메커니즘을 작동시키는 방식이다. 이러한 장치는 수년 내에 상품화될 것으로 예견된다.

그렇다면 이상형의 파트너를 상상의 세계에서 만나 즐기는 것은 서로간에 어떤 윤리적인 부담을 초래할 것인가?

사이버 공간에서의 인간은 생각하는 존재이지만 존재하지는 않을 수 있다. 두 발을 땅에 딛고 있는 현실적인 관점에서 보면, 오로지 익명의 기호로 이루어진, 죽고 태어나는 것이 자유로운 아바타일 뿐이다.

가상 사회 속에서 사람들은 취향이나 관심에 따라 이합 집산을 계속하고 있으며, 커뮤니티는 새롭게 분화된다. 사람들은 필요한 정보를 얻기도 하고 자신이 가진 정보를 제공하기도 한다.

또한 유사한 취향을 가진 사람이 모여 대화를 나누기도 하고, 의기투합하면 힘을 합쳐 새로운 일을 꾸미기도 한다. 취향과 질병 등에 이르기까지 온갖 이유로 모여서 동호회를 만들고, 때로는 공동의 목표를 위해 연대한다. 동강을 살리자는 모임에서부터 정부의 인터넷 검열 폐

지, 심장병 어린이를 돕자는 모임에서부터 국회의원 낙선 운동까지 구체적인 행동으로 진전되기도 한다

이제 컴퓨터와 인터넷은 사회적인 영향력을 발휘하는 세력이 되었다. 가상 공간에서 이뤄지는 새로운 공동체를 살펴보면 인간이 사회적 동물임을 확인할 수 있다. 현실 공간에서든 가상 공간에서든 인간은 혼자의 힘으로는 살아남을 수 없기 때문이다. 인류의 진화를 지지한 것은 공생과 협력에서 비롯된 것이기 때문이다.

3. 따뜻한 인간의 피가 흐르는 공동체로

뇌성마비를 앓고 몸이 부자유스러운 어느 학생에게 가상 공간은 인생의 큰 의미를 가져다주었다. 하루하루 고통 속에 집 안에 갇혀 지내야 했던 그는 인터넷을 알게 되면서 세상을 보는 시선이 달라졌다. 컴퓨터가 그의 인생을 바꾸기 시작한 것이다. 학교에서 급우들이 쉴 새 없이 몰려와 그는 더 이상 외롭지 않게 되었다.

인터넷을 통해 평등하고 정의로운 세상을 열어 보이겠다는 포부를 가진 그에게 인터넷의 의미를 묻는다면, 장애를 딛고 세상과 연결되는 통로이며 새로운 삶의 희망이라고 이야기할 것이다.

이처럼 앞으로 인터넷 사이트들은 이러한 꿈나무에게 희망을 주고, 컴퓨터로부터 소외받은 계층에게도 서비스할 수 있는 아이템을 준비할 것이다. 인터넷이 비록 0과 1로 이루어진 전기적인 신호로 기계적인 조합을 통해 만들어졌지만, 따뜻한 인간의 피가 흐르는 공동체가

되지 않는 한 결국 쇠퇴하고 말 것이기 때문이다.

4. 포르노 사이트가 60퍼센트

디지털 혁명을 인류의 세 번째 혁명이라고 말한다. 신석기 시대의 농업 혁명(B.C. 7,000년경), 산업 혁명(17 ~ 18세기)에 이어 세 번째 혁명이라는 것이다.

디지털 혁명은 정보 통신 인프라와 인터넷을 통해서 짧은 시간에 전 세계로 파급되었다. 기간으로 볼 때 농업 혁명은 5,000년이 소요되었지만 디지털 혁명은 불과 30년 만에 전 세계로 확산되었다.

디지털 혁명의 기수인 인터넷의 대중화 속도는 더욱 빠르다. 도입부터 이용자 수가 5,000만 명이 되는 데 걸린 시간은 라디오가 38년, 텔레비전은 13년이 소요된 데 비해 인터넷은 불과 4년밖에 걸리지 않았다.

이제 우리 나라도 1999년에 디지털 혁명이 본 궤도에 진입해 인터넷이 급속히 전파됨에 따라 생활의 일부분으로 정착했다. 빅뱅을 촉발하기 위해서 정부에서는 인터넷 PC를 염가로 공급했으며, 이에 힘입어 인터넷 사용 인구는 이미 1,000만 명을 넘어섰다.

무엇이 인터넷을 초고속으로 확산시켰을까? 바로 사이버 증권 거래와 몇 건의 포르노그라피이다. 인터넷은 혼자 있는 공간이므로 남의 시선을 의식하지 않아도 되면 결국 인간의 원초적 본능을 표출시킨다.

몇 년 전 클린턴 미국 대통령은 21세기에 대비해 강력한 정보 인프라를 구축한다며 슈퍼 정보 고속도로(Super Information Highway) 프로그램을 공표했다. 이때 《뉴스위크》지는 의미 심장한 카툰을 실었다. 고속도로는 텅 비어 있고 좁은 캠프에만 차가 넘쳐나는 그림이었다. 그 길의 표지판에는 섹스(SEX)라고 씌어 있었다.

아이러니컬하게도 클린턴 대통령이 백악관 인턴 사원이었던 모니카 르윈스키와 밀실에서 벌인 일이 세부적으로 묘사되어 1997년 9월 인터넷을 통해 전 세계에 거의 실시간으로 배포되었다. 초강대국 대통령의 사생활이 낱낱이 까발려졌을 때, 정치 체제와 문화가 다른 수많은 지구인들이 얼마나 충격을 받았던가? 시가를 피우면서 선정적인 상상을 한 사람들은 얼마나 많았을까? 인터넷에 합법적으로 퍼뜨려진 스타검사가 쓴 보고서의 영향력은 클린턴 대통령이 '부적절한 관계'를 시인하는 대목으로 이어졌다.

1999년 4월에는 어느 연예인의 내밀한 장면을 담은 동영상(이른바 O양 포르노)이 사회적으로 큰 이슈가 된 적이 있었다. 연예인으로는 회복이 불가능할 정도로 정신적인 피해를 입었기 때문에 새삼 거론하는 게 미안하지만, 그 사건이 인터넷의 폭발적인 확산에 동력이 된 것은 확실하다.

많은 사람들은 자신의 의견을 통신을 통해 교환했고 비난과 동정이 쏟아졌다. 남성 클리닉에는 갑자기 '위기감'을 가진 상담자가 늘었다는 뉴스도 가십거리로 등장했다. 영상을 담는 시디(CD)의 제조업체에서는 재고를 한꺼번에 정리하고 밀려드는 주문을 처리하느라고 비명을 올렸다. 사이버 공간에 실린 무책임한 루머에 연루된 모 아나운서의 친자 확인 해프닝까지도 이것의 연장선상으로 볼 수 있다.

O양 포르노는 확산의 신속성, 공간적 측면에서 그 전의 유사한 소재를 대상으로 비디오가 유통되던 것과는 전혀 달랐다. 세운상가에서 입수한 지 겨우 1개월도 안 되어 외국에까지 전해지는 위력을 과시했다.

과거에도 연예인의 포르노 관련 추문은 간간이 들렸으나 이처럼 사회적 반향이 크지는 않았다. 갑자기 사회적 열병처럼 비화된 데는 인터넷이 보편화되면서 정보의 생산과 유통 방법이 달라졌기 때문이다. 디지털 테크놀로지를 통해 실시간으로, 동시 다발적으로 정보의 무한한 증식이 가능해진 것이다.

《거짓말》이라는 영화는 극장 상영에 앞서 무삭제판영화가 네티즌 사이에서 시디로 배포되었다. 그러나 정작 상영 심사에서 진통을 겪고 개봉한 결과 흥행에서는 참패하고 말았다.

방송국 3사가 〈몰래 카메라(Candid Camera)〉 프로그램에 전력 투구한 적이 있다. 〈몰래 카메라〉에 전 국민이 열광했던 사례는 우리 나라뿐이라는데, 텔레비전이나 나만의 컴퓨터 모니터를 통해 남을 보고 싶어하는 것은 점잔을 빼는 유교적 전통에 익숙한 우리 나라 사람만의 특성인지도 모른다.

관음증은 보는 것만으로 성적인 쾌감을 얻는다. 몰래 카메라가 유행했던 배경도 결국 밀실에서 정책이 결정되기도 하는, 비공개적인 것이 더 힘을 갖는 우리 사회의 속성에 기인한다고 생각할 수도 있다.

그러나 관음증은 인간의 본능이다. 그 동안 포르노그라피가 널리 퍼지는 것을 억제해 온 것은 수치심과 복잡한 유통망이었다. 그러나 인터넷이 보편화되면서 이러한 장애물을 익명성과 즉시성으로 걷어냈으며, 포르노 사이트에 몰입하는 네티즌, 곧 섹티즌이 나타나게 되었다.

재래식 유통 방식을 뛰어넘어 인터넷은 포르노그라피 유통의 산실로 확고하게 자리잡았다. 인터넷을 통해 가치 사슬(Value Chain)을 단축할 수 있고 지식 체증의 법칙이 작용하게 된다고 말하고 있다. 이러한 환경에서 특히 포르노 산업은 화려하게 전성기를 맞고 있으며, 야동(야한 동영상)·야설(야한 소설)·야사(야한 사진)·야게임(야한 게임)·컴섹(컴퓨터 통신 섹스)이라는 장르를 만들어 냈다.

포르노그라피란 고대 그리스어로 '여자 전쟁 포로(Porne)에 대한 기록(Graphy)'이라는 의미다. 포르노의 사전적 의미는 성행위를 묘사한 그림·소설·사진·영화 등을 포괄한다. 포르노는 기성 예술의 다양한 장르에 상응하는 장르를 지속적으로 개발해 왔고, 기술의 발전에 발맞추어 최근 비약적으로 발전하고 있다.

이에 따라 할리우드 포르노 제작사들은 인터넷의 확산이라는 호재를 맞아 최대의 호황을 누리고 있으며, 비싼 인건비와 달러화 강세 등으로 할리우드를 떠나는 정통 영화사의 빈 자리를 메우고 있다.

미국에서는 포르노의 거래 규모가 전체 인터넷 상거래의 10퍼센트를 넘는 것으로 추정하고 있다. 현재 B2C 인터넷 사이트 중에서 수익성을 확보하고 있는 아이템은 온라인 증권 거래와 포르노, 일부 경매 사이트 정도이다.

얼마 전에는 미국의 성인용 웹 사이트 회사가 뉴욕 증시에 주식 공개를 신청하자 월스트리트의 투자가들이 고민에 빠진 일이 있었다.

그 회사는 주당 6달러씩 125만 주를 매각해 750만 달러를 마련키로 하고 주식 공개를 신청했다. 수익성만을 따져보면 인터넷 기업의 IPO(Initial Public Offering)가 계속되고, 야후·아마존·AOL 등 주가폭

등세를 주도해 온 인터넷 대표 기업의 수익성이 저조한 것과는 대조적으로 수만여 개의 음란 웹 사이트는 대부분 30 ~ 40퍼센트의 고수익을 올리는 황금 업종 아닌가.

그런데 문제는 상장을 하면 점잖은 투자자들의 체면이 상하고, 거절하면 확실한 돈벌이를 놓치는 딜레마에 처하게 된 것이다. 이처럼 웹 사이트의 내용물이 노골적일수록 고객이 늘고 수입은 많아지지만, 주식 공개 때 주식을 인수하겠다고 나서는 투자자가 줄어드는 역설은 결국 주간사에게 고민만 안겨줄 뿐이다.

얼마 전 분야별로 가장 인기 있는 사이트를 정리한 미국의 100Hot 사이트를 조회해 보았다. 성인 분야에는 K-Girls라는 사이트가 최상위권에 자리잡고 있다. 이 사이트는 한국 여성을 컨텐츠로 한국 사람이 외국의 서버를 사용해서 운영하고 있었다. 이러한 경우, 국내의 법규를 강화해도 운영자를 처벌하지 못한다. 100개가 넘는 한국어 포르노 사이트는 대부분 외국인 명의로 등록되어 있어 국내법으로는 이를 제재할 수단이 없기 때문이다.

반면 미국의 여성 속옷 회사의 홈페이지는 회교 국가에서는 불법 포르노가 될 것이다. 그리고 중국에서는 인터넷이 포르노 검색이나 야당 운동에 사용되는 것을 막기 위해 1,000여 개로 추정되는 베이징 내 인터넷 카페들에 대한 단속에 나섰다.

《파 앤드 어웨이(Far & Away)》라는 영화가 있었다. 미국 개척기에 동부 항구에 도착한 이주민들에게는 서쪽으로 말을 달려 말뚝을 박으면 자기의 영토가 되는 새로운 규칙이 적용되었다. 물론 인디언의 땅을 자기의 영토로 만들기 위해서는 투쟁이 필수였다. 인터넷이라는 신대륙은 바로 이런 개척기를 연상시킨다. 여기서 보안관은 어떠한 역할을 하는가?

미국 사회는 인터넷에 의한 새로운 프로세스(Process)를 법적으로 어떻게 규제할 것인지를 놓고 고민중이다. 세금의 부과 문제, 성인용 사이트의 접근 문제 등 현행법을 확대하거나 유추해서 규제할 것인가, 아니면 새로운 법을 만들 것인가에 대한 논쟁이 분분하다.

스타 검사의 보고서 전문이 인터넷에 배포된 날, 미국 하원에서는 어린이를 인터넷 음란물에서 보호하려는 법안에 대한 심의를 위한 청문회가 열렸다. 그러나 인터넷 포르노에 제동을 걸기 위해 시도된 법안 상정은, 표현의 자유를 보장하는 헌법 정신에 위배된다는 대법원 판결로 인해 무산되었다.

사이버 공간에서도 김강자 서장이 필요할까? 음란물을 제거할 방법은 없을까? 물론 여러 가지 방안들이 나오고 있다. 민간 차원에서 포르노 반대 사이트를 만들어가고 있으며, 총리 산하 청소년 보호위원회에서는 외국 서버를 통해 한글판 음란 사이트를 띄우는 것을 막기 위해 넷츠고 등 국내 ISP에 음란 사이트를 차단하라는 뜻을 밝힌 바 있다.

그러나 전망은 불투명하다. 마치 현실적으로 미아리를 단속하면 그런 업소가 서울을 벗어나 전국으로 확산되어 가듯이, 사이버 세계에서도 음란 사이트들의 단속이 강화될수록 그것들이 더욱 확산되는 경향을 보인다. 그리고 그 확산 속도가 더 빨라지고 더 은밀해진다.

성인과 미성년자를 가리지 않고 전 계층에 사이트를 차단하는 방식에 대한 행정 편의 문제, 혹은 미성년자 접속 불가라는 문구가 오히려 호기심만 증폭시키는 문제, 그렇다고 1,000만 명으로 확산된 네티즌에게 전근대적인 계몽을 할 수도 없는 문제 등 풀어야 할 문제가 산적해 있다.

여하튼 인간의 원초적 본능은 어떻게든 해결되어야 한다. 그러기 위해서는 증권 거래와 포르노로 촉발된 인터넷을 우리의 실생활과 밀접한, 따뜻한 인간의 피가 흐르는 공동체로 키워가야 한다.

이를 위해 현재 존속하는 인터넷 사이트를 점검해 보고 그간의 흐름을 면밀히 짚어볼 필요가 있다.

5. 인터넷 사이트의 대별

현재 전 세계에는 약 4,300만 개의 웹 사이트가 존재하며, 매 시간마다 7만 개의 신규 사이트가 탄생하고 있다.

초기의 인터넷 시장은 당연히 인터넷에 들어가는 관문인 브라우저의 시기였다. 넷스케이프·스파이글래스 등 다양한 브라우저가 쏟아져 나왔지만 넷스케이프가 압도적인 우위를 차지했다.

인터넷 사용자가 점점 늘어나고 사이트 수가 급증하면서 검색 사이트 시대가 도래했다. 야후를 필두로 익사이트·알타비스타·라이코스·인포시크 등이 시장을 선점하기 위해 치열한 경쟁을 벌였다

이들이 선택한 전략은 바로 포털화였다. 목적하는 사이트로 친절하게 안내하는 관문이 인터넷 초보자들에게는 절실했기 때문이다. 따라

서 가장 먼저 디렉토리 서비스를 시작한 야후가 압도적인 위치를 차지한 것은 당연한 일이었다.

한편 인터넷에 전자 상거래 바람이 불면서 인터넷 화면에 띠로 흐르는 배너 광고가 본격적으로 시작되었다. 물론 이 시장을 선점한 회사는 아마존으로서 대표적인 전자 상거래 사이트로 자리잡았다

그 다음 흐름은 전문 사이트, 차별화된 컨텐츠를 제공하는 사이트 연합인 허브 사이트가 주도할 것이다.

앨빈 토플러가 《제3의 물결》에서 예언한 '프로슈머'(Producer와 Consumer의 합성어)가 인터넷을 매개로 현실로 다가온 것이다.

1) 포털 사이트

포털은 관문이다. 절에 가면 절 초입에 독립문 축소판처럼 구조물이 세워진 것을 볼 수 있는데, 이런 것들이 바로 포털이다. 포털 사이트는 인터넷의 입구 역할을 하는 사이트로, 가입자 사용료 및 광고료가 주 수익원이다.

최근까지는 야후나 라이코스 등 인터넷 검색 서비스를 기반으로 한 업체가 주류를 이루었으나, 현재 세계 포털 서비스 시장은 미국 인터넷 업체들간에 치열한 각축장이 되고 있다.

대표적인 포털 사이트는 야후에 뒤이어 MSN(마이크로 소프트 네트워크) · 라이코스 · 알타비스타 · AOL · 아마존 등이다.

현재 포털은 인터넷이나 PC 통신을 중심으로 전개되고 있지만, 이동 통신 및 방송 등 모든 미디어로 확대될 전망이다.

포털 사이트들은 흔히 뉴스·검색·쇼핑·커뮤니티·채팅 등을 두루 갖춰 한 사이트에서 모든 정보를 제공하려는 종합 포털 서비스를 지향하고 있다. 그러나 이렇게 함으로써 대형 사이트들간의 차별성과 독창성이 점차 사라지는 위험도 내포하고 있다.

종합 포털과 다른 성격으로 등장한 전문 포털 사이트는 야후·라이코스 등 초대형 포털 사이트로는 세분화되어 가는 소비자들의 욕구를 충족시키기 어렵기 때문에 등장했으며, 전문화되어 가는 사회 추세를 반영해 판매·무역·연예·오락·법률·뉴스 등 큰 줄기의 사이트로 영역은 더욱 세분화될 전망이다.

2) 허브 사이트

허브 사이트란 운영 사이트를 중심으로 여러 개의 전자 상거래 사이트나 컨텐츠 제공 사이트들이 연합하고 있는 사이트 연합체를 말한다. 허브의 원래 뜻은 '바큇살들이 모여 있는 수레바퀴의 중심'이다.

네티즌들은 허브 사이트에서 자기가 원하는 컨텐츠를 담고 있는 사이트로 이동해 정보를 얻은 후에 되돌아와서 또 다른 사이트를 찾아갈 수 있다. 뿐만 아니라 각각의 사이트에 회원 등록을 할 필요 없이 허브 사이트 ID 하나로 여러 사이트의 정보와 서비스를 자유로이 이용할 수 있다. 그리고 동호회와 게시판을 공유하고, 무료 홈페이지와 무료 이메일 등 부가 서비스도 함께 쓸 수 있다.

게다가 네티즌이 한 사이트에서 쌓은 마일리지를 다른 사이트에서 이용하는 통합 마일리지를 제공하기도 한다.

포털 사이트는 접속한 네티즌들이 원하는 사이트를 검색해 보고 목적했던 사이트를 찾으면 곧장 빠져나가는 단점이 있다. 이런 한계를 극복하기 위해 미국에서 등장하기 시작한 것이 허브 사이트다.

허브 사이트는 단순한 검색 서비스뿐만 아니라 여러 가지 전문화된 컨텐츠와 이메일 등을 포함한 각종 서비스를 한 곳에 모아 놓은 것이다. 포털은 지나가 버리는 관문일 뿐이지만 허브는 정보와 서비스가 모여 있는 인터넷의 관문이자 목적지다. 따라서 허브 안에서는 인터넷을 사용하는 목적 그 자체까지도 이룰 수가 있다.

현재 미국에서는 야후나 라이코스 등 많은 포털 사이트들이 스스로의 한계를 인식하고 허브 모형으로 탈바꿈을 시도하고 있다. 일례로 야후는 이메일 서비스와 각각의 회원들에게 개인화된 맞춤 서비스도 제공해 포털에서 벗어나려는 다양한 시도를 하고 있는 것이다.

전자 상거래 및 광고 측면에서도 허브 사이트는 일반적인 포털 사이트에 비해 여러 장점을 지니고 있다. 특성화된 집단을 고객으로 보유하고 있어 고객의 성향에 대한 통계를 낼 수 있으며, 그것을 바탕으로 광고 및 전자 상거래에 유용하게 이용할 수 있다.

미국에서는 이미 허브가 새로운 경향으로 급속하게 자리잡아 가고 있다. 가장 대표적인 예가 검색 사이트인 인포시크의 지분을 인수해 다양한 사이트 연합체를 구성한 고닷컴(www.go.com)이다. 고닷컴은 디즈니 홈페이지뿐만 아니라 ABC 뉴스, ABC 방송국과 스포츠 뉴스 사이트인 ESPN 등 총 7개의 사이트가 연합했다.

마이크로소프트 · 델컴퓨터 · 라이코스 · ZD넷 등 IT 업계 거인들이 구성한 페어마켓(www.fairmarket.com)도 허브 사이트의 전형을 보여

준다. 이 사이트는 '타도 e베이'를 슬로건으로 뭉친 경매 전문 사이트이다.

마이포인츠(www.mypoints.com)는 마일리지 서비스 형태의 허브 사이트다. 이 사이트에서는 여러 제휴 사이트에서 얻은 마일리지를 모두 합해 사용할 수 있는 서비스를 제공한다.

국내 허브 사이트 현황

국내 최초 허브 사이트를 표방하는 인티즌이 오픈한 것을 필두로 마이비즈·셀피아·nPoint·시작닷컴·OK캐쉬백 등이 속속 개설되었다.

검색 엔진 사이트로 유명한 네이버는 대한항공·현대증권·삼성화재·LG캐피탈 등 일곱 개의 기업과 제휴해 통합 마케팅 사이트인 마이비즈를 오픈했다. 이 사이트 회원은 제휴사의 할인 혜택과 통합 마일리지 서비스를 제공받는다.

인터넷 경매 허브 사이트인 셀피아에는 라이코스코리아·유니텔·나우누리 등 국내 대형 포털 사이트들이 참여하고 있다. 경매가 전문이 아닌 포털 업체들도 경매 운영을 아웃 소싱해 사이트 서비스 폭을 넓힐 수 있다는 장점이 있다. 또한 제휴 업체간에도 서로가 필요로 하면 경매 내용을 공유할 수 있다.

엔포인트(nPoint)는 대부분의 온라인 쇼핑몰에서 회원들에게 제공하는 각종 쇼핑 마일리지나 할인 쿠폰, 포인트 적립 등 갖가지 종류의 '보상(포인트)'을 제휴한 사이트 내에서 자유롭게 이용할 수 있도록 했다.

시작닷컴은 네이버·J&J 미디어·코스메틱랜드 등 여섯 개의 인터넷 회사가 각각의 사이트를 모아 구축했다. 각기 검색 엔진·엔터테인먼트·여성 포털 등에 특화한 회사들이 연합한 것이다

2000년 들어 선보인 OK캐쉬백은 생활 정보 및 관련 서비스를 제공함과 동시에 온라인과 오프라인이 연계된 서비스라는 독특한 허브 사이트의 전형을 보여 주었다.

3) 판매 사이트

전자 상거래를 목적으로 하는 사이트에는 '종합점'과 '전문점', 그리고 '몰앤몰점' 등 세 가지 형태가 있다.

1995년 6월 개점한 아마존이 인터넷 판매의 효시로 볼 수 있는데, 델컴퓨터는 인터넷을 통한 컴퓨터 판매가 1998년 한해 동안 200퍼센트 성장했고 전체 매출의 25퍼센트 이상인 45억 달러가 인터넷으로 이루어졌다. 그리고 2000년에는 매출의 50퍼센트가 인터넷에 의한 매출이 될 것으로 추정하고 있다.

이에 비해 국내 인터넷 판매 시장은 빠른 성장세를 보이고 있기는 하나, 아직 진입기라 할 수 있다. 그 이유는 주요 인터넷 사용자층인 학생층과 젊은 직장인이 인터넷을 통한 정보 수집 활동에는 적극적이나 구매 활동에는 소극적인 경향을 보이고 있기 때문이다. 아직도 우리 나라는 인터넷 접속 속도와 인증, 암호화, 전자 사인 등 결제 관련 기술이 미흡한 상태이며, 부실한 물류 시스템과 다양하지 못한 상품 구색 등도 개선되어야 할 부분으로 지적되고 있다.

여기서 판매 사이트란 다양한 종류의 상품을 판매하는 종합점과 특

정 제품만을 판매하는 전문점, 그리고 사이트들의 연합체인 몰앤몰점으로 구분할 수 있다. 종합점은 기존 백화점에서 진출한 형태(롯데쇼핑몰, 삼성물산 등)이고, 전문점은 특정 제품들만을 전문으로 취급하는 쇼핑몰(코스메틱랜드, 이토이즈)이며, 몰앤몰점은 사이트들이 한곳에 입점해 운영되는 형태(메타랜드, 야후! 쇼핑몰 등)이다.

4) 중개 사이트

중개 사이트는 인터넷을 통해 상품이나 서비스를 중개하는 사업으로 수익의 원천은 중개 수수료와 광고료 등이다

대표적인 중개 서비스는 금융 서비스(home trading), 경매 서비스, 주택·중고 상품의 중개 서비스 등으로 인터넷의 특성을 가장 잘 활용하는 사업 중 하나이며 고성장을 거듭하고 있다.

중개 사이트는 투자 규모가 적고 리스크가 거의 없으며, 사업자는 사이버 공간만 제공해 주고 수수료를 받을 수 있으므로 운영비가 적게 소요되어 쉽게 사업을 꾸려갈 수 있는 점이 특징이다.

인터넷 경매의 경우, 시간과 장소의 제약 및 정보를 찾는 노력을 최소화할 수 있을 뿐만 아니라 비싼 소장품에서부터 중고품에 이르기까지 구매 물품이 다양해 큰 인기를 누리고 있다. 프라이스라인은 네트워크의 특성을 충분히 활용해 구매자가 판매자를 찾는 방식(역경매)을 채택해 비즈니스 모델 특허를 얻는 등 관심을 끌고 있다.

사이버 증권 거래는 찰스슈왑·이트레이드 등 인터넷 증권사들이 저렴한 수수료를 제시하는 바람에 사용자 수가 급격히 늘어나면서 기

존의 증권 시장을 잠식하고 있다. 따라서 기존 증권사들도 전통적인 주식 거래 업무와 사이버 트레이딩을 동시에 추진함으로써 경쟁 체제를 가속화하고 있다.

이들은 수수료 인하 경쟁에서 그치지 않고 채권·뮤추얼펀드·옵션 등 기존 상품과 더불어 다양한 서비스(이동 전화 및 휴대폰 단말기 등을 통한 증권 거래 서비스 등)를 개발하고 있다.

국내 증권 시장의 경우, 1998년 8월 세종증권이 업계 최초로 홈트레이딩 수수료를 일반 위탁 수수료의 50퍼센트로 인하해 성공하자 대부분의 증권사들이 동참했으며, 거래에 따른 기본 서비스 외에 각종 전문 분석 정보 제공, 개인별 맞춤 정보 서비스의 제공 등으로 차별화를 시도하고 있다.

5) 컨텐츠 사이트

교육·오락·뉴스·웹진 등 제공하는 정보의 양과 질을 핵심 서비스로 하는 컨텐츠 사이트는 멀티 미디어 기술의 발전과 더불어 부쩍부쩍 자라나고 있다.

양방향 통신을 바탕으로 한 영화·애니메이션·게임 등 영상물과 가상 교육용 소프트웨어, 방송 및 뉴스 등이 모두 포함되며, PC통신에서는 상상하기조차 힘들었던 웹 방송, 실시간 뉴스 서비스 등이 속속 등장하고 있다.

컨텐츠 제공 업체들은 대형 포털 사이트와 제휴하거나 또는 그것에 흡수되는 예가 많으며, 인터넷 채팅 프로그램 업체인 이스라엘의 ICQ

가 AOL에 인수된 사례도 있다.

국내 인터넷 게임 시장은 넥슨·엔씨소프트 등 인터넷 게임 전문 업체와 PC 통신 및 인터넷 서비스 제공 업체들이 컨텐츠 보강 차원에서 회원들에게 게임 서비스를 제공하고 있다.

특히 게임 전문 업체들은 해외 업체 못지 않은 완성도를 지닌 게임으로 해외 시장을 공략하고 있는데, 1996년 넥슨에서 개발한 〈바람의 나라〉는 세계 최초의 온라인 게임으로 국내에 온라인 게임 붐을 불러 일으켰다.

1998년 말 〈리니지〉(엔씨소프트), 1999년 중반 〈샤이암〉(OK캐쉬백) 등도 해외 시장 공략에 나섰다.

6) 커뮤니티 사이트

커뮤니티 사이트는 엔터테인먼트를 기반으로 하거나 성별·나이·직업·취미 등 자신과 비슷한 배경과 관심사를 가진 사람들과 관계를 맺어주는 가상 도시이다.

커뮤니티 형성을 위한 혁신적인 아이디어가 돋보이는 커뮤니티 사이트가 잇달아 출현하고 있는데 커뮤니티에 대한 강한 소속감을 바탕으로 신뢰가 형성되면 상거래 등 다양한 수익 창출이 가능하다. 여기에 몇 가지 예를 들어본다.

① 지오시티(Geocities)

지오시티(www.geocities.com)는 무료 개인 홈페이지나 이메일 계정 등을 제공하고 고객 홈페이지를 여러 주제별 커뮤니티와 연계시켜 회원이 자발적으로 활동할 수 있도록 하고 있다.

또한 우수한 홈페이지를 다른 사람들이 방문할 수 있도록 안내하고 있으며, 채팅·게시판 등 기본 기능을 활용해 자신이 속한 커뮤니티에서 생활할 수 있도록 돕는다. 야후는 지오시티를 인수해 커뮤니티 기능을 보강하는 등 상호 시너지 효과를 내고 있다.

② 싸이월드(Cyworld)

1999년 5월에 국내에서 오픈한 싸이월드(www.cyworld.co.kr)는 내가 아는 사람과 그 사람이 아는 다른 사람을 나와 연결시켜 주는 견고한 인간 고리를 제공함으로써 회원간 신뢰와 실명제를 실현하는 독특한 모델이다.

직업·취미·학교·전공·고향 등에 따라 사람을 찾을 수 있고 채팅·게시판 외에도 그룹의 주소록, 일정 관리까지 해준다.

이상으로 간략하게 인터넷 사이트에 관한 설명을 마칠까 한다. 어차피 인터넷 사이트 소개 책자가 시중에 많이 나와 있고 그것이 이 책의 주제도 아니므로, 보다 빨리 e - 비즈니스의 본질로 접근해 가는 게 좋을 듯싶다.

6. e - 비즈니스와 6C

현재 수많은 개인과 기업들이 e - 비즈니스에 참여하고 있다. 전 세계적으로 여러 가지 형태의 e - 비즈니스가 행해지고 있는데, 이 가운데에는 인터넷이라는 특성에 의해서 새롭게 탄생한 업종들도 여러 가지가 있다.

이를 세분하면 접속 서비스, 소프트웨어 개발, 컨텐츠 비즈니스, 전송망 사업, 장비 관련 사업, 네트워크 PC 관련 사업 등으로 나눌 수 있다.

인터넷 접속 서비스에는 ISP · 네트워크 · 통신 장비 등이 포함되고, 인터넷 기반 소프트웨어 개발은 웹 서버 · 브라우저 · 웹 에디터 · 보안 솔루션 · 에이전트 소프트웨어 · 정보 검색 소프트웨어 · 멀티미디어 관련 소프트웨어 등으로 세분화되지만, 이는 전문적 영역이므로 전문가들에게 맡기고 이런 것들이 있다는 정도만 알고 가면 될 것이다.

이 장에서는 우리가 관심을 갖고 있는 전자 상거래 등의 비즈니스 모델을 대표하는 몇 가지 사이트를 소개한 뒤, e − 비즈니스를 하기 위해 필수적으로 수반되는 6C에 관해 설명하려고 한다.

우리가 눈여겨 볼 전자 상거래 사이트로는 아마존(www.amazon.com)을 비롯해 컴퓨터 관련 상품 판매 사이트인 에그헤드(www.egghead.com), 장난감 판매 사이트인 이토이즈(www.etoys.com), 와인 판매 사이트인 버추얼 바인야드(www.virtualvinyard.com), 화장품 판매 사이트인 코스메틱랜드(www.cosmetic.co.kr), 몰형 쇼핑몰인 쇼핑OK(shoppingok.okcashbag.com), 그리고 한솔 CS클럽(www.csclub.com), 롯데 인터넷 백화점(lotte.shopping.co.kr), 월마트(www.walmart.com) 등이 있다.

교육에 관한 사이트로는 캠퍼스 21(www.campus21.co.kr), EduOK(eduok.okcashbag.com), 미국의 ZDU(www.zdu.com)이 있으며, 경매에 관한 사이트로는 이베이(www.ebay.com), 온세일(www.

onsale.com), 옥션 (www.auction.co.kr), 그리고 역경매 사이트인 프라이스라인 (www.priceline.com) 등이 있다.

여행은 트래브로시티(travelocity.com)와 travelok.okcashbag.com이 가볼 만한 사이트이고, 공동 구매 위주의 어컴퍼니(www.accompany.com)와 물물 교환 위주의 이베이터(www.ebater.com)도 e – 비즈니스에 관심이 있으시면 꼭 들러보아야 할 사이트들이다.

특이한 사이트로는 링크익스체인지(www.linkexchange.com)가 있다. 여기에서는 소규모 사이트끼리 계약을 맺게 해서 서로의 배너 광고를 공동으로 실어주고 있다. 사이트에 게시된 광고를 보면 사이버 머니를 적립시켜 주는 기발한 아이디어로 화제를 불러모은 골드뱅크(www.goldbank.co.kr)도 이벤트형의 대표적인 모델로 들 수 있다.

이 외에 기업의 지명도를 평가하고 마케팅 및 홍보 효과 등을 측정하는 Delahaye MediaLink Communications Research(www.delahaye.com), 첨단 기술의 변화가 비즈니스에 어떤 영향을 미칠 것인지를 총체적으로 연구 · 분석해 제공하는 포레스터리서치(www.forrester.com), 가트너(www.gartner.com), 각종 온라인 리서치를 수행하고 있는 엔타임(www.ntime.com) 등은 마켓 리서치용 비즈니스 사이트로 눈여겨볼 만하다.

e – 비즈니스는 이같이 다양한 형태로 전개되고 있는데, 그것이 어떤것이든 필수적으로 6C를 갖추어야 한다.

6C란 컨텐츠(Contents) · 커뮤니티(Community) · 커머스(Commerce) · 커뮤니케이션(Communication) · 커넥션(Connection) · 커스토마이징

(Customizing)을 말한다.

e − 비즈니스를 성공시키려면 이 6C를 비즈니스 목적에 부합될 수 있도록 조화롭게 연출해 그 효과를 발휘할 수 있도록 해야 한다.

① 컨텐츠(Contents)

컨텐츠는 고객이 화면을 통해 만나게 되는 접점으로서 다시 정보의 내용인 컨텐츠와 디자인, 그리고 테크놀로지의 세 가지 요소로 구성된다. 컨텐츠는 이들 세 가지 요소가 적절히 조화되어 표현될 수 있어야 하는데, 특히 인터넷 컨텐츠는 고객과의 쌍방향 통신이라는 장점에 걸맞게 고객과의 교류라는 상호 작용을 반드시 포함하고 있어야 한다.

② 커뮤니티(Community)

동호회로 이해하면 쉬운 커뮤니티는 웹 사이트를 중심으로 사용자들간에 상호 작용을 유발시키고, 이러한 상호 작용의 과정에서 웹 사이트의 컨텐츠가 더욱 풍부해져 웹 사이트에 대한 로열티가 더욱 높아지는 속성을 지니고 있다.

일반적으로 인터넷 사용자가 상업 사이트에서 구매 버튼을 클릭하기까지는 보통 10회의 방문이 요구된다고 한다. 다시 말해, 그 사이트에 지속적으로 열 번은 방문해야 마침내 상거래가 한 번 일어나는 셈이다.

따라서 가상 사회의 비즈니스 모델은 현실 세계의 동창회나 동호회처럼 커뮤니티가 형성되어 인터넷 사용자가 끊임없이 찾아오게끔 유도하는 것이 성공의 관건이라 하겠다.

초기의 가상 공동체는 상업화에 대치되는 반상업적인 성격을 강하게 띠고 있었다. 이러한 현상은 국내의 PC 통신 동호회에서도 잘 나타난다.

인터넷의 본고장인 미국에서 이러한 커뮤니티의 순수성, 비상업성으로부터의 일탈을 자극한 것은 존 하겔 3세(John Hagel III)와 아르투어 암스트롱(Arthur Armstrong)의 역작 《Netgain》에서 강력하고 가치 있는 가상 공동체를 형성하기 위한 상업화를 주장하면서부터라고 할 수 있다.

커뮤니티가 상업화됨에 따라 고객은 기업으로부터 양질의 컨텐츠나 활동 환경을 제공받으며 스스로 컨텐츠를 생산해 내고, 또한 자발적인 참여를 통해 기업은 고객에 대해 보이지 않는 신뢰를 쌓아 서로 우호적인 관계를 구축할 수 있게 된다.

이러한 관계는 기업의 비즈니스 목적에 부합될 수 있도록 관리됨으로써 기업은 자연스럽게 고객의 요구를 파악해 비즈니스 커뮤니티로서 활용할 수 있게 되며, 고객은 욕구 충족을 실현할 수 있게 된다.

③ 커머스(Commerce)

컨텐츠가 향기라면 커뮤니티는 그 향기를 즐기는 이들의 모임이다. 커뮤니티가 공고화되면 드디어 인터넷 사이트는 수익을 창출하게 된다. 상품 판매 · 서비스 중개 · 광고 유치 등 다양한 수익 창출 방안 중 무엇에 중점을 둘 것인가가 문제인데, 여기서부터는 독자가 풀어야 할 숙제이다.

④ 커뮤니케이션(Communication)

커뮤니케이션 요소는 온라인상에 효과적인 커뮤니케이션 툴(무료 이메일, 채팅방, 인스턴트 메시징, 검색 엔진, 무선 통신과의 연동)을 제공함으로써 고객들의 참여를 용이하게 하는 방법과, 다이렉트 메일이나 텔레마케팅 등 마케팅 커뮤니케이션 방법이 있다.

효과적으로 커뮤니케이션 툴(tool)을 적용하려면 인터넷의 커뮤니케이션 구조를 십분 활용할 수 있도록 설계되어야 한다.

즉 기존의 매스미디어가 1 대 다의 모형에 치중되어 있는 반면, 인터넷은 1 대 1, 다 대 다의 형태를 모두 소화해낼 수 있다는 점을 고려해 설계되어야만 그 효과를 더 크게 발휘할 수 있는 것이다.

1 대 1은 우리가 익히 아는 이메일이 주가 되며, 1 대 다는 뉴스레터 · 이메일 매거진, 다 대 다는 토론 그룹 게시판 및 채팅을 들 수 있겠다.

⑤ 커넥션(Connection)

e－비즈니스는 워낙 방대한 장르에 다양한 요소를 아우르고 있으므로 다양한 사업자와의 제휴가 필수적이다. 그것은 인터넷이 본질적으로 네트워크적 속성을 갖기 때문이다.

최근 마이크로소프트와 인텔, AOL과 타임워너의 제휴가 대표적인 사례라 할 수 있다.

⑥ 커스토마이징(Customizing)

고객들의 성향이 다양화 · 개성화 · 차별화되어 감에 따라 우리는 개개인의 요구에 적합한 제품 · 서비스 · 아이디어를 제공해야만 한다.

바로 1 대 1 마케팅을 보여 주어야 한다는 뜻이다. 데이터베이스를 근거로 1 대 1 마케팅이 필수적으로 따라야 함은 분명하다.

현재 이러한 목적으로 각 기업은 데이터 마이닝(Data Mining) 기법이나 인공 지능 기법의 개발을 활발하게 진행하고 있다.

물론 이러한 것은 신뢰 높은 고객의 데이터베이스 확보가 선결되어야만 가능하다.

이제 우리는 포털과 보털이라는 용어를 이해해야만 한다.

필자도 늘 하는 얘기지만 뭐 이렇게 알아야 할 것이 많은가?

그러나 어찌 하겠는가. 정보 통신 네트워크의 발달이라는 것이 어쩔 수 없이 우리에게 더욱 많은 것을 익히고 배우게 강요하는 것을. 그것이 이 시대를 사는 우리가 져야 할 짐인 것을……

이제 투덜거림을 멈추고 포털과 보털을 살피러 가자.

7. 포털(Portal)과 보털(Vortal)

1) 포털 서비스

가장 쉽게 포털이라는 말을 이해하기 위해서는 '포털(Portal)'이라는 영어 단어의 뜻을 눈여겨볼 필요가 있다. 포털은 정문·관문·교량 입구라는 뜻의 단어이다. 포털 사이트란 웹 브라우저를 열고 가장 먼저 접하게 되는 관문으로, 꼭 거쳐야 하는 사이트를 말한다.

넷스케이프 네비게이터나 마이크로소프트의 익스플로러 등 대부분의 웹 브라우저들은 처음 설치하면 자사의 웹 사이트가 열리도록 조정해 놓고 있는데, 이것도 일종의 포털이라고할 수 있다. 그러나 첫 페이지는 사용자가 자유롭게 변경할 수 있는 옵션이 있으므로 진정한 포털 사이트로서의 의미는 약하다.

실질적 의미에서 포털 사이트는 '웹 브라우저의 첫 페이지'로 국한 되지는 않는다. 만일 익스플로러를 웹 브라우저로 사용하는 네티즌이 인터넷에 접속했다고 하자. 그는 가장 처음에 뜨는 마이크로소프트사 의 홈페이지를 전혀 보지 않고, 북마크 등을 이용해 자주 찾아가는 사 이트로 이동한 후 그 사이트를 웹 브라우징의 출발점으로 삼는다면, 그 사이트가 바로 포털 사이트가 되는 것이다. 이러한 의미에서 포털 은 '인터넷 게이트웨이 사이트'라고 불리기도 한다.

최근에는 포털 사이트가 '많이 이용되는'이라는 의미로까지 확대되 어 사용되고 있다. 그러나 사용자들이 많이 접속한다고 해서 포털 사 이트가 되는 것은 아니다. 물론 네티즌들이 자주 방문해야 한다는 것 이 포털 사이트로서의 중요한 요건이기는 하다.

그러나 더욱 중요한 것은 서비스의 형태이다. 즉, 제공하는 서비스 의 형태가 단순하거나 특화된 것이 아닌, 사용자들이 만족할 수 있는 다양한 콘텐츠를 제공해야 한다는 것이다.

웹메일, 채팅, 게시판(BBS), 디렉토리 및 검색 서비스, 개인 홈페이 지, 전자 상거래, 뉴스, 금융 정보 등이 포털 사이트에서 기본적으로 제공하고 있는 다양한 기능들이다.

그렇다면 이러한 포털 서비스의 개념은 언제, 어떻게 생겨나게 된 것일까?

포털 서비스의 등장 배경

포털의 개념은 1998년 3월경 미국에서 처음 생성된 것으로 알려져 있다. 포털이라는 단어가 어떻게 나왔는지 알려진 바는 없고, 일부에서는 언론이나 증권 업계가 처음 사용하기 시작했다는 의견을 개진하기도 한다.

1997년경 미국의 야후·라이코스·익사이트·인포시크 등과 인터넷 검색 디렉토리 서비스 간의 경쟁은 현재 못지 않게 치열했다. 이들은 단순한 검색 서비스를 벗어나 컨텐츠·커뮤니케이션·커뮤니티·커머스 등 4C영역에서 경쟁을 하기 시작했다. 이러한 다각적인 비즈니스상의 경쟁을 통칭할 용어가 적절하지 않았던 상황에서 '포털'이라는 용어가 받아들여졌고, 마침내 현재의 포털 서비스로 정착되었다고 추정된다.

포털 서비스는 1998년 중반부터 전 세계적으로 퍼져 나가기 시작해서 본격적인 경쟁으로 치닫게 되었다. 경쟁의 발화점은 야후였다. 검색 디렉토리 사이트였던 야후는 1998년 말부터 AOL을 겨냥한 듯 커뮤니케이션 서비스들을 확충하기 시작했다. 야후는 웹메일 서비스인 야후! 채트, 종합 뉴스 서비스인 투데이 뉴스, 홈페이지 등을 제공하는 마이야후!, 주소록을 관리하는 옐로 페이지(yellow page), 실시간 뉴스 및 금융 정보 소프트웨어인 야후! 뉴스티커, 다이렉트 채팅 서비스인 야후! 페이저 등 다른 온라인 서비스들이 제공하는 거의 모든 서비스를 내놓았다. 야후의 이런 적극적인 변화는 야후 주가가 폭등하는 결과를 낳았고, 이에 자극받은 기존 경쟁 업체들도 이와 유사한 서비스들을 내놓으면서 본격적으로 포털 경쟁이 가속화되었던 것이다.

우리 나라에는 포털 개념이 1998년 10월경부터 소개되기 시작했다.

그리고 그 이듬해인 1999년은 포털 서비스업체들의 격전으로 불릴 만큼 치열했다. 야후코리아·MSN코리아·라이코스와 같은 외국업체는 물론, 다음·네이버·네띠앙과 같은 포털 서비스 업체, 그리고 그 동안 포털 서비스에 소극적이었던 천리안·유니텔·하이텔·넷츠고 등의 PC 통신사들까지 가세해 뜨거운 격전을 벌였다.

그렇다면 왜 모두들 포털 서비스에 뛰어들게 되었을까? 그 이유는 의외로 간단하다. 포털 서비스를 통해 많은 회원을 확보하고 집중적인 방문과 사용을 유도함으로써 광고 효과를 높이는 다양한 부분에서 상품 가치를 창출할 수 있기 때문이었다.

이 같은 반사 이익을 더욱 제고하기 위해서는 편리하고도 다양한 서비스 제공이 필수적이다. 어느 한 사이트에 접속해서 간단한 검색어와 명령어만으로 자신이 찾고자 하는 모든 정보를 찾을 수 있다면, 그리고 정보 검색은 물론 사람들과의 의사 소통 및 관계 구축도 해낼 수 있다면, 굳이 인터넷의 이곳 저곳을 찾아다니지 않아도 된다.

이러한 논리가 포털 사이트의 서비스를 점점 더 다양화시켜 가게 된 근거이며, 'To Be Everything to Everyone' 이라는 포털의 모습을 발전시켜 나간 것이다.

인터넷은 분산적인 것이 특징이다. 온라인 PC 통신 서비스와는 달리 웹 서비스는 회비나 회원 가입 여부 등으로 제한받지 않는 개방성을 특징으로 하기 때문에 사용자는 서비스가 맘에 들지 않으면 언제라도 다른 곳으로 옮겨 갈 수 있다. 포털 서비스는 이러한 인터넷의 속성을 파악해 분산성을 막고 집중화를 일으키기 위한 방향으로 발전했던 것이다.

또한 기존 PC 통신에 비해 약점으로 지적되어 온 커뮤니케이션 기능의 보완과 함께 신뢰성 있고 유익한 정보를 제공하는 등 웹상의 집중화를 유도하기 위한 진보는 앞으로도 계속될 것이다.

포털 서비스 제공자의 유형

현재 우리가 보고 있는 포털 사이트들인 야후 · 넷스케이프 · 라이코스 · MSN · 익사이트, 그리고 네이버 · 다음 · 네띠앙 등은 서비스 제공 면에서 상당히 유사하다. 이들은 웹 사이트 디렉토리 서비스, 뉴스, 날씨 정보, 이메일, 증권 및 주식 거래, 전화 및 지도 정보, 그리고 홈페이지 공간 등을 제공하고 있다.

그러나 처음부터 모든 사이트가 이처럼 유사한 서비스를 제공했던 것은 아니다. 현재 포털 서비스를 제공하고 있는 업체들이 포털 사이트 경쟁에 뛰어들기 전에는 다소 상이한 모습들의 사이트로 존재했다.

경쟁에 뛰어든 업체들은 웹 브라우저 업체와 같은 인터넷 관련 소프트웨어 업체, 검색 엔진 업체, 웹 호스팅 업체, 그리고 기존 PC 온라인 업체들로 구분된다. 이들은 각기 자신들이 가지고 있는 세력을 활용함으로써 포털을 지향했다.

넷스케이프사의 네비게이터나 마이크로소프트사의 익스플로러 같은 웹 브라우저 업체들은 인터넷 사용시 가장 처음 마주치는 초기 화면이라는 장점을 활용해 포털 전쟁에 뛰어들었다.

이들은 사용자들이 브라우저의 기본 옵션인 이들 소프트웨어사의 홈페이지를 인터넷 브라우징의 출발점으로 삼는 경우가 많다는 점에 착안해, 디렉토리 서비스와 개인화 서비스 등 각종 커뮤니케이션 기능을 제공함으로써 사용자가 다른 곳으로 이동할 필요가 없도록 만들었다.

야후·라이코스·익사이트·알타비스타 등과 같은 검색 엔진 업체들은 이들이 제공하는 검색 서비스가 분산적인 인터넷상에서 집중성을 유발하는 장점을 가지고 있음을 활용했다.

웹상의 수많은 정보 중 필요한 정보만을 골라내기 위해서는 검색 디렉토리나 검색 엔진의 사용이 불가피하고, 여기에 다양하고 개인화된 서비스 툴을 제공함으로써 포털의 모습을 갖게 되었던 것이다.

그런데 웹 호스팅 업체는 앞의 업체들보다는 상대적으로 늦게 포털 사이트 경쟁에 가세했다. 웹 호스팅이란 개인들에게 홈페이지를 가질 수 있는 공간을 제공하는 서비스다.

이들 업체들은 기존의 수십 만의 무료 개인 홈페이지들을 모아 대부분의 정보를 포괄하고, 홈페이지를 가진 회원들을 묶어 커뮤니케이션 공간을 만든다는 전략을 가지고 있었다. 최대의 웹 호스팅 업체인 지오시티(Geocities)와 줌(Xoom)을 대표로 꼽을 수 있는데, 특히 줌은 호스팅 공간을 무제한으로 제공하겠다고 선언함으로써 비약적으로 성장해 왔다.

이처럼 수십만 명의 사용자들을 확보하고 있던 웹 호스팅 업체가 각종 포털 서비스를 제공함으로써 더욱 폭발적인 방문 횟수를 유도할 수 있게 되었다는 것은 당연한 일일 것이다.

기존 PC 통신 온라인 서비스 업체인 AOL 등도 포털 경쟁에 가세, 온라인에서 인터넷으로 옮겨가는 추세에 공격적인 마케팅을 전개했다. 세계 최대의 온라인 서비스인 AOL은 기존에 보유하고 있는 1,700만 명의 온라인 회원과 발달된 커뮤니케이션 기능을 앞세우고, 웹상의 실시간 다이렉트 채팅 등을 제공함으로써 더욱 편리한 서비스로 사용자들을 유인했다.

이처럼 다양한 서비스 제공자들이 앞을 다투어 포털 서비스로 진출하면서 포털 사이트에서 우위를 차지하기 위한 경쟁이 심화되었던 것이다. 미국에서는 1998년이, 그리고 한국에서는 1999년이 포털 서비스 업체간 치열한 경쟁의 해로 기록되었다.

포털 서비스의 현황과 관련 현안

선점 여부가 성공을 좌지우지하는 e−비즈니스의 특성 때문에 많은 업체들이 앞다투어 포털 서비스 전쟁에 뛰어들었다. 때문에 포털 서비스 전쟁이니, 경쟁의 각축장이니 하는 현상들이 연출되어 왔다.

게다가 포털 서비스를 지향하는 대부분의 서비스들은 온통 무료로 제공되었다. 무료 이메일·무료 홈페이지·무료 커뮤니티·무료 컨텐츠·무료 채팅·무료 전화 등 네티즌의 관심을 끌 만한 것은 거의 모두 무료로 제공되고 있다.

그렇다면 이들은 어디에서 수익을 창출하고 있는가? 현재 대부분의 사이트가 포털 서비스 자체를 통해서는 거의 수익이 없다고 봐도 과언이 아니다. 대부분의 사이트들은 사업 초기부터 우선 사람을 모은 후에 비즈니스 모델을 만들어낼 것이라 생각해 왔고, 일단 사람만 모이면 무엇이든지 할 수 있다고 믿어 왔다.

불과 1~2년 전만 하더라도 인터넷 사업을 하는 기업의 가치는 얼마나 많은 회원을 확보하고 있는지에 따라 결정되었다. 이런 상황 아래서 다수의 회원 확보는 그 기업의 가치를 상승시켜 자금 유입을 일으킬 것이고, 그 돈으로 계속적인 재투자를 함으로써 외형을 확장시키면 인터넷 광고와 전자 상거래를 통해 돈을 벌게 될 것이라는 것이 그들의 시나리오였다.

그러나 인터넷 광고 시장이 장밋빛 미래만을 약속한 것은 아니었다. 인터넷이 뉴 미디어로 각광받고 있는 것은 사실이지만 인터넷은 본질적인 측면에서 텔레비전이나 신문과 같은 매스미디어와는 속성이 다르다.

인터넷은 상호작용을 유발하기는 하지만 지극히 개인적인 매체인 것이다. 이런 사실은 포털 배너 광고가 효과가 없다는 결론을 내놓고 있는 미국의 많은 리서치 결과를 통해서도 뒷받침되고 있다.

즉, 국민 전체가 인터넷을 사용한다고 해도 인터넷 광고 시장의 규모는 라디오나 잡지 매체 수준일 것으로 예측된다.

전자 상거래를 통한 수익 모델 또한 쉬운 일은 아닌 것 같다. 물론 성장 잠재력이 크다는 것을 부인하는 사람은 없다. 그러나 물류비가 상당히 비싸고 대금 결제시 비싼 카드 수수료를 지불해야 하며, 주요 구매 계층인 주부들의 참여가 아직 활성화되고 있지 못하다는 점 등이 전자 상거래의 빠른 발전을 방해하고 있다.

또한 포털 사이트가 B2C 시장의 전자 상거래를 타깃으로 하고 있지만, 향후 비즈니스의 주류는 기업간 인터넷 거래 시장, 즉 B2B 시장이 개인 소비자를 상대로 하는 쇼핑몰보다 그 규모가 훨씬 클 것이라는 전망도 포털 서비스의 향후 수익 창출을 어둡게 하고 있다.

게다가 백화점·할인점·전문 상가 등의 기존 유통 업체들이 인터넷 쇼핑몰 사업을 강화하고 있는 것을 고려할 때, 포털 사이트가 이들의 물류 · 결제 · 반품 · 고객 서비스 등과 경쟁하기에는 그 인프라 측면에서 역부족일 수도 있다.

결국 포털 서비스 업체의 파워를 구체화시키기 위해서는 두 가지 측면을 반드시 생각해야 한다. 하나는 포털 외의 자체 수익 사업을 가져야 한다는 것이고, 다른 하나는 포털 서비스상의 강력한 커뮤니티 파워를 만들어가야 한다는 것이다. 활동적이고 로열티를 가진 회원과 그들이 자발적으로 활동하는 끈끈한 커뮤니티를 갖추어야만 회원들을 전자 상거래로 연결 · 결합할 수 있는 역량을 갖추게 될 것이다.

최근 미국의 포털 서비스 업체인 야후와 라이코스, AOL 등 그 동안 뚜렷한 수익 모델이 없이 회원 모으기에 주력했던 이들의 행보를 통해 향후 비즈니스 모델의 추구를 짐작할 수 있다.

야후와 라이코스는 최근 인수 합병에 심혈을 기울이고 있다. 종합 인터넷 미디어 회사로 거듭나기 위해서 라이코스는 이미 지난 1997년 홈페이지 제작 서비스 업체인 트라이포드(Tripod.com)를 인수했고, 1999년에는 전자 우편 서비스 업체인 메일시티와, 와이어드 뉴스 · 핫와이어드 · 웹멍키 · 핫보트 등의 사이트를 보유하고 있는 와이어드 벤처사 및 인터넷 음악 방송사인 IMID사를 인수했다.

야후도 지오시티를 인수했고, 인터넷 방송사인 브로드캐스트(Broadcast.com)를 인수해 서비스를 실시하고 있다. 이는 인수 · 합병을 통해 회원들을 추가 유입함은 물론 커뮤니티와 방송 서비스를 강화함으로써 시너지 효과를 창출해 청중 동원력을 배가한다는 전략의 일환으로 볼 수 있다.

AOL의 경우는 컨텐츠 확보를 위해 올 1월 초 대형 미디어 업체인

타임워너를 3,500억 달러를 들여 인수했다. 이들이 멀티미디어 컨텐츠 서비스를 강화하는 것은 텔레비전에 익숙한 사용자들을 겨냥한 것이다. 이들은 앞으로 포털 서비스의 성공적 미래가 네티즌이 텔레비전 채널을 고르듯 몇 개의 아이콘만 선택하면 원하는 정보를 얻을 수 있도록 하는 서비스를 제공하는 것에 달려 있다고 믿고 있다.

광고 수익 외의 수익원을 확보하기 위한 포털과 컨텐츠의 결합은 국내에서도 예외가 아니다. 다음커뮤니케이션이 지난 2월 메시징과 컨텐츠 서비스를 제공하는 유인 커뮤니케이션을 인수해 인터넷 선도 업체로서의 입지를 다졌다.

이에 맞서 라이코스코리아나 야후코리아도 적극적인 M&A를 통해 거대 인터넷 기업으로서의 변신을 시도하고 있다. 이들 포털 선도 업체들은 증권 시장 등에서 마련한 자금을 앞세워 적극적인 M&A를 함으로써 커뮤니티와 컨텐츠를 동시에 제공하고 기업의 몸집을 불림으로써 후발 업체들과의 격차를 더욱 벌임은 물론, 더 나아가 해외 인터넷 업체들에 투자하거나 인수해 글로벌 업체로의 탄생을 시도하고 있다.

이러한 전반적인 움직임은 그 동안 인터넷 관련 제품 및 서비스 공급 업체와 포털, 인터넷 서비스 제공 업체, 통신 업체, 방송 매체 등 여러 갈래로 나뉘어 있던 e-비즈니스들이 생존과 경쟁력 강화를 위해 전략적으로 e-비즈니스의 재편성을 자진 유도해 나가고 있는 것으로 이해할 수 있다.

2) 보털 서비스

지금까지 e – 비즈니스 세계의 중심에 서 있는 포털 서비스의 개략적인 개념과 현황에 대해 살펴보았다.

경쟁적으로 뛰어들었던 포털 서비스 경쟁은 차별성 없는 서비스의 과잉 공급을 낳았고, 특정 수익 모델을 확실히 구현해 오지 못했던 현실은 e – 비즈니스 업자들 사이의 구조 조정을 이끌어내고 있는 듯하다.

포털 서비스를 제공받는 사용자는 두 가지 측면에서 어려움을 겪고 있다.

그 하나는 포털이 수익 증대를 준비하기 위해 더 많은 정보와 서비스들을 제공함으로써 모든 사람들을 만족시키려 하는 전략을 시도하는데, 개개의 사용자 입장에서는 이것이 원하는 부분에 대한 검색을 어렵게 하는 결과를 야기한다는 것이다.

또한 비슷한 맥락에서 인터넷 환경이 확산되고, 사용자들이 인터넷에 상대적으로 익숙해지면서 이들은 수많은 정보를 원한다기보다는 최종적으로 자신에게 맞는 알찬 정보에 대한 욕구가 늘어나게 되는데, 포털이 이를 만족시키기에는 역부족이라는 것이다.

전문가들도 포털 사이트 경쟁이 인터넷 발전의 한 국면에 불과할 뿐이며, 이들의 경쟁은 다른 사업 모델 탄생의 필요성을 부추길 뿐 아니라 또 다른 경쟁에 의해 대체될 것이라고 말해 왔고 이는 현실로 나타나고 있다. 그것이 바로 버티컬 포털, 즉 보털의 등장이다.

보털 서비스의 개념

말 그대로 보털(Vortal)은 버티컬(Vertical)과 포털(Portal)의 합성어이다. 이는 포털이 수직적으로 구성되어 있다는 뜻으로, 특정 분야에 한정된 정보를 깊이 있게 제공하는 인터넷 사이트를 일컫는다.

즉, 버티컬 포털을 줄여서 보털이라고 부르는데, 포털 웹 사이트와 유사한 의미이지만 특정 주제나 영역에 중점을 두고 있는 점에서는 조금 다르다. 따라서 제공되는 사이트 링크들도 특정한 카테고리이거나 잘 검토되어 있으며, 그들과 연결된 일정량의 원문 컨텐츠도 가지고 있다.

보털 역시 포털처럼 뉴스·리서치·통계 정보·토론 그룹·뉴스 레터 등 각종 온라인 도구를 제공한다. 그래서 보털은 특정인들이나 특정 상품을 표적 집단으로 하는 전문 포털업, 전문 포털 서비스라고 지칭되기도 한다.

보털이라고 불리든 전문 포털이라고 불리든 간에, 모든 정보를 아우르는 관문인 포털 사이트에 비해 보털은 특정 분야에 집중화되어 특정 정보를 아우르는 관문으로서 이해될 수 있겠다. 그렇다면 보털은 왜 출현하게 되었을까?

보털 서비스의 등장 배경과 비즈니스와의 관계

포털의 등장은 인터넷의 모습을 혁신적으로 변화시키고, 사용자에게 많은 편익을 가져다주었다. 그러나 앞서 언급했듯이 모든 사람에게 모든 정보를 제공한다는 것은 현실적인 한계가 있었다.

모든 이용자에게 모든 것을 제공할 수 있다는 개념은 무서운 속도로 변화하는 웹 세계와 그에 따라 변화하는 사용자들의 다양하면서도 구체적이고 전문적인 요구들을 충족시키기가 점점 더 어려워지게 되었던 것이다.

왜냐하면 이용자들이 점점 인터넷에 친숙해지게 되면서 광범위하고 일반적인 지식이나 정보보다는 관심이 있는 주제에 대한 구체적이고도 실질적인 정보들을 원하게 되었던 것이다.

이렇게 사용자들의 관점을 고려, 그들이 선호하는 환경에 대한 요구를 충족시켜 주는 수단으로 보털이 탄생했다. 뉴스, 조사 및 통계, 검토 자료, 회보, 온라인 도구, 그리고 특정 산업과 주제에 대해 사용자들의 취미를 기를 수 있는 많은 다양한 서비스들을 제공함으로써 포털과의 차별화를 만들어갔던 것이다.

특히 비즈니스 분야에서 인터넷이 중요한 비즈니스 도구로 정착됨에 따라 특정 비즈니스 분야의 정보를 아우르게 되는 보털의 중요성이 날로 커지고 있다. 최근 신문지상에서 많이 접하게 되는 특정 산업간 B2B 비즈니스에 보털이 빠지지 않고 등장하는 이유가 바로 여기에 있다.

사실 특정 산업 분야의 정보를 집중 분석해서 제공하던 서비스가 이전에 없었던 것은 아니다. 통신을 통한 온라인상에서 이러한 서비스가 이미 존재했으나 서비스의 이용자가 극히 일부에 한정되어 있었고, 정보 이용료 또한 만만치 않았었다. 결국 웹상에서 보털의 등장은 몇 가지 측면에서 그 의미가 있다 하겠다.

첫째는 웹을 통한 정보 욕구의 증가로 특정 분야의 고급 정보까지도 개방적이고 대중적인 인터넷을 통해 제공될 수 있게 했다는 점이고, 둘째는 이를 통해 그 동안 논란이 되어 왔던 인터넷상 정보의 신뢰성 문제에 대한 우려를 개선시킬 수 있는 여지를 마련하게 되었다는 점이다.

또한 보털의 생성은 기존 시장을 재편하는 패러다임으로서 e - 비즈니스의 또 다른 가능성을 제시해 준다. 즉, 소비자의 다양한 요구를 해소하지 못하는 토탈 포털 사이트의 한계를 해결하고, 전문화되어 가는 비즈니스와 사회 추세에 편승하기 위한 새로운 장을 열고 있는 것이다.

보털 서비스의 유형

보털은 어떤 주제를 타깃으로 하느냐에 따라 그 내용이 달라지기 때문에 무한정하다고 할 수 있다.

성별과 나이와 같은 인구 통계학적 기준으로 보털이 만들어질 수도 있고, 관심사나 취미 등 사회 심리적 속성으로 특화될 수도 있다.

또한 산업별 분류에 초점을 두고 전문화되기도 한다. 여성 전문 사이트나 유아 혹은 임산부 전용 사이트는 첫 번째 기준에 의해 특화된 것이고, 자동차 전문 사이트나 각종 오락 · 스포츠 · 레저 제공 사이트들은 두 번째 기준에 의한 전문화를 지향한 것이다.

최근 가장 두드러진 행보를 보이는 각종 산업 보털 서비스는 건축 · 전력 · 화학 · 반도체 · 인터넷 · 정보 통신 · 무역 · 이벤트 등에서 다양하게 나타나고 있다.

어떤 주제를 중심으로 특화를 하든 간에 분명한 것은 보털 서비스가 타깃 고객을 명확히 해 전문화된 서비스를 제공함으로써 높은 질적 가치를 추구하고 있으며, 규모는 작지만 회원간의 상호작용과 로열티를 제고시키고 있다는 것이다. 이는 선 회원 확보, 후 수익 창출을 노리던 포털 서비스와는 질적인 면에서 다른 접근으로서 훨씬 더 용이한 수익 창출의 기회를 초기부터 확보할 수 있는 장점이 되고 있다.

사실 보털 서비스에 대한 정확한 분류는 아직까지 확실하지 않은 것 같다. 동일한 서비스가 분류자에 따라 포털로 인식되기도 하고 보털로 인식되기도 한다.

현재는 큰 줄기의 전문 포털(보털)만이 나온 상황으로 이해하면 쉬울 것이다. 그러나 앞으로 더욱 세분화된 보털의 등장은 가속화될 전망이며, 토탈 포털 사이트, 전문 포털 사이트인 보털, 그리고 더욱 세분화된 2차 보털로의 피라미드 구조가 생성될 것으로 예상된다.

표 1　　　　　〈 분야별 보털 서비스 -미국- 〉

분류	사이트명	주소
여 성	아이빌리지(iVilliage)	www.ivillage.com
자동차	카스 컴(Cars.com)	www.cars.com
	올 씽 오토모티브 (All Things automotive)	www.autodirectory.com
	오토바이텔.컴	www.autobytel.com
법 률	파인드 로(Find Law)	www.findlaw.com
	리걸 닷 넷(Legal dot Net)	www.legal.net
여 행	트래브로시티.컴	www.travelocity.com
게 임	씨넷 게임 센터	www.gamecenter.com
건 강	닥터코프 컴	www.drkoop.com
	헬스파인더	www.healthfinder.gov
스포츠	ESPN.com	Espn.go.com

산업	일반	파워진.컴	www.powerize.com
		버티컬넷	www.verticalnet.com
	건축	빌드넷	www.buildnet.com
	전력	일렉트릿넷	www.electrinet.com
	영화	애드웹	www.edweb.com
		인터넷 무비	www.lmdb.com
	화학	케미컬 온라인	www.chemicalonline.com
	반도체	세미컨덕터 온라인	www.semiconductoronline.com
	인터넷	인터넷.컴	www.internet.com
	정보통신	씨넷	Home.cnet.com
	무역	트레이드포드 인터내셔널	Tradeport. org / ts
		트레이드	
	이벤트	트레이드 쇼 센트럴	www.tscentral.com
가족		패밀리.컴	Family.go.com
		디즈니.컴	disney.go.com
음악		올 뮤직 가이드	www.allmusic.com
애완동물		펫스마트..컴	www.petsmart.com

(출처: en@able 1999. 11)

보털 서비스 관련 현안

보털 서비스는 최근 성장성이나 주도력 면에서 앞으로의 업종별 전자 상거래 환경을 제공하는 차세대 전자 상거래 주력군으로 등장하고 있다.

가트너 그룹 보고서에 따르면, 미국은 산업별로 특성화한 B2B형 전자 상거래 체인인 보털 서비스 참여 업체 수가 1년 전에 비해 현재 10배 이상 늘었으며, 그 거래 규모도 지난해 1,450억 달러에서 오는 2004년에 2조 7,000억 달러로 급팽창할 것으로 전망했다.

가트너 그룹은 국제 거래망 구축에 나선 알리바·커머스 원 등 대형 보털이 야후나 라이코스 등의 기존 종합 포털을 누르고 앞으로 인터넷 산업의 중심으로 자리잡을 것이라고까지 예측했다.

왜 이러한 예측이 설득력 있게 다가올까? 그것은 B2B 방식의 전자 상거래와 보털 서비스가 유사성을 지니고 있기 때문이다.

B2B 방식은 상호간의 목적이 전자 상거래이고 관심 분야가 전문화된 동일 업종이지만, 상품군으로 처음부터 명확하게 명시되고 그 거래의 볼륨 또한 크기 때문에 동일한 속성에 뿌리를 둔 보털 서비스와의 결합이 더 큰 시너지를 양산할 수 있다.

사실 실질적으로 보털을 추구하는 기업들은 전자 상거래와 관련된 기반 환경인 전사적 자원 관리(ERP)나 전자 구매 시스템 등을 이미 갖추고 있으며, 높은 거래 집중성으로 거래 체결률도 높아 기존 오프라인 사업자들의 전자 상거래 시장 진입을 위한 주요 통로로 이용될 가능성이 높다.

국내에서도 화학·전자·출판·자동차 산업 분야를 중심으로 보털의 중요성이 부각되고 있으며, 유사 업종간 주도권 경쟁까지 벌어지고 있는 상황이 연출되고 있다.

LG와 SK 그룹이 화학 보털인 켐라운드를 공동으로 출범시켰으며, 코오롱 등 다른 그룹사들도 보털 서비스로 구조를 전환하기 위해 솔루션 소싱이나 전략적 제휴에 나서고 있다. 또한 정부도 보털을 산업 경쟁력과 경제 활성화를 위한 전위 조직으로 발전시킨다는 방침을 발표하는 등 보털의 활성화에 기름을 붓고 있다.

(2000.1.31. 전자신문 기사 참조)

| 표 2 | 〈 국내 B2B 포털/보털 서비스 추진 현황 〉 |

분류	회사명(웹주소)
무역(포털)	코리안 소스(www.Tpage.co.kr)
B2B 네트워크(허브)	수퍼머스(www.superb2b.com)
섬유(보털)	버티컬코리아
철강(보털)	포항제철 등의 철강 기업 & 인터넷 기업
금융(보털)	삼성
컴퓨터(보털)	LG 상사(www.i -- logix.co.kr)
유통 · 철강 · 의료 · 조달 · 건설설비(보털)	데이콤
자동차(보털)	에이폴스
화훼(보털)	뉴스플라워
공예(보털)	크리에이티브42

3) 포털 · 보털 서비스의 앞날

대형 포털간의 경쟁은 지금도 계속되고 있다. 이들 대형 포털은 종합 미디어 회사로 전환을 꾀하면서 경쟁에서 살아남기 위한 노력을 계속하고 있다.

현재 난립하고 있는 많은 포털 서비스는 앞으로 소수의 경쟁력 있는 업체들로 통합되거나 그렇지 않으면 아예 경쟁에서 낙오될 거라는 사실을 부인할 사람은 없을 것이다.

물론 전문화된 포털로 보털이 등장하면서 심지어 포털 서비스의 위상이나 존립과 관련된 논의가 벌어지기도 하지만, 포털 서비스 자체가 사라지지는 않을 것이다.

AOL이나 야후 같은 대형 포털 서비스는 인터넷의 보편적인 관문으로 계속 존속하면서 막강한 자금과 인력, 기술을 바탕으로 여러 관련 사업들을 인수·합병하면서 오프라인에서와 같은 편리함으로 이용자들의 욕구를 충족시켜 나갈 것이다.

반면, 후발주자로 e-비즈니스에 뛰어든 업체들은 신규 업체로 살아남기 위해 특정한 분야에 전문화된 서비스를 제공하는 전략을 구사해 나갈 것이다. 그래서 특정하면서도 전문적인 정보를 통해 포털 서비스가 제공하지 못하는 영역을 커버함으로써 그 분야의 주도 세력으로 나설 수 있는 기회를 제공받게 될 것이다.

물론 어떤 상황에서든 경쟁은 계속되게 마련이다. 포털간, 보털간, 그리고 포털과 보털 사이의 끊임없는 경쟁과 전략적 연합, 또는 구도의 재편성 등을 통해 e-비즈니스상의 상호 공존을 계속해 나갈 것이다.

지금까지 다소 난해한 포털과 보털에 대해 알아보았다. 다음은 전자 상거래이다.

컨텐츠와 커뮤니티라는 향기와 향기를 즐기는 동호회가 만들어지면 전자 상거래는 필수적으로 붙는 기능이다. 이제부터는 본격적으로 인터넷의 수익 모델 중 가장 큰 전자 상거래를 살펴보자.

8. 전자 상거래

1) 전자 상거래의 종류

인터넷 관련 비즈니스는 여러 가지로 분류될 수 있지만, 전자 상거래는 거래에 참여하는 당사자가 누구냐에 따라 분류되는 것이 일반적이다.

이에 따라 전자 상거래를 분류할 때, 전자 상거래를 수행하는 주체가 기업이고 기업을 중심으로 상거래가 이루어지는 경우가 많으므로 기업의 관점에서 크게 B2B와 B2C의 두 가지 형태로 구분하는 것이 가장 잘 알려진 방식이다.

그러나 근래에는 B2B와 B2C 이외에 B2G, C2C와 같은 새로운 개념의 전자 상거래도 소개되고 있는데, 먼저 이러한 전자 상거래들의 개념에 대해 알아본 뒤 주로 B2C와 B2B에 대해 자세하게 살펴보자.

B2B는 Business to Business의 줄임말로, 말 그대로 기업과 기업 간의 전자 상거래를 의미한다. 즉, 과거에 오프라인에서 이루어지던 기업간의 각종 거래를 온라인상에서 수행하는 것으로, 초기에는 주로 대기업을 중심으로 EDI(Electronic Data Interchange)를 활용해 구매나 판매 등 주요 업무를 효율화하고, 이를 통해 인력·비용 등의 자원을 절감하는 등 경제적 이익을 얻고자 하는 취지로 운영되었던 경우가 많았다.

그러나 근래에는 이를 응용해 별도의 새로운 비즈니스로 운영하면서 수익을 낼 수 있는 사업 모델을 구성·운영하는 사례가 점차 늘고 있다.

특히 전에는 구매자(Buyer)와 판매자(Seller) 간에 어느 한쪽, 또는 양쪽이 전자 상거래 시스템을 갖추고 사업을 운영하는 경우가 대부분이었으나, 근래에는 중개자가 B2B 비즈니스의 인프라를 갖춰 놓고 구매자와 판매자가 접속해 거래를 수행하고 중개자에게 수수료를 지급하는 형태의 사업이 증가하는 추세에 있다.

B2C는 Business to Consumer의 줄임말로, 기업과 소비자 간에 이루어지는 다양한 형태의 전자 상거래를 의미한다.

B2G는 Business to Government의 줄임 말로 주로 정부의 물자 구매, 즉 조달 업무와 관련된 전자 상거래를 의미한다. 일반적으로 정부의 물자 구매 규모가 엄청나고, 조달 업무와 관련된 상당한 비효율성이 존재하고 있기 때문에 향후 B2G 전자 상거래가 체계적으로 수행될 경우에 막대한 비용 절감 효과를 거둘 수 있을 것으로 예상되며, 또한 이를 통해 정부의 국민에 대한 서비스 수준도 향상될 수 있을 것으로 기대된다.

C2C는 Consumer to Consumer의 줄임말로 기업이 아닌 소비자와 소비자 간의 전자 상거래를 의미한다. 인터넷과 관련된 기술이 발달되고, 또한 일반인들의 인터넷 활용 수준이 높아짐에 따라 일반 소비자들도 인터넷 사이트를 개설하고 다른 소비자들과 커뮤니케이션을 할 수 있게 되었으며, 이를 활용해 기업을 배제하고 소비자 간의 전자 상거래 기능을 수행할 수 있게 되었다.

예를 들면 개인과 개인 간에 서로 물건들을 교환하는 행위와 같은 것을 넓은 범위의 전자 상거래에 포함시켜서 C2C 전자 상거래라고 한다.

2) 기업과 소비자 간의 전자 상거래
(B2C, 즉 Business to Consumer, Electronic Commerce)

여기서 기업은 상품과 서비스를 직접 생산하는 생산자일 수도 있고, 아니면 생산자로부터 상품과 서비스를 공급받아 소비자에게 판매하는 도매상, 소매상과 같은 중간상 또는 중개인일 수도 있다.

반면 소비자(Consumer)라 함은 어떠한 상품이나 서비스를 판매하기 위한 목적이 아니라 자신이 직접 사용하기 위해 구매하는 최종 사용자를 의미한다.

따라서 B2C 전자 상거래란 기존에 오프라인에서 이루어지던 기업과 소비자 간의 다양한 상품 및 서비스에 대한 매매, 중개 행위가 온라인 상에서 이루어지는 것을 의미한다.

오프라인에서 이루어지던 거래가 온라인 상에서도 가능하게 된 주요한 요인으로는 인터넷의 발달 및 이용자 확대, 전자 상거래와 관련된 보안·인증·지불과 같은 솔루션의 개발 등 정보 통신 관련기술의 발달을 들 수 있다.

이러한 B2C 형태의 전자 상거래는 일반 소비자들이 인터넷을 통해 쉽고 편리하게 활용할 수 있는 것으로, 우리들이 주변에서 흔히 볼 수 있는 인터넷 쇼핑몰들이 B2C 전자 상거래 업체의 대표적인 예라고 할 수 있다.

3) B2C 전자 상거래의 발달

B2C 형태의 전자 상거래는 인터넷 활용 인구가 가장 많은 미국을 중심으로 발달되어 유럽 및 아시아 등으로 급속히 확산되는 추세를 보이고 있다.

소비자를 대상으로 하는 B2C 전자 상거래의 발달 추세는 그 특성상 인터넷 사용자의 증가 추세와 맞물려 있다. 그런데 이러한 B2C 전자 상거래가 과연 어느 정도까지 발달, 확대될 수 있을지, 기존의 오프라인에서 이루어지던 거래 중 어느 정도의 비율을 대체하게 될 것인지 예측하기는 매우 어렵다.

다만 우리들이 일상 생활에서 가장 많이 사용하는 대표적인 매체인 라디오·텔레비전·PC의 확산 속도와 전자 상거래의 기반이 되는 인터넷의 확산 속도를 비교함으로써 간접적으로 향후 전자 상거래의 성장 잠재력을 유추해 볼 수 있지 않을까 싶다.

이러한 매체들이 소개된 이후에 5,000만 명의 사용자를 확보하는 데 소요된 기간은 라디오는 38년, PC는 16년, 텔레비전은 13년으로 나타나고 있는데 비해 인터넷은 단지 4년이 소요되었다.

그리고 B2C 전자 상거래의 성장 추세 및 가능성을 보여 주는 몇 가지 단적인 예를 살펴보기로 하자.

• 1999년 상반기 현재 미국의 웹 사이트 중 25퍼센트가 이미 전자 상거래 기능을 갖추고 있으며, 또 다른 23퍼센트가 2년 이내에 전자 상거래 기능을 추가시킬 계획인 것으로 조사되었다.

• 세계 e – 비즈니스의 시장 규모는 1996년의 5~6억 달러에서 1998

년에 45억 달러로 급성장했으며, 2002년까지 연 평균 약 180퍼센트씩 성장할 전망이다.

• 미국의 인터넷 사용자 중 1999년 1/4 분기 동안에 웹 사이트를 통해 상품을 구매한 적이 있는 사용자의 비율이 전체의 74퍼센트를 차지하고 있다.

• 인터넷 또는 온라인 서비스를 이용하고 있는 미국의 3,700만 가구 중 3분의 1이 1999년 2 ~ 4월 사이에 인터넷을 통해 상품을 주문하거나 서비스를 예약했으며, 이들 온라인 소비자들의 88퍼센트는 인터넷 쇼핑에 만족하고 있는 것으로 나타나고 있는데, 그 이유는 주문 및 예약이 간편하기 때문인 것으로 분석되었다.

• 인터넷을 이용한 장난감 판매 시장 규모가 1998년 4,300만 달러에서 1999년에 2억 3,000만 달러로 증가하고, 2002년에는 16억 달러에 이를 것으로 전망되는 엄청난 신장세를 보이고 있다.

• 미국의 주요 항공사는 1998년 전체 매출 730억 달러 중 15억 달러를 인터넷을 통해 실현했으며, 1999년의 인터넷 항공권 판매는 전체 시장 규모인 762억 달러 중 27억 달러에 이를 것으로 전망된다.

• 1999년 상반기에 미국의 전체 주식 거래 중 20퍼센트가 인터넷을 통해 이루어지고 있으며, 온라인 경매는 직거래의 60퍼센트 이상을 차지한다.

얼마나 놀랄 만한 속도인가? 필자가 '인터넷을 지옥으로 가는 급행열차'로 정의하는 이유도 여기에 있다. 안 탈 수는 없고 타자니 수익을 내기에 너무 어둡고, 그 변화 속도도 너무 빨라 예측을 어렵게 하기 때문이다.

4) 우리 나라의 B2C 전자 상거래 발달 추세

우리 나라의 인터넷 사용 인구는 1999년 말에 이미 1,000만 명을 넘어섰다. LG경제연구소의 자료에 따르면, 국내 B2C 시장의 규모는 1998년에 465억 원 정도였으나 1999년에는 980억 원으로 증가했으며, 2000년에는 약 2,160억 원 규모로 성장할 것으로 예상하고 있다. 이 연구소는 이러한 급속한 증가추세가 향후 수년간 지속됨으로써 오는 2003년이 되면 시장 규모가 1조 7,150억 원에 이를 것으로 보고 있다.

한편 우리 나라의 인터넷 쇼핑몰은, 지난 1996년 데이콤과 롯데백화점의 2개 업체가 처음 인터넷 쇼핑몰을 개설하고 영업을 시작한 이래, 매년 그 수가 기하 급수적으로 증가해 1999년 말에는 약 700개 이상의 인터넷 쇼핑몰이 운영되고 있는 것으로 추정된다.

이것은 단순한 양적인 증가뿐 아니라, 영업의 형태도 초기에 카탈로그 수준의 상품 정보를 제공하고 물건을 판매하던 단순한 형태에서, 고객이 원하는 여러 가지의 정보를 제공하고, 상품뿐 아니라 보험·부동산 등의 서비스 중개 및 경매 등으로 점차 다양화되고 있다.

5) 전자 상거래와 기업 경영

그렇다면 전자 상거래가 발달하고 확대되는 이유는 무엇일까 ? 과연 무엇이 세계적으로 내노라 하는 기업들로 하여금 전자 상거래 대열에 참여하지 않으면 조만간 경쟁에서 낙오되고 도태될 것처럼 두려워하게 만드는가?

그리고 소비자들은 전자 상거래로부터 도대체 어떤 혜택과 편의를 얻고 있기에 이용자가 날로 증가하고, 결과적으로 전자 상거래 시장의 성장 속도가 과거 어느 분야에서도 유례를 찾을 수 없을 정도로 급속하게 확대되도록 도와주고 있는 것일까?

여기에서 인터넷과 전자 상거래라고 하는 새로운 화두가 불러올 파급 효과와 이에 대한 기업의 대응에 대해 전 세계적으로 잘 알려진 유수한 기업들의 최고 경영자들의 견해를 잠시 살펴보기로 하자.

마이크로소프트의 회장인 빌 게이츠는 인터넷 혁명을 제2의 산업 혁명에 비유하면서, 인터넷의 도래로 인해 기업은 앞으로 10년 간 과거 50년 동안 겪었던 것보다 더 큰 변화를 경험할 것이며, 인터넷을 매개로 이루어지는 전자 상거래 또는 e-비즈니스가 기존의 경제 패러다임을 변화시킬 것이라고 설파했다.

또한 디지털 세대와는 전혀 거리가 멀 것 같은 제너럴 일렉트릭(GE)의 잭 웰치 회장도 앞으로 전자 상거래에 참여하지 않는 기업은 생존이 어려울 것이라며, 스스로 앞장서서 GE의 마케팅 조직을 전자 상거래 위주로 개편해 나갈 것임을 공언하고 있다.

한편《제3의 물결》·《권력 이동》등으로 우리에게 잘 알려진 세계적인 미래학자 앨빈 토플러는 전자 상거래가 많은 산업 분야에서 비용을 엄청나게 줄일 것이며, 누구도 전통적인 방식으로는 이와 경쟁할 수 없게 될 것이라고 예언한 바 있다.

이들 명사들의 한결같은 이야기는 일반인에게는 다소 거시적이며 추상적으로 들릴 수도 있다. 그러나 인터넷과 전자 상거래가 산업 분야에 미치게 될 영향이 우리가 여태까지 이해하고 있는 전통적 사고 방식과 판단 기준으로는 짐작하기조차 어려울 정도로 엄청난 것임을 시사하고 있다는 점에서는 공통점을 가지고 있다.

6) 전자 상거래의 장점

전자 상거래가 급속히 확산되면서 이와 관련해 거론되는 장점은 크게 기업의 관점에서 본 장점과 소비자의 관점에서 본 장점으로 나누어 볼 수 있다.

먼저 기업의 관점에서 본 장점은 다음과 같다.

① 인터넷은 시간과 공간의 제약을 받지 않는다.

인터넷을 통한다면 하루 24시간, 1년 365일 언제나 지구상 어느 곳이라도 접촉할 수 있으며, 기존의 오프라인에서 사업을 수행할 때와 달리 물건을 전시하고 팔기 위한 매장의 확보 및 유지 등이 거의 필요 없게 된다. 이는 기업의 입장에서는 수익성, 곧 돈과 직결되는 것이다.

② 인터넷을 통해 기업은 고객과 보다 원활한 커뮤니케이션을 할 수 있다. 커뮤니케이션 매체로서 인터넷이 가진 가장 큰 장점 중의 하나는 바로 사용자와의 쌍방향 커뮤니케이션이 가능하다는 것이다.

기업은 고객의 반응이나 의견을 피드백 받아서 상품 설계나 마케팅 활동에 반영할 수 있으며, 다양한 고객군 중 자사의 상품, 서비스의 구매 가능성이 큰 고객군을 선별해 그에 맞는 마케팅 활동을 전개할 수 있게 된다. 그럼으로써 기업은 마케팅 비용을 획기적으로 절감하고 효율을 올릴 수 있게 되는 것이다.

③ 인터넷을 활용해 기업은 광고비를 크게 절감할 수 있다. 텔레비

전이나 신문 등 기존의 매스 미디어는 광고 단가가 높은 데 비해 일회적이며, 불특정 다수의 고객을 대상으로 이루어지는 특징이 있지만, 인터넷을 활용할 경우 우선 텔레비전·신문 등에 비해 비용이 저렴하고 상품과 서비스를 반복적으로 노출시킬 수 있으며, 특정 소비자를 겨냥한 타깃 광고도 가능하다. 또한 고객들에 대한 광고 노출도 측정이 용이하다는 장점도 가지고 있다.

다음으로 소비자 관점에서의 장점으로 다음과 같은 것들을 들 수 있다.

① 쇼핑에 소요되는 소비자의 시간과 노력을 크게 절약할 수 있게 한다. 전자 상거래가 활성화되기 전에는 소비자가 원하는 상품, 서비스를 판매하는 상점을 직접 방문해서 마음에 드는 물건을 찾을 때까지 상당한 시간을 투자하고 다리품을 팔아야만 어느 정도 만족할 수 있는 쇼핑을 할 수 있었다.

그러나 전자 상거래를 이용하면 소비자는 집이나 사무실에 앉아서 편안하게 원하는 상품을 탐색할 수 있을 뿐만 아니라 주문을 하면 집으로 배달되어 앉아서 받을 수 있다. 즉, 전자 상거래는 쇼핑과 관련된 소비자의 시간적·공간적 제약을 최소화시켜 주는 것이다.

② 소비자의 합리적·경제적 구매를 도와 준다. 기존의 오프라인 쇼핑에서는 소비자가 상품의 가격에 대한 체계적·구체적 정보를 얻는 데 많은 제약이 있었으며, 때로는 실제로 물건을 구매할 의사도 없이 그저 점원과 몇 마디 대화를 나누다가 어쩔 수 없이 물건을 구매하거나, 또는 충동적으로 물건을 구매하는 경우가 자주 발생하곤 했다.

그러나 전자 상거래를 활용하면 소비자는 여러 전자 상거래 사이트를 서핑함으로써 원하는 상품의 가격을 쉽게 검색하고 비교할 수 있으며, 체면 때문에 어쩔 수 없이 내키지 않는 물건을 사거나 계획에 없던 물건들을 충동적으로 사는 경우를 크게 줄일 수 있게 된다.

③ 전자 상거래가 보편화될수록 소비자의 권익이 강화될 수 있다. 과거에는 기업에 비해 소비자들이 많은 정보를 가지고 있지 못했기 때문에 시장은 주로 기업에 의해 주도되어 왔다.

그러나 인터넷을 통해 소비자들이 보다 많은 정보를 가질 수 있게 되었고, 가격 등의 비교도 쉽게 할 수 있기 때문에 앞으로는 시장이 기업보다도 소비자에 의해 주도될 조짐이 점차 강해지고 있다.

일례로 가격만 해도 과거에는 기업이 책정하고 소비자는 그 가격을 지불하고 구매하든지, 아니면 구매를 포기하든지 둘 중의 하나를 선택할 수밖에 없었다. 그러나 이제는 기업들이 이렇게 일방적으로 가격을 책정할 수 없게 되었다. 오히려 요즘에는 소비자들이 지불할 의사가 있는 상품의 화폐적 가치가 가격이라는 말이 자주 인용되고 있다.

또 다른 예로 과거에는 구매한 물건에 하자가 있을 경우에 소비자가 직접 구매한 상점을 방문해서 설명을 하고 때로는 언성을 높이면서 항의를 해야 교환이나 반품을 받을 수 있었던 것이 일반적이었다. 그러나 인터넷 쇼핑몰에서 상품을 구매한 경우에는 일정 기간 내에 하자를 발견하게 되면 이메일이나 전화로 판매자에게 통지만 해주면 별도의 번거로운 절차 없이 판매자의 비용 부담으로 물건을 회수해 가고 교환이나 반품도 쉽게 이루어지게 되었다.

이와 같이 전자 상거래가 발달하고 소비자들이 점점 많은 정보를 가지게 됨에 따라 소비자들의 권익도 강화되는 추세에 있다.

7) B2C 전자 상거래의 서비스 분야

그렇다면 이러한 장점들을 지닌 B2C 전자 상거래가 현재 어떤 분야에서 주로 이루어지고 있으며, 앞으로는 어떤 분야들로 발전해 갈 것인가?

B2C 전자 상거래가 이루어지는 분야를 결정하는 요소는 크게 제공되는 상품 또는 서비스가 가지고 있는 특성과 인터넷이라는 매체가 가지는 특성의 두 가지로 나누어볼 수 있다.

이 중에서 제공되는 상품 또는 서비스가 가지고 있는 특성은 주로 초기의 B2C 전자 상거래 서비스 분야를 결정지은 요소라고 할 수 있다. 그 이유는 인터넷을 통해 소비자들에게 상품을 보여 주고 구매 욕구를 자극하며, 실제 구매와 연결시킬 수 있는 기술이 현재와 같이 다양하게 발달되지 못했던 상태였기 때문이다.

따라서 초기의 B2C 전자 상거래에서는 이러한 제약 아래에서도 별다른 문제 없이 판매할 수 있는 제품이나 서비스가 우선적으로 선택되었는데, 그러한 제품 또는 서비스들은 우선 단위 가격이 상대적으로 저렴하며 제품의 사양이나 특성이 규격화되어 있어 자세한 설명이 없어도 일반 소비자들이 쉽게 인지할 수 있다는 공통적인 특성을 지니고 있었다. 서적이나 음반, 영화나 공연의 티켓 예약 등이 그러한 제품이나 서비스의 대표적인 것들이라고 할 수 있다.

그러나 인터넷상에서 구현할 수 있는 기능들이 다양하게 개발되고 발전되어 감에 따라 이러한 제약은 점차 감소하고 있다. 기업은 이제 이러한 기능상의 제약에 맞춰 상품이나 서비스를 선택하던 단계에서 벗어나 보다 적극적으로 인터넷의 특성을 살려서 효과적인 마케팅 활동을 수행할 수 있는 상품이나 서비스를 중점적으로 선택하게 되었다.

여기에서 거론될 수 있는 인터넷의 특성은 여러 가지가 있지만 그 중에서 가장 중요한 특징은 아마도 사용자와의 양방향 커뮤니케이션이 가능하다는 것이다. 양방향성은 인터넷이라는 매체가 가진 가장 큰 장점 중의 하나라고 할 수 있는데, 기업은 이러한 인터넷의 양방향성을 활용함으로써 불특정 다수의 소비자에게 일방적으로 획일적인 정보를 제공하고 소비자가 선택해 주기를 기다리는 기존의 수동적인 커뮤니케이션 방식에서 벗어날 수 있게 되었다.

즉, 이제 기업은 뚜렷한 목적을 가지고 특정의 고객군을 선택해 인터넷으로 정보를 제공하고 고객의 구매를 유도하는 등 적극적인 커뮤니케이션을 수행할 수 있게 되었으며, 소비자의 반응과 의견 등을 즉각적으로 수렴하고 이를 경영에 반영함으로써 소비자에게 보다 가까이 다가갈 수 있게 된 것이다.

따라서 기업들은 과거와 같이 불특정 다수의 세분화되지 않은 고객에게 동일한 상품과 서비스를 공급하던 것에서 탈피해 고객 개개인의 특성에 맞는 상품이나 서비스를 제공할 수 있게 되었으며, 그로 인해 마케팅 효율을 획기적으로 제고할 수 있게 되었다.

이러한 상품과 서비스의 대표적인 예로서 온라인 맞춤 여행 상품 상담 및 판매, 온라인 보험 상담, 고객 DB 분석에 근거한 고객 개개인의 특성과 선호에 맞는 상품의 추천 판매 등이 있다. 근래의 동향은 이러한 고객 개개인에게 맞춘 개인화된 서비스를 더욱 강화하는 방향으로 움직이고 있다.

결국 인터넷과 관련된 각종 기술적 진보와 양방향 커뮤니케이션이 가능한 인터넷의 특성을 활용하려는 기업들의 인식 제고 등으로 이제는 인터넷을 활용한 B2C 전자 상거래 영역이 될 수 없는 분야는 거의 없다고 할 수 있게 되었다.

하나의 예로, 고객에게 상품을 보여 주는 기술만 해도 이제는 3차원 동영상으로 실감나게 보여 줄 수 있게 되었으며, 상품의 색깔이나 디자인의 일부를 고객이 원하는 대로 바꿔 가면서 볼 수도 있게 되었다.

8) B2C 전자 상거래로 어떻게 돈을 벌 수 있나?

이제까지 B2C 전자 상거래와 관련된 여러 가지 사항들에 대해서 알아보았다. 실제 우리 일상 생활의 거의 모든 영역에 걸쳐 B2C 전자 상거래가 활용될 수 있음을 확인했다.

이제는 이러한 B2C 전자 상거래를 수행하는 기업이 과연 어떻게 수익을 확보할 수 있는지 알아보자.

기업이 B2C 전자 상거래로 수익을 확보하는 방법은 대체로 다음과 같다.

· 상품 판매 수익
· 서비스 알선 수익
· 광고 수익
· 인포미디어리(Infomediary) 수익

상품 판매 수익

B2C 전자 상거래로 상품을 판매하고 수익을 확보하는 것은 가장 일반적인 수익 확보 방법이라고 할 수 있는데, 이는 거래가 온라인에서 이루어진다는 것말고는 기본적으로 일반 상점에서 고객에게 상품을 판매하고 수익을 확보하는 것과 다를 것이 없다.

즉, 인터넷 쇼핑몰이 나름대로의 분류 체계에 따라 상품을 분류하고 상품 카테고리별로 해당 상품들에 대한 정보를 올려놓으면, 고객이 여기에 접속해 주문 및 결제를 하고, 판매자는 고객의 주문 내용과 대금이 입금된 것을 확인한 후 상품을 원하는 장소로 배달하는 과정을 거치게 된다.

여기서 오프라인 판매와 다른 점은 상품의 제시, 주문 및 결제가 인터넷을 통해 이루어진다는 것이다. 인터넷 쇼핑몰의 결제 방식은 주로 신용카드를 활용하거나 온라인 송금과 같은 방식을 활용하는 경우가 많다.

인터넷 쇼핑몰이 상품 정보를 제공하는 방식은 쇼핑몰마다 다소의 차이는 있지만, 일반적으로 상품의 사진 같은 이미지 데이터와 함께 상품의 규격 · 성능 · 가격 및 배송 · 설치 비용 등과 같은 정보들을 제공하게 되는데, 근래에는 상품의 이미지를 입체적으로 사실감 있게 보여 주는 등 다양한 기술이 개발되어 상품을 더욱 효과적으로 디스플레이하고 고객의 구매 욕구를 자극할 수 있게 되었다.

일반 상점이 그러하듯이 인터넷 쇼핑몰도 가격이 싸고 제공되는 서비스의 내용이 좋아야 고객이 몰리고 장사가 잘될 것은 당연한 이치이다.

고객이 구매를 함에 있어 영향을 받는 가장 중요한 요인들 중의 하나인 가격에서 인터넷 쇼핑몰은 일반적으로 상당한 강점을 가지게 된다. 그 이유는 상품의 제시가 온라인에서 이루어지기 때문에 제품을 전시하고 보관하기 위한 물리적 공간을 가질 필요가 없으며, 또한 매장에서 고객을 맞고 응대하기 위한 인력이 필요하지 않고 상대적으로 낮은 광고비로 고객에게 접근할 수 있으며, 대부분의 경우 재고를 유지하는 데 소요되는 금융 비용을 부담하지 않아도 되는 등 주로 판매와 관련된 비용을 절감할 수 있다는 데 기인한다.

반면 오프라인에서는 발생하지 않는 비용이 인터넷 쇼핑몰에서 발생하는 것도 있는데, 그 중 주요한 것으로는 고객에게 상품을 배달하는 데 들어가는 배송 비용과 대금 결제와 관련되는 비용을 들 수 있다.

대부분의 인터넷 쇼핑몰은 고객의 구매 금액이 일정 금액 이상이면 상품을 고객이 원하는 장소까지 무료로 배달해 주고 있는데, 이러한 배송 비용은 오프라인에서는 발생하지 않는 비용이다. 그리고 주로 사용되는 배송 방법이 택배나 우편 서비스로, 고객들이 주문한 상품을 원하는 장소까지 일일이 배달해야 하기 때문에 이에 소요되는 비용이 만만치 않다.

특히 고객이 구매한 금액이 작은 경우에는 전체 원가 중 배송 비용이 차지하는 비중이 더욱 커지게 되는데, 이 때문에 대부분의 인터넷 쇼핑몰이 일정 금액 이하의 구매에 대해서는 운송비를 고객이 부담하도록 하고 있다.

또한 고객이 상품을 배달받은 후 품질하자 등의 이유로 교환 또는 환불을 요구할 경우에 이미 배달된 상품을 회수하는 비용도 판매자가 부담하는 것이 일반적이므로 이로 인한 부담도 적지 않다.

게다가 대금 결제와 관련해서는 오프라인과 같이 상품 대금을 현장에서 주고받을 수 없기 때문에 신용카드로 결제하거나 온라인 송금 방식을 택하는 경우가 많은데, 어느 경우이든 수수료가 발생하게 되고 이러한 수수료는 판매자가 부담하는 것이 일반적이다. 신용카드를 사용할 경우에는 오프라인에서도 수수료가 발생하지만 현금으로 결제가 이루어지는 경우도 많기 때문에 이 부분에 있어서 비용 차이가 발생하게 되는 것이다.

　이와 같은 요소들을 종합적으로 고려할 경우에는 아무래도 전자 상거래의 경우가 판매 비용을 절감할 수 있는 가능성이 크게 되며, 이는 가격 경쟁력과 직결된다. 따라서 쇼핑몰마다 다소의 차이는 있지만 인터넷 쇼핑몰의 가격 수준은 오프라인 상점들보다 다소 낮은 것이 일반적이다.

　인터넷 쇼핑몰도 수익을 극대화하기 위해서는 판매량을 늘리는 것이 매우 중요하다. 그 이유는 우선 판매량이 늘어야 매출이 느는 것은 당연한 일이고, 또한 공급자로부터의 상품 구매 가격이 낮아지기 때문이다.

　마치 남대문 시장의 의류 도매상이 한꺼번에 물건을 많이 사는 소매상에게 물건 값을 깎아 주는 것과 같은 이치이다. 인터넷 쇼핑몰의 입장에서는 우선 상품의 구입 가격이 낮아야 다른 쇼핑몰과 경쟁을 할 수 있으며, 경쟁자와 같은 가격에 판매를 해도 더 큰 마진을 가질 수 있게 되는 것이다.

　판매량을 늘리기 위해서는 가격 이외에도 고려해야 할 요소들이 있다. 우선 손님들이 많이 찾아올 수 있어야 하고, 서비스가 좋아야 하며, 상점의 인테리어나 상품의 진열이 잘 되어 있어야 상품을 판매할 수 있는 기회가 늘어나는 것은 일반 상점의 경우나 인터넷 쇼핑몰의 경우나 마찬가지다.

일반 상점의 경우에 손님이 많이 찾아오도록 하기 위해서는 우선 좋은 위치에 있어야 하며 손님들이 쉽게 찾아올 수 있도록 광고를 잘하는것이 중요한데, 인터넷 쇼핑몰의 경우는 어떨까?

인터넷 쇼핑몰의 경우도 대체로 비슷하다고 할 수 있다. 인터넷 쇼핑몰도 보다 많은 사람들이 알 수 있도록 하기 위해서는 광고를 효과적으로 해야 한다. 특히 사업 초기에는 사람들이 새로운 인터넷 쇼핑몰의 존재를 알 수 없기 때문에 오프라인이나 온라인을 막론하고 여러가지 형태의 광고를 통해 사람들에게 알려야 한다.

주로 많이 쓰이는 광고 방법은 텔레비전이나 신문 또는 잡지와 같은 매스 미디어를 활용하는 오프라인 광고와, 흔히 배너 광고라 불리는 온라인 광고 및 각종 검색엔진에 등록하는 방법 등을 들 수 있다.

이러한 여러 가지 광고를 할 때 우선적으로 고려해야 할 사항은 광고로 접근하고자 하는 대상 고객의 층, 사용할 매체의 특성, 그리고 비용 대비 효과 등을 들 수 있다.

잘 알고 있는 바와 같이 텔레비전이나 신문 광고는 일시에 많은 사람들에게 접근할 수 있는 장점이 있는 반면 비용이 많이 소요된다는 단점이 있다. 특히 텔레비전의 경우는 시간대 또는 프로그램별로 시청자 계층이 다르다는 점을, 신문 광고는 광고 효과가 일회적이란 점을 고려해야 한다.

온라인 배너 광고는 이미 운영되고 있는 다른 사이트에 배너라고 하는 띠 형태의 그래픽 이미지를 올리고, 사용자가 그 배너를 클릭하면 바로 해당 사이트로 접속되게 하는 것이다. 배너 광고의 효과를 올리기 위해서 광고를 클릭하는 사용자에게 금전적 보상을 하는 사이트들도 많이 있다.

이러한 배너 광고는 이미 많은 사용자를 확보하고 있으므로 잘 알려진 사이트에 올려야 보다 많은 사람들이 접속할 확률이 높다. 물론 사용자가 많은 사이트일수록 광고를 게재하는 데 소요되는 비용이 더 많이 드는 것은 당연한 일이다.

고객을 끌 수 있는 인터넷 쇼핑몰의 서비스는 어떤 것들이 있을까? 일반 상점의 경우라면 종업원의 친절도, 산뜻하면서도 주의를 끄는 상점의 내외부 인테리어 및 상품 진열, 편안한 휴식 공간, 고객의 불만을 최소화할 수 있는 반품 및 교환, 환불 정책 등을 들 수 있을 것이다.

인터넷 쇼핑몰의 경우에도 이와 같은 사항들이 대체로 비슷하게 적용될 수 있다. 즉, 인터넷 쇼핑몰에는 비록 직접 고객들의 얼굴을 대하는 종업원은 없지만 가상 공간에서 고객들이 이메일이나 게시판을 통해 제시하는 문의나 불만 등에 대해 신속하고 친절하게 응대할 때 네티즌들은 일반 상점에서 친절한 종업원을 만났을 때와 같은 종류의 호감을 가지게 된다.

요즘 일류 백화점들의 영업 방식을 유심히 살펴보면 과거와는 상당히 달라진 것을 알 수 있다. 즉 과거에는 매출을 조금이라도 더 올리기 위해 매장을 확대하는 데 주력했을 뿐 고객들이 휴식을 취하고 무엇인가를 얻을 수 있는 공간이 거의 없었다.

그 결과 모든 백화점들이 각각의 고유한 특성이나 차별점, 고객들의 로열티를 가지지 못하게 되었고, 결국 기대했던 매출을 올리는 데에도

별 효과를 거두지 못했다.

그런데 얼마 전부터 많은 백화점들이 단지 상품을 판매하는 공간이 아니라 고객들을 위한 생활 공간, 또는 문화 공간으로 자신들의 이미지를 형성하는 데 주력하고 있다. 즉 단골 고객을 확보하는 데 많은 노력을 기울이고 있는 것이다.

인터넷에서 사업을 하는 전자 상거래 사이트의 경우도 마찬가지이다. 단지 카탈로그 수준의 상품 정보만을 사이트에 올려놓은 인터넷 쇼핑몰은 매장만 있는 백화점과 같아서 가격이 다른 곳보다 획기적으로 싸지 않는 한 고객들이 일부러 찾아와서 물건을 구매할 확률이 적어진 것이다.

그나마 경쟁자가 없을 때에는 어느 정도 운영이 가능하겠지만 전자 상거래가 보편화되어 경쟁이 치열해질수록 점점 설 곳이 없어질 것이다. 상거래에 관한 한 고객은 바로 왕이며, 인터넷을 활용한 전자 상거래에서 고객이 원하는 것은 단지 상품이 아니라 정보·휴식·즐거움 등을 포함한 종합적인 서비스라는 것을 명심해야 한다.

특히 이 사이트 저 사이트를 쉽게 옮겨 다니면서 정보를 검색하고 비교할 수 있는 인터넷이라는 매체의 특성을 고려한다면, 어떻게 해야 한번 찾아온 고객이 다른 사이트로 옮겨가지 않고 우리 사이트에서 원하는 것을 모두 얻을 수 있도록 할 것인지를 깊이 생각해야 한다.

그러면 구체적으로 고객이 원하는 것이 무엇일까? 고객이 인터넷을 통해 얻고자 하는 것은 사람에 따라 다르겠지만 대표적인 것으로는 일상 생활을 하면서 필요로 하는 다양한 정보와 인터넷의 익명성까지 감안한 사람들과의 부담 없는 교류와 커뮤니케이션, 그리고 상품 등을 들 수 있지 않을까 싶다.

이와 같은 맥락에서 인터넷사업의 성공 요소로 컨텐츠·커뮤니티·커머스(Contents, Community, Commerce)의 3C를 드는 경우가 많으며, 때에 따라 커뮤니케이션·커넥션·커스토미제이션 (Communication, Connection, Customization) 등을 추가하기도 한다.

이러한 3C의 개념은, 고객이 필요로 하는 컨텐츠를 제공하면 고객들은 이러한 컨텐츠를 중심으로 커뮤니티를 형성하고 활동하면서 스스로 가치 있는 컨텐츠를 산출하며 해당 사이트와 커뮤니티에 애착을 가지고 필요한 상품을 구매하게 된다(Commerce)는 것으로, 컨텐츠를 시발점으로 하는 전자 상거래 사이트의 발전적 모형을 제시하고 있는 것이다.

물론 고객이 원하는 컨텐츠는 다양하다. 하지만 과연 어떤 정보에 초점을 맞출 것인지는 사업자의 선택 사항으로, 고객들의 욕구 충족 가능성과 상거래와의 연결성을 따져 봐야 한다.

이러한 3C 개념의 인터넷 쇼핑몰로 잘 알려진 것으로는 미국의 인터넷 서적 판매 사이트인 아마존(amazon.com)을 들 수 있다. 아마존은 단지 판매하는 서적에 대한 정보만을 제공하는 것이 아니라 특정 서적에 대한 전문가들의 서평, 일반 독자들의 평가 및 독후감 등을 함께 제시하고 있어서 고객들이 특정 서적을 구매하기 이전에 충분한 사전 정보를 가지고 의사 결정을 할 수 있게 한다.

또한 아마존에서 서적을 구매하는 고객 중의 상당수가 역시 커뮤티니의 일원으로서 자신들의 컨텐츠를 제공함으로써 고객들이 만드는 컨텐츠의 양이 갈수록 확대되고 질적으로도 향상되는 추세를 보이고 있다. 또한 이와 같이 적극적이고 참여적인 고객들은 곧바로 강력한 로열티를 가진 단골로 발전하는 경향을 보이고 있다.

국내에서 이와 같은 개념의 전자 상거래 사이트를 대표하는 것으로는 금년 초부터 본격적으로 서비스를 시작한 OK캐쉬백(okcashbag.com)을 들 수 있다.

OK캐쉬백은 생활과 밀접한 지역 정보 · 여행 · 건강 · 교육 · 부동산 등 10개 분야에 걸쳐 다양하고 충실한 컨텐츠를 고객들에게 제공하는 한편, 고객들이 온라인 커뮤니티 활동을 즐기는 데 필요한 기능들을 편리하게 사용할 수 있도록 제공하고 있다.

이에 따라 본격적으로 서비스를 시작한 지 얼마 되지 않았음에도 불구하고 다른 사이트들에 비해 OK캐쉬백 고객들의 재방문률이 훨씬 높게 나타나고 있으며, 시간이 흐를수록 고객들의 컨텐츠 생산이나 커뮤니티 활동 참여도, 동 사이트에서의 상품 구매 빈도 등이 높게 나타날 것으로 전망되고 있다.

인터넷 쇼핑몰의 경우에 오프라인 상점의 인테리어나 상품 진열과 같은 것에 해당하는 사항들은 통상 유저 인터페이스(User Interface)라고 하는 것으로 표현된다.

이는 고객들이 어떤 인터넷 사이트를 사용함에 있어 시각적으로 보여지는 디자인과 관련된 부분과, 고객들이 원하는 서비스를 얼마나 편리하게 이용할 수 있도록 사이트가 구성되어 있는가 하는 것으로, 일단 고객들에게 시각적으로 좋은 인상을 줄 수 있어야 하며 관련된 상품이나 정보를 찾아다니는 데 필요한 노력을 최소화함으로써 고객들이 사용하는 데 불편을 느끼지 않도록 해야 한다.

이러한 유저 인터페이스를 효과적으로 제시하기 위해서는 사업자는 사이트 구축을 위한 기획 단계부터 고객의 입장에서 생각하고 고객의 의견을 반영하는 과정을 거치는 것이 필수적이다.

단순히 사업자의 입장에서 일방적으로 사이트를 구축하고 서비스를 제공한다면 그러한 서비스들은 고객들의 호응을 얻지 못하고 곧 잊혀지게 될 가능성이 대단히 높다고 할 수 있다.

지금까지 인터넷 쇼핑몰이 상품을 판매함으로써 수익을 확보하는 방안과 사업자들이 유의해야 할 사항들을 설명했다. 이제부터는 서비스 알선을 통해 수익을 확보하는 방안에 대해 알아보기로 한다.

서비스 알선 수익

e – 비즈니스는 가상 공간에서 이루어지는 사업이지만, 가상 공간에만 국한된 서비스로는 수익 창출이 어렵다는 것이 일반적인 인식이다.

이미 인터넷 쇼핑몰의 경우만 해도 가상 공간에서의 상품 검색, 주문 및 결제로 거래의 전 과정이 마무리되는 것이 아니라, 우선 고객이 인터넷 쇼핑몰의 존재를 알 수 있도록 하기 위한 광고 및 홍보, 고객이 주문한 상품을 고객이 원하는 곳까지 배달하기 위한 배송 등의 오프라인적 요소들이 매우 중요한 역할을 하고 있음을 알 수 있다.

상품 및 서비스의 판매 중 중요한 부분이 모두 온라인에서 이루어질 수 있는 거래는 컨텐츠의 유료 판매나 음악 다운로드 서비스 등과 같은 디지털 상품의 판매 등으로 그 범위가 지극히 제한되어 있다.

이와 같이 거의 모든 e – 비즈니스가 인터넷에서 종결되지 못하고 오프라인과 연계되는 이유는 근본적으로 고객이 원하는 것이 단지 정보가 아니라 생활에서 실제로 쓰일 수 있는 상품이나 서비스라는 데에 있으며, 고객이 인터넷을 활용해 정보를 얻고자 하는 것도 이러한 실제 상품이나 서비스를 보다 효과적으로 획득하고자 하기 때문이라고 할 수 있다.

따라서 고객이 최종적으로 원하는 것을 제공하기 위해서는 이러한 것들을 실제로 제공하는 오프라인 네트워크와의 연계가 필요하며, 이를 통해 수익을 창출할 수 있는 것이다.

예를 들어 어떤 고객이 아파트 시세 및 매물 정보 같은 부동산 정보를 제공하는 인터넷 사이트를 서핑한다면, 그 고객은 단순히 시세를 알아보려는 경우도 있겠지만 대부분의 경우는 가까운 시일 내에 부동산을 매매하려 하거나 부동산 임대차 등의 거래를 하려는 목적을 가지고 있을 가능성이 크다.

따라서 고객은 인터넷을 통해 원하는 정보를 얻을 수는 있지만, 거기서 그친다면 고객이 원하는 것을 충분히 제공했다고는 할 수 없으며, 고객도 충분히 만족할 만한 서비스를 받았다고 생각하기는 어려울 것이다.

왜냐하면 고객이 원하는 것은 우선 마땅한 부동산 물건을 찾고, 궁극적으로는 매매이건 임대이건 실제 거래를 하려는 것이기 때문이다.

여기서 고객에게 믿을 만한 부동산 중개업소를 소개해 주고 고객이 원하는 물건에 대한 거래를 경제적으로 마칠 수 있게 해준다면 고객은 정보에서부터 실제 거래까지 충분한 서비스를 받았다고 느낄 수 있을 것이다.

더 나아가 대부분의 경우 부동산 거래에 이어서 일어나게 되는 이사나 집수리, 인테리어 등에 대한 정보와 실제 서비스를 함께 제공한다면 고객은 원하는 모든 정보와 서비스를 한 곳에서 해결할 수 있게 되어 편리함은 물론 경제적으로도 큰 혜택을 볼 수 있게 되는 것이다.

이와 같이 고객이 원하는 것을 충분히 제공하기 위해서는 반드시 오프라인 네트워크와의 연계가 필요함을 알 수 있으며, 인터넷 사업자는 이런 것이 수익의 원천이 될 수 있음을 깊이 인식해야 한다.

이와 같이 오프라인 네트워크와의 제휴를 통해 실제 서비스를 제공할 수 있는 분야는 생활 전반에 걸쳐 실로 다양하기 때문에 인터넷 사업자는 정보부터 실제 서비스까지 어떤 서비스를 어떻게 제공할 것인지, 실제 서비스를 제공하는 사업자와 무엇을 주고 무엇을 받으며, 어떠한 조건으로 상호 협력할 수 있는지를 잘 기획하고 실행해야 한다.

이와 관련해 인터넷 사업자가 오프라인의 제휴 사업자에게 제공할 수 있는 것 중 중요한 것으로는 인터넷을 통해 생활에 필요한 각종 서비스 정보를 제공하고 이들 서비스를 필요로 하는 잠재 고객을 확보해 이들을 제휴 서비스 네트워크의 고객으로 연결해 주는 것을 들 수 있다.

이를 통해 오프라인의 제휴사는 보다 많은 사업 기회를 확보할 수 있게 되며, 여기에서 실제 거래가 성사되었을 경우에는 그로 인해 발생한 수익을 배분하는 방식으로 수익의 창출이 가능한 것이다. 이는 정보를 활용해서 고객을 확보하고 오프라인의 실제 거래와 연결시키는 개념으로, 인터넷 사업자는 고객과 서비스 제공자의 중간자로서 거래의 성립을 지원하며, 이러한 것을 넓은 개념의 인포미디어리(infomediary)라고 할 수 있다.

또한 인터넷 사업자가 오프라인 제휴 사업자에게 제공할 수 있는 것으로 광고 및 홍보의 지원을 들 수 있다. 물론 사업자가 운영하는 사이트가 많은 사용자를 확보할 수 있다는 전제하에서 성립될 수 있는 것으로, 사용자를 확보하기 위해서는 이미 설명한 바와 같이 고객이 필요로 하는 정보를 사용하기 편리하게 제공해야 함은 말할 것도 없고 사이트에 대한 광고 및 홍보 활동도 적절하게 이루어져야 한다.

대형 사이트는 통상 방문자 수가 하루에 수십만 명에 이르기 때문에 여기에 광고를 게재할 경우의 광고 효과는 실로 엄청나다고 할 수 있으며, 인터넷 사업자는 오프라인과 제휴해 사업을 수행하면서 수익을 배분받고, 오프라인 제휴 사업자는 광고 및 홍보가 효과적으로 이루어짐으로써 더욱 큰 사업 기회를 확보하는 원윈(win-win) 관계가 형성될 수 있다.

여기서 인터넷 사업자가 오프라인 제휴 사업자와 네트워크를 형성해 공동 사업을 수행하면서 수익을 확보함에 있어 유의할 사항은 다음과 같다.

우선 모든 수익의 원천은 고객이므로, 고객이 만족하지 않으면 지속적으로 수익을 창출할 수 없다는 사실을 명심해야 한다. 오프라인과 연계해 서비스를 제공하는 목적이 고객에게 토탈 서비스를 제공함으로써 보다 커다란 편의와 혜택을 제공하기 위한 것이며, 이를 통해 수익을 창출하고자 한다면 실제로 고객이 만족할 수 있어야 한다는 전제가 충족되어야 한다.

인터넷을 통해 고객이 필요로 하는 정보를 제공하는 것은 인터넷 사업자가 직접 하는 것이기 때문에 서비스의 품질을 통제할 수 있으며, 고객 만족의 수준을 유지 또는 제고할 수 있다.

그러나 이러한 정보 서비스에 고객이 아무리 만족한다 해도, 이어지는 오프라인 서비스에 대해 만족하지 못하면 결국은 총체적으로 고객 만족을 실현하지 못한 것이며, 이러한 상태에서 지속적인 수익 창출은 기대하기 어려운 것이 현실이다.

심한 경우에는 오프라인에서 비롯된 고객의 불만으로 인해 인터넷 사업 자체가 심각하게 타격받을 수도 있음을 인식해야 한다.

따라서 인터넷 사업자는 오프라인 제휴 사업자와 네트워크를 구축함에 있어 보다 신중할 필요가 있다.

여기서 가장 우선적으로 고려해야 할 사항은 제휴하고자 하는 사업자가 상호 합의된 내용에 따라 고객에게 지속적으로 양질의 경제적 서비스를 제공할 수 있는 능력을 가진 사업자인지, 또한 서비스의 품질과 경쟁력, 신뢰도 측면에서 다각적으로 충분히 분석해야 한다.

그 이유는 오프라인 제휴 사업자야말로 고객이 실제로 원하는 서비스를 얻기 위해 직접 만나는 접점이며, 고객이 설령 이러한 오프라인 사업자에게 불만을 갖더라도 그러한 불만이 결국은 고객에게 이러한 사업자를 소개한 인터넷 사업자에게 돌아오게 되기 때문이다.

특히 서비스 분야가 넓어질수록 오프라인 제휴 사업자의 수가 늘어나는 건 당연한 일이다. 그런데 대부분의 경우 이러한 오프라인 서비스 제공 사업자는 비교적 영세한 규모로 운영되는 경우가 많아서 인터넷 사업자는 이러한 오프라인 네트워크 구축에 있어 사업자를 엄선해야 하며, 또한 이들을 효과적으로 통제할 수 있어야 한다.

이들을 통제하는 방법은 여러 가지가 있겠지만, 가장 효과적인 방법은 아마도 상호 제휴를 통해 실제로 사업이 활성화되는 것을 느낄 수 있도록 광고·홍보 및 고객 확보 등에서 충분히 지원함으로써 사업자 스스로가 제휴 관계의 지속을 원하도록 하는 것이다.

이상에서 살펴본 바와 같이 인터넷을 통한 서비스 알선은 실제로 사업에 적용 가능한 분야가 무궁무진하며 고객이 원하는 컨텐츠와 오프라인 네트워크만 제대로 구축해 서비스를 제공할 수 있다면, 잠재 고객의 수를 지속적으로 확대해 감으로써 수익을 확대할 수 있는, B2C 전자 상거래에서 가장 큰 수익의 원천이 될 수 있는 사업 형태라고 할 수 있다.

광고 수익

인터넷이 보편화되고 사용자가 급격히 늘어나면서 각광을 받는 사업 분야 중의 하나가 바로 인터넷을 활용한 광고 사업이다.

전자 상거래가 활성화되기 전에는 주로 유명 검색 사이트를 중심으로 마치 광고가 인터넷 사업의 가장 중요한 수익원인 것처럼 인식된 적도 있었다. 이와 같이 인터넷을 활용한 광고 사업이 각광을 받게 된 이유로는 물론 인터넷의 사용자가 늘어난 것이 가장 큰 이유이며, 그 외에도 인터넷이라는 매체의 특성이 광고에 적합하다는 점을 들 수 있다.

이미 여러 차례 언급된 바와 같이 인터넷은 컴퓨터를 가지고 있는 사람이 누구나 비용 부담 없이 활용할 수 있도록 접근이 용이하며, 사용자와의 양방향 커뮤니케이션이 가능하므로 광고주의 입장에서 고객에게 필요한 메시지를 전달할 수 있다는 이점이 있다.

또한 텔레비전이나 신문과 같은 기존의 매스 미디어와 같이 다수의 고객에게 노출될 수 있는 특성을 지니고 있으면서도 이들과는 달리 시간의 제약을 덜 받는 등의 장점을 가지고 있어 훌륭한 광고 매체로 인식되고 있다.

특히 기존의 광고 매체와 비교할 때 비용이 훨씬 저렴하고 광고 효과의 측정이 용이하며, 특정의 고객 집단을 타깃으로 해서 선별적으로 접근함으로써 비용 대비 광고 효과를 극대화할 수 있다. 또한 고객이 광고를 클릭하면 해당 사이트로 연결되므로 지면의 제약을 덜 받으면서 고객에게 충분한 정보를 제공할 수 있고, 정지 화상이나 텍스트형 광고에 그치지 않고 동영상 등 멀티 미디어를 활용할 수 있는 기능은 기존의 매체로서는 따라오기 어려운 장점들이라고 할 수 있다.

이에 따라 근래에는 주요 광고 대행사들이 거의 모두 인터넷 광고를 전담하는 팀을 별도로 운영하는 추세이다.

삼성경제연구소의 자료에 따르면, 국내 인터넷 광고 시장의 규모는 1998년 약 110억 원, 1999년 약 220억 원으로 나타나고 있으며, 금년에는 약 540억 원에 이를 것으로 예측되어 매년 2배 이상의 급격한 신장세를 보이고 있다.

인터넷 광고의 형태는 표현 방식에 따라 일반적으로 가장 잘 알려진 배너형 광고, 버튼형 광고, 빌보드 형 광고 등으로 나누어진다.

버튼형 광고는 크기가 작은 버튼 모양을 클릭하면 광고의 내용이 나타나는 것으로 주로 소프트웨어 광고에 이용된다.

빌보드 형 광고는 광고를 하기 위해 준비된 공간에 문자 메시지가 흘러 지나가는 형태로 이용자의 관심을 끌고 속보성 정보 전달을 위한 광고에 주로 사용된다.

배너형 광고는 가장 일반적인 인터넷 광고 수단으로 띠 형태의 그래픽 이미지로 제작되어 이를 클릭하면 광고의 내용이 나타나거나 해당 사이트로 이동되어 고객에게 메시지를 전달하는 방식이다.

근래에는 이러한 광고뿐 아니라 이메일을 활용한 광고도 널리 사용되고 있는데, 이는 이미 상당한 사용자나 회원을 확보하고 있는 사이트에서 광고주의 의뢰를 받고 사용자나 회원에게 광고 내용을 담은 이메일을 발송하는 것이다.

이러한 방식에서는 광고 대상 고객층을 어느 정도 사전에 결정할 수 있으므로 비용 대비 효과를 높일 수 있는 장점이 있다.

광고 수입을 확보하기 위해서는 우선 사이트의 지명도가 높아야 한다. 기존의 많은 사람들이 사이트를 알고 접속해야만 그 사이트에 게재된 광고 효과가 제대로 나타나기 때문이다.

따라서 광고료를 책정하는 방법은 여러 가지가 있지만 접속량이 많은 사이트의 광고 단가가 높게 책정된다. 또한 동일한 사이트 내에서도 접속량이 가장 많은 페이지의 단가가 높으며, 이는 텔레비전이나 신문의 경우와 마찬가지이다.

사이트에 따라서는 광고 효과를 높이기 위해 사용자가 광고를 클릭하면 클릭하는 횟수에 따라 대가를 지불하는 경우도 많다. 또한 반드시 유료가 아니라도 다른 사이트끼리 광고 배너를 교환해 광고를 상호 지원하는 형태도 많이 사용되고 있다. 이는 적극적으로 수익을 창출하는 것은 아니지만, 이를 통해 광고 비용을 절약하게 하는 효과가 있다.

인터넷 광고로 어느 정도의 수익을 확보할 수 있느냐 하는 것도 결국은 그 사이트가 어느 정도의 지명도를 가지고 있으며, 얼마나 많은 사람들이 사이트를 이용하는가, 그리고 주로 이용하는 사람들은 어떤 사람들이며, 그들은 과연 구매력을 가지고 있는지 등에 의해 좌우된다.

따라서 인터넷 사업자는 이용 고객이 일정 수준 이상이 될 수 있도록 항상 서비스를 충실히 하고 적극적인 광고 및 홍보 노력을 기울일 필요가 있다.

한편 인터넷 사이트가 고객에게 서비스를 제공하면서 수익을 창출한다는 측면에서, 과연 어느 정도 물량의 광고를 게재할 때 고객들이 거부감 없이 받아들이는지 원래 목적하는 사업을 수행할 수 있는지도 신중히 고려해야 한다. 자신이 이용하는 사이트가 온통 광고로 뒤덮여 있는 것을 좋아하는 고객은 별로 없을 것이기 때문이다.

인포미디어리

인터넷 서비스 제공자와 고객 간에는 쌍방향 커뮤니케이션이 이루어지기 때문에 서비스 제공자, 즉 사업자는 고객의 성향이나 구매력 등의정보를 입수하고 축적하는 것이 가능하다.

다수의 고객에 대한 정보를 체계적으로 수집하고 분류해 이를 데이터베이스화하면, 이러한 고객 정보는 마케팅 활동에 있어 효율을 크게 올릴 수 있는 매우 가치 있는 정보가 된다.

다음과 같은 예를 들면 이러한 정보를 활용해 과연 어느 정도로 마케팅 효율을 올릴 수 있는지 알 수 있을 것이다.

과거에는 고객들의 특성에 따라 고객 집단을 세분화하는 것의 필요성은 많이 인식하고 있었지만, 이를 효과적으로 할 수 있는 적절한 방법을 찾을 수 없었기 때문에 주로 불특정 다수의 고객들을 대상으로 한 매스 마케팅이 많이 활용되었다.

그러한 예로 일시에 많은 고객들에게 접근할 수 있는 텔레비전 광고나 신문 광고가 많이 사용되었으며, 단지 고객의 이름과 주소 정도로 이루어진 정리되지 않은 고객 정보를 기초로 광고를 우편으로 보내는 DM(Direct Mail)과 같은 마케팅 활동을 수행하게 되었다.

그러나 텔레비전 광고나 신문 광고의 비용과 시간적 제약, DM에 대한 지극히 낮은 반응 등을 살펴본다면 과연 얼마나 많은 낭비 요소가 있었는지 알 수 있게 된다.

일반적으로 텔레비전 광고의 경우 시청자가 특정 광고를 기억하고 브랜드를 인지하기까지는 대략 6개월 정도의 지속적인 광고가 필요하다고 하는데, 광고 시간대에 따라 다르기는 하지만 3개 상업 텔레비전 채널에 1개월 간 광고를 하는 데 들어가는 비용은 10억 원 이상이 소요되고 있다.

신문 광고의 경우는 주요 일간지와 경제지, 스포츠 신문에 전면 광고를 한번 싣는 데 대략 5억 원 이상이 소요된다. 그런데도 신문이라는 매체의 특성상 한 번 날짜가 지난 광고는 다시는 독자들의 주목을 끌지 못하는 것이 일반적이다.

한편 DM 한 통을 보내는 데 들어가는 비용은 인쇄비·발송비 및 인건비를 포함해 대략 130원 정도가 소요되는데, 이에 대한 반응률은 대체로 5퍼센트 이하라는 것이 정설이다.

이와 같은 매체들을 활용한 광고의 효율이 이처럼 낮은 것은 우선 전통적인 방식으로 이러한 매체들을 활용할 경우에 고객 집단의 세분화에 의한 타깃 광고를 하기 어렵고, 이러한 매체들의 특성상 일방적인 메시지 전달에 그칠 뿐 고객들의 반응이나 의견을 수렴할 수 없기 때문이다.

그러나 인터넷의 경우는 고객들과의 양방향 커뮤니케이션이 가능하므로 우선 회원 가입 단계부터 고객들의 정보를 입수할 수 있으며, 여기에 고객들이 사이트를 이용하는 성향과 구매 경력 등의 다양한 정보를 축적할 수 있게 된다.

이러한 고객들의 정보 축적은 시간이 갈수록 점점 정보의 항목과 양이 많아지게 되고, 이에 따라 더욱 고객을 파악할 수 있는 정보의 정확도도 보강된다. 예를 들어 고객 정보가 축적됨에 따라 특정 고객의 가족 구성은 어떤지, 본인과 가족들의 생일이 언제인지, 가족의 생일에는 주로 무엇을 선물하는지 등의 상세한 정보를 알 수 있게 된다.

기업이 이러한 상세한 고객 정보를 가지고 있다면 어떤 현상이 생길까? 기업은 이제 더 이상 비싼 광고비를 지불하면서 텔레비전이나 신문 광고를 할 필요를 느끼지 않을 것이며, 과거와 같이 낮은 반응률을 기대하면서 거의 무차별적으로 편지를 보내는 일은 하지 않을 것이다.

그 대신 기업은 고객이 필요로 하는 물건을 적절한 시기에 추천함으로써 고객의 시간과 노력을 줄여 주면서 상품을 판매할 수 있게 될 것이다.

물론 이러한 추천을 하는 매체는 인터넷이 될 수도 있고 편지가 될 수도 있겠지만 중요한 것은 이러한 고객들의 정보를 얻는 데 최적의 매체가 현재로서는 인터넷이라는 것이다.

선진국에는 이러한 체계화된 고객 정보의 중요성을 인식하고, 여러 채널로 고객의 정보를 수집, 분류하고 데이터베이스화해 마케팅 효율을 올리기 위해 고객에게 효과적으로 접근하고자 하는 기업들에게 유료로 제공하는 기업들이 있다.

이들은 고객 개개인에 대해 무려 1,000개 이상의 정보 항목을 유지

하고 있기 때문에 기업들은 이와 같은 정교한 데이터베이스를 활용해 세분화된 고객을 대상으로, 더 나아가서는 고객 개개인에 대해 1 대 1로 어필할 수 있는 마케팅 활동을 전개하고자 하는 것이다.

물론 개별 고객에 대한 정보는 프라이버시에 직접적으로 영향을 미칠 뿐만 아니라 개인의 프라이버시는 법에 의해 철저히 보호받고 있기 때문에 기업들은 사전에 고객의 동의를 얻어 고객에게 상응하는 혜택을 주면서 이러한 사업을 수행하고 있는데, 이를 인포미디어리라 한다.

인포미디어리는 정보로서 최고의 부가 가치를 산출하는 사업이라고 할 수 있다. 이는 향후 인터넷과 전자 상거래의 활용도가 높아질수록 더욱 이러한 정보를 활용하는 사업의 가치가 커지게 될 것으로 전망되고 있다.

9) 기업과 기업 간 전자 상거래

(B2B, Business to Business, Electronic Commerce)

이러한 정보 통신 네트워크의 발달은 기업들에게 엄청난 고민을 안겨 주었다. 기업 또는 공급자들이 고객과의 관계에서 오랫동안 우위를 지켜온 이유는 고객보다 상대적으로 많은 정보를 갖고 있어서 '가격 차별'(Price Discrimination) 정책을 사용했기 때문이다.

그러나 전자 상거래가 활성화되면서 정보에 대한 고객의 접근이 보다 용이해짐에 따라 고객들이 자신의 정보와 구매 능력을 조직화하고 결집해 공급자로부터 저렴한 가격의 제품 제공 외에도 다양한 서비스를 얻을 수 있게 되었다.

다시 말해 고객들이 공급자 및 상품에 대한 정보를 보다 많이 갖게 됨에 따라 공급자를 선택하는 역시장이 탄생되어 공급자에게 보다 많은 가치를 요구할 수 있게 되었고, 따라서 시장의 주도권이 공급자로부터 고객으로 이동하게 되었다.

이러한 시대적 상황을 반영해 출발한 B2B 전자 상거래는 현재 전세계 전자 상거래 시장의 80퍼센트 이상을 차지하는 규모로 성장했다.

이외에도 기업은 전자 상거래를 통해 기존 사업의 운영과 내부 업무 프로세스를 효율화하고, 구성원 및 고객과 정보 및 지식을 공유함으로써 고객에게 보다 나은 서비스를 제공한다.

2003년 B2B 세계 시장 예상 매출 규모는 다음 표와 같다.

표 3 　　　〈 2003년 B2B 세계 시장 예상 매출 규모 〉

(단위 : 억$)

업종	매출액	비율(%)	업종	매출액	비율(%)
에너지	900	25.00	전문직	120	3.33
화학	90	2.50	제약 의료	110	3.06
농업 식품	540	15.00	소비재	100	2.78
전기 전자	400	11.11	행정/지원	100	2.78
MRO	330	9.17	통신	80	2.22
자동차	210	5.83	중공업	20	0.56
건설	210	5.83	산업 설비	20	0.56
여행업	200	5.56	항공 운수	20	0.56
선적과 창고업	150	4.17			

(출처 : 베어, 스텐스 앤코)

B2B e – 비즈니스 추진 목적

독자의 이해를 돕기 위해 B2B 전자 상거래 추진 목적을 표로 요약한다. 그리고 현재 대표적으로 잘 운영되고 있는 사례를 통해 텍스트와 실제 구현을 비교할 수 있다.

이러한 것들이 독자의 B2B 전자 상거래 개념 정리에 다소나마 도움이 되었으면 하는 바람이다.

표 4 〈 B2B e – 비즈니스 추진 목적 〉

```
                              ┌──────────────────────────┐
                              │   내부 프로세스 효율화      │
                              └──────────────────────────┘

                              ┌──────────────────────────┐
                              │     정보 지식 공유          │
   ╭──────────────╮          └──────────────────────────┘
   │ 기존 사업의    │
   │ 운영효율화/확대 │          ┌──────────────────────────┐
   ╰──────────────╯          │  기존 고객 유지 (Loyalty)   │
                              └──────────────────────────┘

                              ┌──────────────────────────┐
                              │     신규 고객 확대          │
                              └──────────────────────────┘

                              ┌──────────────────────────┐
   ╭──────────────╮          │     신규 사업 개발          │
   │   신규 사업    │          └──────────────────────────┘
   ╰──────────────╯
                              ┌──────────────────────────┐
                              │  새로운 비즈니스 모델 창업   │
                              └──────────────────────────┘
```

표 5

〈 B2B 목적별 비즈니스 모델 〉

목적	비즈니스 모델	주요 내용
구매비용 절감	GE의 TPN Trading Process Network	· 구매 절차의 전자화로 납기 단축, 구매 단가와 인건비 절감 · EDI 통신망을 인터넷으로 전환해 통신 비용절감 · 개방된 인터넷 망을 이용해 새로운 거래처 발굴
재고관리 효율화	IBM의 APS Advanced Planning System	· 판매 · 생산 계획의 사내 공유로 재고 최소화 · 재고 회전율 증가로 재고 관련 비용 절감
Cycle Time 감축	미 자동차업계의 ANX Automotive Network Exchange	· 정보의 실시간 공유로 부품 개발/ 조달 Leal Time 단축 · 재고 · 불량률 감소, 신제품 개발 기간 단축
물류 체계 효율화	월마트 (Wal-mart)	· 인공위성을 이용한 신속한 정보 전달과 상품 소싱으로 구매 소요 시간 단축 · 적시 · 적량 공급 시스템 구축으로 효율적 물류체계 관리
판매/ 마케팅 비용 절감	아마존 (Amazon.com)	· 유통단계를 줄이고 회전율을 높여 재고 비용을 절감 · 온라인 1 대 1 마케팅에 따른 비용 절감
고객 서비스 개선	시스코 (Cisco의 CCO)	· 고객의 문의사항을 '자주 묻는 질문 답변, 스스로 학습' 기능을 붙여 자체 해결 유도 · 잔여 시간과 인력을 고객 서비스 개선에 투입
새로운 판매 기회 포착	델 컴퓨터 (Dell Computer)	· 인터넷을 통해 새로운 시장 개척 · 맞춤형 주문 제작
신규사업	Shop2gether/ Supermerce	· 회원들의 공동구매를 통한 Bargaining Power를 활용해 유리한 조건으로 거래가 가능하도록 공급자와 연결시킬 수 있는 시장을 제공

B2B 비즈니스 유형

① 구매자 주도형

구매자가 자신의 서버를 구축하고 웹 사이트를 열어 구매하고자 하는 제품과 서비스를 실시간으로 게시함으로써 판매자가 자발적으로 접속해 입찰에 참여하도록 하는 것으로, GE 조명 기기 사업부의 TPN(Trading Process Network)을 들 수 있다.

GE는 자회사인 GEIS사가 개발한 TPN으로 전 세계 GE 구매 제품 전용 거래망을 구축·운영했다. 이에 따라 연간 7억 불의 구매 비용을 절감, 구매 소요 시간을 60퍼센트 이상 단축했으며, 인건비의 30퍼센트 절감 효과를 거두었다.

그러나 GE 같은 초대형 기업이 아니고 중소 기업이 이러한 모델을 도입하여 운영했다면 결과는 어떻게 되었을까?

② 판매자 주도형 모델

판매자가 자신의 사이트에서 판매하고자 하는 제품과 서비스를 실시간으로 게시함으로써 구매자가 자발적으로 그 사이트에 접속, 구매에 참여하는 판매자 중심의 전자 쇼핑몰이다.

온라인으로 제공되는 카탈로그를 검색하고 확인한 후 주문하는 방식이므로 B2C 모델과 유사하다. 이 모델이 성공적으로 운영되려면 구매자의 기간정보 시스템과 통합 운영되어야 한다. 이러한 모델은 판매자가 Bargaining Power를 갖거나 시장이 심한 경쟁 상태가 아닌 경우, 그리고 다수의 우수 고객을 확보하고 있는 경우에 성공할 가능성이 많다.

구매자가 제조업체인 경우에는 판매자와 구매자의 재고 시스템과 생산 계획 시스템을 통합할 수 있어야 하며, 구매자의 취향에 맞는 1

대 1 마케팅 기능 등을 필수적으로 보완해야 한다.

이 모델의 성공 사례로는 데이터, 네트워크 장비 판매회사인 시스코(CISCO)사의 CCO(Cisco Connection Online)를 들 수 있다. 이 회사는 초기 기술 지원을 목적으로 사이트를 구축했으나, 이를 확대해 참여업체와의 인터페이스를 표준화시킴으로써 CCO라는 사이트에서 모든 주문 처리 상황을 확인할 수 있게 했다.

또한 고객 커뮤니티 활성화를 통해 고객간 정보를 공유하고 문제점을 자체적으로 해결하도록 유도해 경영 전반의 혁신을 이루었으며 그 결과 총 매출액 중 80퍼센트를 온라인에서 달성하는 성과를 거두었다.

③ 중개자 주도형 모델

이 모델은 중개자가 개설한 사이트에 구매자와 판매자가 접속해 거래를 행하는 것이다. 중개자 몰과 각 기업들의 기간 정보 시스템의 통합으로 정보를 효율적으로 관리할 수 있어 판매자와 구매자 간의 계약 내용과 비밀을 보장할 수 있는 장점이 있다.

이 모델의 성공 사례로는 전자, 컴퓨터 부품, 네트워크 장비 등을 온라인 상에서 거래하는 NECX(New EnglandComputer Exchange)를 들 수 있다. 이 회사는 성공적인 web based trading exchange system을 구축해판매자와 구매자가 동시에 접속해 거래를 체결하고 비딩(bidding) 등도 할 수 있도록 개방형을 지향한다.

결국 구매자, 판매자 주도형의 모델은 세계 일류의 제조 업체들이 기존 비즈니스의 절대 경쟁력 우위를 바탕으로 운영 효율화 측면에서 e – 비즈니스를 추진한 것이고, 중개자 주도형 모델은 특정 업종별 커뮤니티를 구성해 다수 업종을 포괄한 뒤 독립적인 입장에서 다수의 판매자와 구매자를 대상으로 중개 업무를 수행하는 것임을 알 수 있다.

이러한 주체별로 나눈 세 가지 유형을 관심 있는 독자를 위해 표로 제공한다.

이는 몇 가지 사례일 뿐, 대표적인 것은 아니다. 또한 이 표에서 제공되는 '시사점'은 필자의 견해이며, 객관화된 분석에 의한 것이 아님을 밝혀 둔다.

표 6 〈 구매자 주도형 · 운영 효율화 : 삼성전자(Glonets) 〉

구 분	내　　　용
성공 요인	삼성전자 국내외 법인들의 참여로 생긴 Bargaining Power · 국내외 45개 삼성전자 사업장 참여
시사점	가능한 한 많은 사업장의 참여를 통해 구매 대형화
Value	해외 협력사 비용 절감(1999년) · 93억 불 구매 규모로 연간 1,500억 원 원가 절감 국내외 전 사업장의 구매 업무에 확대 적용(2000년 상반기) · 13조 원 구매 규모로 연간 3,000억 원 원가 절감 계획
운 영	구매 관련 모든 업무의 원 스톱 통합 처리 시스템 · 가격 협상, 계약, 주문, 납품, 결제, 반품 등 Question and Answer, Free Asked Questions를 통한 공급자의 요구 파악

표 7 〈 판매자 주도형·운영 효율화 : 삼성전자(MyMemoryStore) 〉

구 분	내 용
성공 요인	멤버십 제도를 통한 커뮤니티의 로열티 제고 · 법인고객 : 거래 위주 · 개인고객 : 제품 및 기술 등 관련 정보 제공으로 향후 잠재 고객으로 유도 판매 제품에 대한 실무 차원에 필요한 정보·기술 제공 · 제품의 설치 및 활용, Troubleshooting 업그레이드 현황 및 서비스 등
시사점	판매와 직접 연관될 수 있는 고객 또는 잠재 고객 중심으로 멤버십 커뮤니티 운영 커뮤니티별 주요 관심 영역의 차별적 운영 · Corporate Community : 제품 정보·가격·주문·배송 현황 등 거래 관련 사항 · Private Community : 기술 정보, 반도체 기술 트렌드 등 기술 관련 사항
Value	총 매출액의 10퍼센트를 전자 상거래로 달성 고객 요구 및 시장 변화를 실시간으로 파악해 판매 확대에 활용
운 영	미국, EU, 일본의 판매자, 디스트리뷰터 등과의 온라인 직거래를 위해 구축된 반도체 메모리 전문 B2B 전자 상거래 사이트

표 8 〈 중개자 주도형·비즈니스 확대 : NECX(New England Computer Exchange) 〉

구 분	내 용
성공 요인	특정 영역(전자 제품, 컴퓨터, 네트워크 장비) 관련, 세계 최대의 실시간 온라인 구매 및 정보 서비스 제공 · 2억 개 품목에 대한 가격, 재고 등 구매에 필요한 모든 정보의 실시간 제공 · 전 세계 약 2만 개의 무역 파트너가 회원으로 등록 · 개방된 전자 상거래 가상 시장 운영으로 누구든 원하는 업체는 가입할 수 있음

시사점	특정 사업 영역에서 세계적으로 산재된 공급자·생산자·소비자들이 서로가 필요한 상품을 실시간 온라인으로 파악할 수 있게 한 Intermediary Open Market 운영
Value	미국 컴퓨터 업계 및 전문가 그룹으로부터 수차에 걸쳐 최상의 전자 상거래 사이트로 선정된 전문 사이트로서의 세계적인 명성 ·매일 5만 명이 방문해 30만 페이지 검색 매출액 : 1998년 4.2억 불
운 영	사이트 내에 두 개의 사업 부문으로 구분 운영 ·NECX Global Exchange : 세계 2억 개 전자 부품, 컴퓨터, 네트워크 장비들을 NECX의 데이터베이스를 통해 세계 2만 명의 구매자·판매자, 디스트리뷰터, 시스템인터그레이터(System Integrator)들이 제품 가격을 추적해 거래하는 사이트(100여 명의 전문가들이 사이트를 효율적으로 운영) ·NECX Home & Office Technology Store : 1,100개 제조업체의 3만 개 상표, 60만 개 컴퓨터 하드웨어를 소기업 또는 학교 법인, 일반 소비자에게 온라인 판매하는 사이트로 1995년 개설해 1998년도에 2,000만 불 매출을 기록.

표 9 〈 중개자 주도형·비즈니스 확대 : ChemCross/Chemround 〉

구 분	내 용
성공 요인	대형 업체들간의 B2B 전자 상거래 필요성이 높은 거대한 가상 시장
시사점	수요와 공급 조건들이 불일치(시기·장소 등)하는 사업 영역의 개발
Value	공동 운영을 통한 물류 비용 절감 창구 단일화를 통한 수출입 비용 및 금융 비용 절감
Value	독립 경영 체제 ·On-line intermediary : 실시간 거래 ·Information Provider : 생산·공급 정보, 가격 정보, 산업 뉴스 화학 전문 포털 사이트 지향(전략적 제휴 및 컨텐츠 강화) ·사이버 무역, 사이버 커뮤니티, 정보기술 네트워크 화학 거래 업체 중심의 커뮤니티 및 컨텐츠 운영

표 10 〈 중개자 주도형 · 신규 사업 : Shop2gether 〉

구 분	내 용
성공 요인	다양한 업종의 다수 중소기업들을 구매 연합으로 구성해 강력한 Bargaining Power를 창출하고, 이를 활용해 공급 업체들로 하여금 좋은 공급 조건을 제시하게 함
시사점	공동 구매 요구가 있으나 조직화가 어려운 다수의 중소기업들을 연합할 경우, 그들의 통합된 Bargaining Power를 활용해 신규 사업 창출이 가능함
Value	공동 구매에 의한 구매력 증가 대기업 대비 차별 대우 방지 (대기업과 동일한 할인율 및 거래 조건 요구) 회원들간의 상호 정보 교환을 통한 시장 대응
운 영	회원제 운영으로 회원들간의 상호 신뢰 구축 및 로열티 제고 · 구매자 및 판매자 회원 등록 · 누적되는 Vender Bid 형태를 통해 다수의 구매자들을 구성해 판매자들간의 경쟁을 유도시킴으로써 좋은 거래 조건으로 원하는 제품을 구매할 수 있음 회원간의 예약 구매 · 판매를 통한 거래 확대를 추구

B2B e - 비즈니스 모델

몇 가지 사례를 중심으로 B2B 전자 상거래의 현황을 살펴보았다. 이 부분은 소비자 입장에서는 큰 관심이 없는 분야겠지만, B2B 비즈니스를 하는 데 다소나마 참고가 되었으면 해서 실은 것이다.

이제 비즈니스를 일으키는 '등대'와 관련된 사항을 조금 더 기술해 보면 다음과 같다.

B2B 비즈니스 모델은 B2C와 마찬가지로 3C(Community, Contents,

Commerce)를 기반으로 고객별 맞춤형 서비스(Customized Service)를 제공할 수 있도록 구성되어야 한다.

일반적인 비즈니스 모델의 발전 단계는 고객을 대상으로 개별 기업 각자가 보유한 컨텐츠를 바탕으로 보다 세분화·전문화된 고객 커뮤니티를 형성하고 이를 다시 세분화해 거래하는 B2C와 유사한 선순환 고리 형태로 나타나며 그림으로 표시하면 아래와 같다.

그림 1   〈 B2B e – 비즈니스 모델 선순환 고리 〉

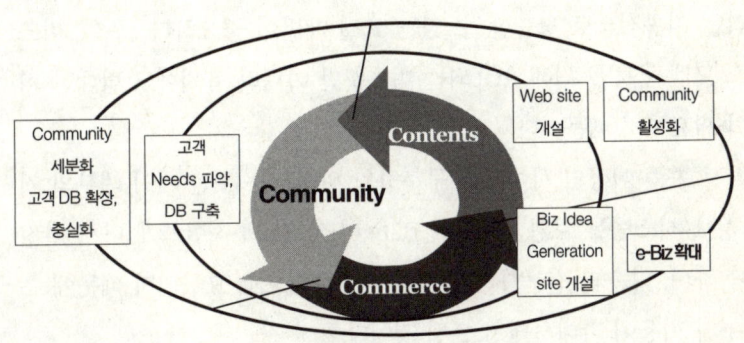

대부분의 기업들은 오프라인의 기존 고객 커뮤니티에서 출발, 이에 적합한 차별적인 컨텐츠를 제공하고 기존 고객의 필요를 만족시킴으로써 고정 고객 확보 및 신규 고객 참여가 용이해질 수 있도록 사이트를 구축하고 있다.

장치 산업과 같은 제조업의 B2B 성공 요건은 가상 공간을 이용한 단순한 상품 판매 기능 구현에서 탈피해 '제품 개발 비즈니스 모델',

'원자재 및 부품 구매 비즈니스 모델(SCM)', '제품 운영·유지·보수 비즈니스 모델', '고객 관리 및 지원 비즈니스 모델(CRM)' 등을 기업 총체적인 입장에서 설계해 장기적으로 추진해야 하며 고객 중심의 시각에서 출발해 각 기업의 역량 내에서 디지털 경제의 특성에 맞추어 운영 목적에 적합한 모델을 구축해야 한다.

최근 국내 기업들을 대상으로 B2B를 도입할 때 기대 효과를 조사한 결과 가장 많은 부분이 신규 유통망 확보와 판매 증대이고, 비용 절감, 거래의 투명성 확보였다.

따라서 B2B가 성공적으로 추진되기 위해서는 충분한 비용 절감과 수익을 지속적으로 창출할 수 있는 모델 개발이 중요하다. 우선, 비즈니스 모델 구축을 위해 소요되는 비용뿐만 아니라 유지에도 막대한 비용이 필요하기 때문이다.

일정 수준 이상의 사이트를 구축하기 위해서는 우선 기업 내부의 기존 정보 시스템을 보완·통합해 B2B 비즈니스에 적합하게 다시 설정해야 하며, 다수의 전문화된 운영자가 필수적으로 요구되기 때문에 초기 투자 비용이 막대하게 소요될 것이다.

그런데도 기업들이 B2B에 서둘러 참여하고자 하는 이유는 초기에 고객을 확보해 거래를 통한 이익 추구와 비용을 절감하고 투자 비용을 조기에 회수함으로써 후발 기업의 추격에서 경쟁력을 확보하고자 하는 데 있다. 최근 B2C 운영자들이 B2B에 많은 관심을 보이는 이유 또한 B2C에서는 지속적인 수익창출을 기대하기 어렵기 때문이다.

다음은, 차별화된 컨텐츠를 지속적으로 제공해 다양화·개성화·차별화되어 있는 고객의 필요를 충족시켜야 한다. 컨텐츠는 웹을 통해 참여자에게 전달하고자 하는 제품과 서비스 및 아이디어로 구분되며, 사이트의 운영 목적과 부합되도록 마케팅 대상에 따라 차별화시켜야 한다.

B2B에서 컨텐츠는 전문 산업 분야에 필요한 모든 정보를 원활하게 제공함으로써 고객들의 충분한 신뢰를 바탕으로 자연스럽게 거래를 연결시키는 메타미디어리로 나아가야 하며, 이를 위해서는 사이트 참여자들이 자발적으로 참여해 컨텐츠를 제공하는 것이 가장 좋은 방법이다.

이는 생성된 컨텐츠가 사이트 운영 목적에 잘 부합될 수 있고, 참여자들의 로열티를 향상시켜 커뮤니티를 활성화시킬 수 있으며, 또한 운영자들의 부담을 줄여주기 때문이다.

메타미디어리란 고객의 마음속에 잠재되어 있는 시장으로서 제품 구입을 위해 원하는 정보를 이곳에서 구할 수 있도록 만들어 주는 서비스이다. 여기에는 제품 정보, 거래처 정보, 고객의 소리 등 다양한 서비스가 포함된다.

미국의 시스코사가 운영하는 사이트를 보면 여기에 대한 이해를 쉽게 할 수 있으리라 생각된다.

대상 고객과 운영 목적에 맞지 않는 컨텐츠 확장은 웹의 경쟁력과 정체성을 상실시킨다는 점에 주의해야 하며, 충실한 컨텐츠 제공으로 고객 커뮤니티를 확장하는 것은 성공의 요인 중 하나일 뿐 전체가 아니라는 것을 명심해야 한다.

오프라인에서 기존 기업들의 비즈니스 모델은 제품 중심 사고에서 출발해 제조 원가를 절감하고 대량 생산 및 판매를 통해 매출액 증대와 시장 점유율을 늘리는 데 경영의 초점이 한정되어 있었지만, 온라인에서는 고객 중심의 사고에서 고객의 필요를 충족시키는 것이 가장 중요하다. 이는 오프라인에서는 제품간의 경쟁이지만, 온라인상에서의 경쟁은 고객간의 경쟁이기 때문이다.

따라서 온라인 거래를 통해 구축된 고객의 데이터베이스를 활용해 고객들에게 차별화된 서비스를 제공할 수 있어야 한다.

게다가 B2B의 성공을 위한 결정적인 요소는 스피드이다. 대부분의 기업들이 B2B 진입을 위해 완벽한 비즈니스 모델 구상에 고민하는 동안 새로운 경쟁자가 나타나게 마련이므로, 스피드로 기회를 선점한 후 우위를 다진 뒤 성장 단계에 빠르게 진입해야 한다.

신속하게 움직이는 기업은 시장 선점 효과를 거둘 수 있고, 고객 정보와 지식 축적이 용이하며, 고정비의 조기 회수를 통한 경쟁 우위를 확보할 수 있기 때문에 진입 시기를 면밀히 검토하고 신속하게 행동에 옮겨야 한다.

또한 판매자 주도형의 B2B에서 흔히 직면하게 되는 온라인, 오프라인 마케팅 채널 간의 갈등을 해결해야 한다. 이는 온라인상에 등장한 새로운 채널에 대한 기존 채널 세력의 저항이다. 이러한 갈등을 해소하기 위해서는 온라인, 오프라인 채널 각각의 역할과 기능을 정립해 사이트 운영 목적에 적합한 운영 방법을 개발해야 한다.

향후 전자 상거래 시장은 비즈니스 모델 경쟁의 시대가 될 것이다. 전통 산업에서 신제품이 새로운 시장을 창출했던 것처럼 인터넷 시대에는 새로운 비즈니스 모델이 가치 창출의 원천이 될 것이며 지속적으로 모델을 제안할 수 있는 기업만이 글로벌 경쟁에서도 살아남을 수 있을 것이다.

e – Collaboration과 마켓 플레이스

B2B는 구현 범위와 방법에서 B2C와 커다란 차이가 있다. 즉 커뮤니티 구성 및 활성화가 어렵고, 컨텐츠의 제약이 많다는 것이다.

그럼 이러한 한계를 어떻게 극복해야 할까? 이를 고민하던 중 등장한 것이 Collaboration과 마켓 플레이스 개념이다.

인터넷 마켓 플레이스는 기업이 오프라인에서 일어나고 있는 모든 상품의 거래가 온라인에서 이루어질 수 있도록 장소를 제공하는 것이다.

대부분의 B2B 성공 사례가 특정 기업과 이해 관계에 있는 업체간의 수직적 거래 형태에 치중되고, 영역 또한 SCM(공급망 관리) 범위 등에 한정되어 구현되고 있었으나 이를 수평적 거래 관계로 확산코자 하는 것이다.

그래서 이러한 인터넷 마켓 플레이스가 활성화되면 기존 오프라인에서 행해지던 경쟁 구도와 영업 관행은 무용지물이 될 수 있으므로 앞으로 이를 누가 어떻게 잘 이용하는가, 또 누가 강력하게 구축하는가에 기업의 존망이 달려 있다고 해도 과언이 아니다.

인터넷 마켓 플레이스는 오프라인상의 경제 활동을 단순히 온라인상에 옮겨 놓은 것이 아니다. 오프라인상에서 불필요하고 복잡한 과정들은 제거하고 혁신적인 프로세스와 투명한 거래를 도입함으로써 거래 기간을 크게 줄이고 구매 비용을 절감하는 등의 획기적인 변화를 만들고자 하는 것이다.

따라서 인터넷 마켓 플레이스는 하느냐 마느냐 하는 선택이 아니라

하지 않으면 앞으로의 경쟁 체제에서 살아남기 힘든 필수 불가결한 요소가 되고 있는 것이다.

이 업종별 인터넷 마켓 플레이스가 잘 구축되기 위해서는 산업간 협력이 필요한데, 이를 e-Collaboration이라 한다. 실제로 개별 기업들이 수많은 고객들 중 우선 B2B를 적용할 대상을 선정해 성공적으로 구현한다는 것은 실로 방대한 작업으로 매우 힘든 일이다.

새로운 기술 개발 소요 시간 단축, 대규모 설비 및 기술 투자 등 신규 시장 진입에 따른 위험 요인 상존 등의 현재 기업을 둘러싼 환경은 개별 기업들이 상호간 기술·생산·판매 등의 전략적인 제휴를 통해 생존의 길을 선택할 수밖에 없는 상황을 유도하고 있다.

따라서 e-Collaboration의 핵심은 업무 프로세스의 변화와 내부 시스템 통합 이외에도 기업마다 개별 프로세스를 통합 운영할 수 있는 통일성을 갖춘 표준화이다.

그리고 인터넷 마켓 플레이스 모델은 역경매, 공동 구매, 산업별 협력 등 다양한 형태로 구현될 수 있다.

역경매형은 구매자가 희망 가격을 제시하는 모델이다. 구매자가 희망 가격을 제시하면 이를 만족시킬 수 있는 공급자가 구매자를 찾는 형태이다.

B2C와는 달리 B2B에서는 법인 고객을 대상으로 제공할 수 있는 차별화된 컨텐츠 양의 한계로 다른 형태보다 효율적인 관리와 유지가 힘들다.

다수의 공급자와 구매자 간 거래의 효율성과 편의성이 떨어져 사이트 활성화가 어려우며, 이로 인해 고객들은 정보의 누출과 정보의 신뢰성에 의문을 갖게 되고 이러한 악순환의 영향으로 이 모델로는 수익을 창출하기가 상당히 힘들다.

현재 운영중인 대부분의 B2B 포털 사이트에서 커머스의 일환으로 제공되고는 있으나 이 모델로 특화되어 성공적으로 운영중인 사이트의 사례는 찾아보기 어렵다.

공동 구매형은 연합한 구매자들이 결합해 강력한 구매력을 바탕으로 공급자에게 경쟁적인 공급 조건을 제시해 거래를 하는 형태로, 이 경우에 구매자는 대개 판매력이 약한 중소 규모의 기업들이다.

산업별 협력 모델은 공동 구매형을 확대한 모델이라고 할 수 있다. 이의 예는 이 모델이 활성화되고 있는 전자 · 기계 · 자동차 부품 · 화학 산업 등 전 산업에서 쉽게 찾아볼 수 있다. 업종이라는 특화된 커뮤니티를 중심으로 이에 적합한 컨텐츠 제공이 용이해 최근 빠른 속도로 확대되고 있으며 성공의 가능성이 많은 모델이다.

이제는 세계 경제에 마켓 플레이스 시대가 다가오고 있다. 최근 일어난 산업별 협력에 대한 해외 및 국내 사례를 살펴보면 B2B가 어떠한 형태로 발전 · 확대되고 있으며, 앞으로 어떤 방향으로 발전할 것인지 알 수 있다. 무엇보다 예전에는 상상할 수 없었던 경쟁 업체간의 협력이 너무도 자연스럽게 이루어지고 있는 것이다.

이러한 경쟁 업체간 연합은 향후 B2B 전자 상거래 시장에서의 영향력 확보를 위해, 또한 생산 · 유통 · 마케팅 비용의 절감을 위해 피할 수 없는 선택으로 계속 이어질 것이며, 전문가들은 2000년 안에 전체 산업 분야에 걸쳐 약 1만 개 이상의 마켓 플레이스가 등장할 것이라고 예상한다.

① IBM은 160개의 전자 부품 업체를 참여시켜 기업간 전자 상거래 사이트 '컴포넌트 날리지(Component Knowledge)'를 최근 개설했다. IBM의 계획대로 실행되면 미 전자 부품업계의 40퍼센트가 참여하는 거대한 B2B 허브 사이트가 2000년 말까지 탄생하는 것이다.

② 세계 최대의 자동차 회사 GM과 포드, 다임러크라이슬러 3사는 동일 지분을 투자, 자동차 부품을 판매하는 '전자 상거래 조인트 벤처'를 설립한다고 발표했다.

각각 트레이드익스체인지(TradeXchange), 오토익스체인지(AutoXchange)라는 독자적인 마켓 플레이스를 운영하고 있던 GM과 포드는 양사의 마켓 플레이스를 통합하기로 했으며, 여기에 크라이슬러가 지분에 참여하면서 전 세계 3만여 부품 업체를 연결하는 초대형 마켓 플레이스를 설립하겠다는 것이다.

포드사 최고경영자(CEO)인 자크 나세르 사장을 비롯한 3사 대표들은 "새로 설립하는 인터넷 회사는 모든 자동차 생산 업체, 부품 공급 업체와 딜러들도 자유롭게 이용할 수 있도록 개방하겠다"고 밝혔으며, GM의 리처드 와그너 사장은 "부품 공급 업체, 기술 파트너들이 새 벤처 회사 설립에 참여, 하나의 시장을 통해 효율적인 거래를 함으로써 전반적인 재고를 줄이고 산업 표준을 개선하는 한편, 생산성을 높일 수 있게 될 것"이라고 말했다.

③ 세계 최대 항공기 부품 제조 업체 유나이티드테크놀로지사와 하니웰인터내셔널사도 항공기 부품 및 서비스를 판매하는 인터넷 회사 마이에어크래프트(http://www.MyAircraft.com)를 설립하기로 했다.

④ 세계 최대 소매 업체인 시어스(Sears)와 카르푸(Carrefour)는 글로

벌넷익스체인지(GlobalNetXchange) 서비스를 제공할 계획이다.

⑤ 보잉·록히드마틴·영국항공(BAE)·레티논(Raytheon) 등 4사는 710억 달러 규모의 항공 및 방위 산업 분야 조인트 마켓 플레이스를 구축할 계획이다.

⑥ BF 굿리치(BF Goodrich)·이스트만 화학(Eastman Chemical)·수노코 화학(Sunoco Chemical)·캐스트롤(Castrol)·롬(Rohm)·하스(Hass) 등도 연합해 석유 화학 분야 온라인 마켓 플레이스를 구축할 계획이다.

⑦ 의료 산업 분야도 예외가 아니다. 존슨앤존슨·GE 메디칼시스템스·백스터 인터내셔널(Baxter International)·아보트 래보러터리(Abbott Laboratories)·메드트로닉(Medtronic) 등이 공동 마켓 플레이스 설립을 발표하고, 2000년 3, 4분기 안에 서비스를 개시할 것이라고 밝혔으며, 이에 앞서 규모 면에서 조금 떨어지긴 하지만 네오포르마닷컴(Neoforma.com)이 아리바(Ariba)와 공동으로 의료 산업 분야의 마켓 플레이스 구축을 선언했다. 전자 상거래 업체인 켐덱스(Chemdex)가 병원 운영 회사인 테넷 헬스케어(Tenet Healthcare)와 공동으로 익스체인지 설립을 발표하기도 했다.

⑧ 도요타·IBM·AOL 등이 B2B 마켓 플레이스를 구축할 예정이거나 이미 서비스를 착수한 상태다.

⑨ 세계 최대의 전사적 자원 관리(ERP) 업체인 SAP는 'mySAP.com Marketplace'를 발표하고 SAP로부터 ERP 지원을 받은 기업을 대상으로 마켓 플레이스 구축에 착수했다.

물론 인터넷 마켓 플레이스 구축 열풍은 국내에서도 예외는 아니다.

국내 종합 상사들을 중심으로 국내는 물론 아시아 지역을 연결하는 글로벌 마켓 플레이스 구축 작업을 활발히 진행중이다. 아직 뚜렷한 선두 업체가 보이지 않고, 일부를 제외하고는 실행 여부가 불투명하다는 비판적 시각도 있지만 그 의욕은 대단하다.

국내 인터넷 마켓 플레이스의 설립 현황을 업종별로 나누어 보면 다음과 같다.

표 11 〈 국내 인터넷 마켓 플레이스 업종별 설립 현황 〉

분 야	주 요 내 용
중공업 (현대중공업)	• 현대중공업 · 현대정보기술 · 한국오라클이 '헤비인더스트리익스체인지(heavyindustryxchange.com)의 공동 구축을 위한 전략적 제휴를 체결 • 마켓 플레이스 사업 추진 초기 단계에는 1,000여 해외 업체를 포함, 국내외 3,500여 현대중공업 부품 협력사와 국내 협력사인 삼호중공업 · 현대미포조선 등을 우선 참여시키고 향후 일본 및 유럽 지역 중공업 전문 기업들로 참여 대상 확대
건설 (동부건설)	• 100여 개 수요 업체(건설 업체)와 2,000여 개 건설 현장 및 1,000개 이상의 공급 업체(자재 업체)가 회원으로 참여하는 건설 시장을 인터넷상에 구축해 입찰 · 공동 구매 · 경매 등 다양한 방식의 전자 상거래를 통해 회원사들간 시너지 효과를 창출 • 업계의 전문성을 살린 회원제 사이트로 구축 계획
MRO (인터 KM)	• 설비와 시설물 유지 보수에서 소모성 자재까지 MRO 자재만을 전문으로 취급하는 B2B 전자 상거래 사이트. 인터넷 솔루션 업체인 인터KM은 국내 30여 개 대기업을 묶어 필요한 자재 및 제품 재고를 인터넷 경매 방식으로 사고팔 수 있는 거래에 주목
산업기자재 (파텍21)	• 삼성 · 현대 등 대기업 구매 담당자를 중심으로 B2B 경매 및 역경매 서비스 실시 계획. 상공인 간의 구인 · 구직 및 기술 대여, 사업 아이템 제공, 사이버 전시회 등을 추가

철강 (인더스트레이더)	• 철강 제품을 경매 방식으로 거래할 수 있는 사이트 개설 • 경매는 가격이 아닌 물량으로 입찰하는 방식으로 판매자가 물량에 따른 할인 가격을 다르게 제시하고 입찰자들이 제시한 물량의 총계가 많아질수록 낙찰가가 내려감 • 제철소 · 도매점 · 소매 대리점 · 소매 업체를 거치는 기존 유통 과정을 대폭 축소, 10퍼센트 이상 싼 가격으로 제품을 구매하게 하고 향후 소매 업체의 구매 단위가 커져 제철소와 직거래를 하게 될 경우 20퍼센트에 가까운 유통 마진 축소가 가능하다는 의견
섬유 (버티칼 코리아)	• 섬유 및 패션 전문 포털 사이트로서 섬유 산업의 전자 상거래를 활성화시키고 국내 섬유 업체들이 인터넷 무역을 통해 수출 증대를 꾀할 수 있게 지원 • 현재 참여 업체는 대표적인 섬유 업체인 일신산업, 단추 전문 제조 업체인 광희실업, 원사 업체인 리오통상, 이동수컬렉션 등 패션 업체가 대부분이며, 200개 업체가 홈페이지와 전자 카탈로그를 제작 · 구축 중
레저 (코오롱)	• 스포렉스 · 코오롱고속관광 등 그룹 내외의 다양한 레저스포츠 시설 사업자들과 협력 관계를 구축해 국내 레저 스포츠 인프라를 통합하고 전 세계적인 레저 스포츠 네트워크를 구축한다는 전략
정보 통신 (한국통신)	• 인터넷 쇼핑몰 바이엔조이(Buynjoy)를 통해 B2B 경매 · 조달 · 구매 등 3개 클럽을 연결하는 서비스를 제공하고 향후 거래 대상 아이템을 특허 · 부동산 · 주식 · 예술품 등으로 늘려나갈 예정

B2B 표준화

B2B와 관련된 표준은 상품 카탈로그와 거래를 성사시키기 위한 대금 결제 보완, 인증 등으로 나눌 수 있다. 여기에서 시장 활성화를 위한 표준화 작업의 쟁점은 결국 누가 표준을 만들 것인가인데, 현재 대기업과 정부 산하 단체가 경쟁적으로 표준화를 추진하고 있는 실정이다.

그러나 국제 표준이나 실물거래의 정보화를 무시하고 온라인 거래의 효율성만을 추구한 개별기업의 표준화는 국가 경쟁력에 도움이 되지 않는다.

따라서 표준화는 중립적인 시각에서 바라봄으로써 오프라인에서 발생되는 비효율성을 제거해야 하며, 무엇보다도 먼저 중소 기업의 정보화가 향상되어야 하고 국제 표준을 충족할 수 있도록 정부와 대기업의 긴밀한 협력이 필수적으로 요구되는 것이다.

9. 인터넷 단상

아! 정말 아주 많이 온 느낌이다.

가상 세계에 대한 사색으로부터 전자 상거래의 소개까지 40권의 정보 통신 서적을 찾아낸 이후 수없이 많은 문서와 새로 나온 책들을 보면서, 밑빠진 독에 물붓는 격으로 자금이 들어가기만 하는 e - 비즈니스와 관련해 과연 고객을 행복하게 하는 게 뭘까, 그리고 그러기 위해 사업을 했을 경우 원가를 회수할 수 있을 것인가 고민했던 흔적들을 여과 없이 털어놓았다.

이제 어디쯤 왔을까? 터널의 끝은 어디일까? 인터넷을 쓰시는 분들도 모두 e - 비즈니스를 할 잠재 고객들임에는 분명하다. 더구나 이 책이 목표하는 바가 단지 인터넷을 원론적으로 이해하기보다는 비즈니스 차원에서 이해해 보자는 것 아닌가.

문제는 e - 비즈니스가 '지옥행 급행 열차'이거나 '항로와 등대가 없는 칠흑같이 어두운 바다에서 펼치는 요트 경기'로 정의된다는 데 있다.

왜냐하면 정해진 틀이나 터널의 끝이 보이지 않는 게임이기 때문이다. 그런데 이제 희미하게나마 조그마한 등대가 보이고 있다. 그것이 가상 세계를 현실 세계와 연결하고 있다. 컨텐츠를 통해 커뮤니티를 공고화하고, 고객의 필요를 파악해 고객의 편리를 추구한다. 다만 혼자 할 수 있는 게임이 아니므로 모든 네트워크와 제휴해야 한다.

책·컴퓨터·CD에 한정된 B2C 전자 상거래 품목에 연연하지 말고, 현실 세계와 가상 세계에서 각각 네트워크를 만든 뒤 통합함으로써 서비스를 중개해야 한다.

이제 모든 정보가 공유된다는 점에서 정보독점에 의한 유통단계의 장악이라는 아날로그식 전근대적 패턴에서 벗어나 유통단계 자체로서의 고객 가치를 창출하는 디지털식 사고로 전환하는 지혜가 필요하다.

잠깐 주의를 환기하기 위해서 인터넷과 관련된 몇 가지 단상을 살펴보자. 혹시 관심이 있다면 따로 떼어내어 읽어도 좋을 것이다.

1) 인터넷, 제2의 산업 혁명?

"인터넷을 통해 제품과 서비스를 고객에게 직접 공급, 중간 상인을 제거하라. 만일 당신이 중간 상인이라면, 디지털 툴로 이루어지는 거래 과정에서 상품 정보를 제공해 가격이 아닌 독특한 부가 가치를 높여야 살아남는다."

빌 게이츠는 지난 4월 중순께 '빌 게이츠의 새로운 1000년의 준비'에서 2000년대 상거래의 모델을 제시했다.

그는 "비즈니스는 앞으로 10년 사이에 지난 50년 동안 겪었던 것보다 더 큰 변화를 경험할 것이고, 기업내 조직관리에서건 거래에서건 디지털 신경망을 구축해야 성공할 것"이라고 주장했다.

이처럼 인터넷 혁명을 제2의 산업 혁명에 비유하는 이유는, 인터넷을 매개로 이루어지는 전자 상거래 또는 e – 비즈니스는 경제 패러다임의 변화를 가져오기 때문이다.

인터넷을 통한 자금 결제, 증권 · 보험거래, 홈 · 펌뱅킹 같은 금융 서비스를 비롯해 아직은 제한적인 유통 · 금융 구조 혁신, 인터넷 상거래를 뒷받침하는 지원 시스템과 인프라 구조까지 포함된다. 이런 사이버 경제의 발전은 이른바 신경제의 출현을 앞당길 것이다.

《디지털 경제》의 저자 돈탭스콧은 지금 이 시대를 '네트워크 시대 – 새로운 경제, 새로운 정치, 새로운 사회의 탄생을 기대하는 시대의 새벽'이라고 표현했다.

물론 미국의 저명한 경제학자 베리안이 말했듯이, 신경제가 기존 경제학의 기본원칙을 벗어난 전혀 다른 경제학을 의미하지는 않는다. 오히려 경제 주체인 개인 · 기업 · 정부에 새로운 역할과 경쟁 · 협력을 위한 규칙을 다시 정의하는 패러다임으로 보아야 할 것이다.

이처럼 인터넷이라는 거대한 네트워크는 우리의 상상을 뛰어넘는 '개체들(네트워크로 연결된 컴퓨터와 인간)간의 상호 작용'을 통해 경제 구조와 사회 구조를 송두리째 뒤흔들 것이다.

특히 사이버 경제로의 전환은 사이버 기업의 출현을 불러일으키고 가상 사회의 등장은 이른바 디지털 문명 또는 네트워크 문화라는 새로운 사회 변화도 가져올 것이다.

그런 의미에서 빌 게이츠의 말은 섬뜩함을 느끼기에 충분하다. 제조자가 아닌 중간 상인이 e − 비즈니스에서 살아남기 위해서는 정보 그 자체에 가치를 불어넣을 수 있는 인포미디어리의 위치를 부단히 견지해야 할 것이다.

2) 인터넷 관련 기업 분류

다음은 메릴린치사가 작성한 〈인터넷과 전자 상거래에 대한 연구 보고서〉의 인터넷 관련 기업 분류이다.

① 액세스(Access)란 일반인들이나 회사가 인터넷을 사용할 수 있도록 하는 기초 서비스다. 한국통신 · 데이콤 · 하나로통신 등 전화 사업자와 천리안 · 유니텔 등 PC 통신 사업자, 아이네트 등 인터넷 서비스 전문 업체, 두루넷도 이 유형에 포함된다.

② 컨텐츠(Contents)는 온라인으로 구체적인 정보를 제공하는 업체 또는 서비스를 지칭한다. 컨텐츠는 다시 포털(관문)과 데스티네이션 (destinations, 목적지)으로 구분하는데 정보 소비자들이 정보 포털을 찾는 목적은 데스티네이션에 가기 위한 것이다. 포털은 일종의 버스터미널 · 공항이고, 데스티네이션은 도시 · 관광지 · 섬이라 할 수 있다. 이 분류에 따르면 야후는 포털 컨텐츠, NYT는 데스티네이션 컨텐츠에 해당한다.

③ 커머스(Commerce)란 인터넷을 통해 상품이나 용역을 실제 거래하는 분야로 인터넷 경매, 온라인 판매 등을 들 수 있다.

④ 소프트웨어(Software)는 기업이나 개인이 의사 소통을 하거나 상거래를 하는 데 필요한 도구를 개발 · 판매하는 분야이다.

⑤ 서비스(Services)란 온라인 시스템 유지운영에 필요한 각종 서비스를 제공하는 것으로 웹 호스팅이 대표적인 사례다.

3) e – 비즈니스 성공하기, 포털만이 왕도인가?

인터넷 시장에서 승자가 되는 길은?

이 질문에 대해 많은 사람들은 '포털 서비스'라고 대답한다. '정보의 바다'라는 망망대해에서 네티즌들이 즐겨 찾는 곳으로 부상하기만 하면 조그만 섬에서 바로 '대륙'의 자리를 차지할 수 있다는 기대 때문이다.

그러나 최근의 조사 결과를 보면 그렇지 않은 것으로 나타났다. 최근 미국의 전문 조사 기관인 주피터 커뮤니케이션은 현재 포털 사이트에서 일어나는 전자 상거래가 전체 전자 상거래의 18퍼센트 정도만을 차지하고 있을 뿐이며 2002년에도 지금보다 약간 증가한 20퍼센트 수준에 머물 것이라고 예측했다.

더구나 현재 포털 사이트에 등록한 e – 비즈니스 업체들도 실익을 내지 못하고 있다. 포털 사이트를 통해 판매한 액수가 전체 온라인 상거래의 3분의 1 이하밖에 되지 않는 기업이 전체 e – 비즈니스 기업의 60퍼센트를 상회하고 포털 사이트와 재계약 의사를 밝힌 업체도 5퍼센트 미만이다.

이와 관련, 주피터 커뮤니케이션은 "포털은 트래픽을 유발시키는 데는 효과적이지만 소비자에 대한 지속적인 구속력을 전자 상거래 업체들이 제공해 주지는 못한다"고 분석했다.

다시 말해 포털 사이트만으로는 이용자들을 구매로 연결시킬 수 없다는 것이다. 이에 '지능형 쇼핑 에이전트'도 포털 사이트에 도전장을 냈다. 이들 지능형 에이전트는 이용자에게 가장 적합한 것을 찾아 바로 연결해 주고 있다. 따라서 이용자는 자신의 검색 방법이나 쇼핑 습관과 상관없이 자신에게 가장 유리한 조건의 상품을 구매할 수 있다.

또한 전문가들은 e - 비즈니스 모델과 관련해 아직 확정된 것은 아무것도 없다고 대답했다. 즉 모범 답안을 말하기는 아직 이르다는 것이다.

어쨌든 보다 많은 고객확보를 위해 전자 상거래 업체들이 포털에만 의존할 수 없다는 것은 분명한 사실이다. 따라서 이와 관련, 전문가들은 오프라인 마케팅, 업체간 제휴, 회원제 운영 등 판매하는 상품에 맞는 다양한 마케팅 방법을 적극적으로 개발해야 한다고 충고하고 있다.

우리가 지향해야 할 것은 지능형 에이전트 기능을 갖춘 포털 형태의 종합 쇼핑몰이다. 즉 고객이 어떠한 물건을 사겠다면 최대한 시간과 공간의 제약을 극복시켜 주는 것이 바로 우리가 해야 할 일임에 분명하다.

4) 스톤글로브지-성공하는 인터넷 기업들의 5가지 습관
  – (Hiawatha Bray의 컬럼)

① 브랜드(Branding)
야후와 라이코스는 웹 검색, 이베이는 경매, 아마존은 소매에서 선구자이다. 또한 AOL만큼 브랜드 관리를 잘하는 회사도 없다.

AOL은 처음에는 프로디지(Prodigy)나 컴퓨서브(CompuServe)에 비해 왜소했는데 텔레비전과 인쇄물을 통한 광고와 무료 소프트웨어 디스크의 배포를 통해 이제 인터넷에서 가장 잘 알려진 회사가 되었다.

아마존은 라이벌인 반즈 엔드 노블(Barnes & Noble.com)의 위협을 공격적인 가격과 광고 공세로 방어한 기업이다. 아마존의 마케팅 담당 부사장인 데이비드 리셔(David Risher)는 아마존의 브랜드가 그 원인이라고 말하면서 많은 사람들이 책이나 CD를 샀다고 말하기보다 아마존에서 샀다고 말하는 정도가 되었다고 자랑한다.

② 간편성

아마존을 이용하는 이유 중 첫 번째가 간편성이다. 그 이유는 고객이 처음 구매할 때 주소와 신용카드 정보가 암기되는 시스템에서 기인한다.

초기 상업적인 웹 사이트들은 컬러 사진과 춤추는 동화상 이미지를 사용해 가정용 컴퓨터로 다운로드하는 데 엄청난 시간이 소요되었다.

그러나 사용자들이 원하는 것은 빠르고 깨끗하며 직선적인 사이트다. 이제는 거의 모든 검색 사이트가 야후의 단순한 디자인을 따르고 있다.

③ 끈끈함

성공적인 인터넷 사이트는 사람들을 자주 방문하게 만들고 거기서 머물게 만들어야 한다. 끈끈함에 있어서 AOL이 단연 앞서는데, 이 회사는 1,700만 명의 사용자가 하루 평균 55분 동안 머무른다고 주장한다.

웹 접속 서비스를 갖추지 않은 회사들은 다른 방식으로 고객 충성도를 유지, 방문자들이 스스로 디자인할 수 있는 사이트를 제공해 유인하고 있다.

또한 아마존 같은 판매 업체는 고객이 구매한 모든 것에 대한 방대한 정보를 자료화하고 있다. 그래서 그 사이트를 다시 방문하면 이름을 부르며 환영해 주고 그 사람이 원할 것 같은 상품과 서비스에 대한 새로운 정보를 제공한다.

웹의 리더들은 모두 온라인 커뮤니티를 만드는데, 야후는 36억 달러를 들여서 지오시티의 웹 호스팅 사이트를 구입한 결과 350만 명의 이용자들이 개인 웹 사이트를 만들어 놓고 수백 개의 커뮤니티를 열어 광범위한 흥미 분야를 다루고 있다.

④ 풍요함

아마존은 방문자들을 중독시킬 새로운 방식을 모색했다. 서적으로 출발했지만 이제 음악·비디오·꽃·기타 선물 항목으로 확대했고 지난해 3월에는 경매 사이트를 개장, 이베이의 시장에 본격적으로 침입했다.

아마존은 또한 전자식 인사 카드를 보내는 무료 서비스도 하고 있으며 무료 전자 메일과 웹 페이지 서비스, 채팅방, 게시판 등의 기능을 지속적으로 보강하고 있다.

이처럼 강력한 기능 구축은 신생 회사가 쉽게 도전하지 못하도록 하고 있는데, 야후나 AOL에 도전하려면 상당한 기능을 제공해야 하기 때문이다.

⑤ 사용자의 수

라이코스가 가장 어렵게 생각했던 점이 바로 이 점이었다. 왜냐하면 방문자 수가 야후나 AOL에 비해 현저히 적었기 때문이다.

그러나 당시 CEO였던 데이비스는 몇 개의 다른 웹 서비스를 인수해 라이코스 네트워크로 편입시켰는데 이것이 적중했던 것이다. 그 결과 최근 3월에는 라이코스 방문자가 야후 방문자보다 많았던 것으로 나타났다.

미국에서도 아직까지는 4분의 1의 사람들만 정규적으로 웹을 사용한다고 밝혔다. 야후의 맬릿은 5년 후면 5억의 사람이 온라인을 사용할 것으로 예측했다.

현재 야후는 18개의 외국 지사를 가지고 유럽·아시아·라틴 아메리카에서 개별화된 웹 컨텐츠를 제공하고 있다.

AOL은 고전하던 컴퓨서브를 인수해 이를 유럽에서 중요한 인터넷 접속 업체로 만들고 있다.

라이코스는 10개의 외국 도시에, 아마존은 영국과 독일에, 이베이는 영국에서 온라인 경매를 하고 있다.

결국 이 모든 것은 지배적인 마켓 포지션을 확보하기 위한 것이다. 이것이 야후 직원들이 아직도 이름 없는 작은 빌딩에서 싸구려 회색 플라스틱 의자에 앉아 남는 돈을 모두 시장 점유율 제고에 사용하는 이유이다.

5) 인터넷 사업 성공 7대 비결

① 커뮤니티가 힘의 원천이다.

이베이는 골동품에서부터 컴퓨터·장난감·인형·동전·보석·우표·도자기에 이르기까지 분류 항목만도 1,000여 종이 넘는 초대형 고물상이다.

이 회사의 최고 경영자인 맥 휘트먼은 이베이를 단순한 장터가 아니라 커뮤니티로 만들었다. 그래서 이베이가 22시간 먹통이 됐을 때 수천 통의 전화와 편지가 쇄도했는데 그 중에는 거센 항의도 있었지만 "기운을 내라. 우리는 여전히 이베이의 편이다"라는 식의 격려가 훨씬 많았다고 한다. 이처럼 인터넷 시대에 커뮤니티보다 더 든든한 재산은 없다.

② 돈을 주고라도 고객 정보를 사라.

벤처 인큐베이터 아이디어랩의 빌 그로스 회장은 고객과 긴밀한 관계를 맺는 것이 곧 성공의 조건이라고 강조한다.

그는 신상 정보를 공개하고 회사가 보내 주는 인터넷 광고를 클릭한다는 조건에 동의한 네티즌들에게 공짜 PC를 제공했다.

③ 커뮤니케이션 채널을 이용해 고객을 찾아 나서라.

④ 테크놀로지가 법보다 앞선다.

인터넷 뮤직이 네티즌들에게 MP3 파일을 다운로드할 수 있도록 했을 때 음반 업계는 이 회사를 해적이라고 매도했다.

그러나 싱글 한 장에 1달러, 앨범을 9달러에 살 수 있다면 거절할 이유가 없고 고객의 요구가 있다면 법은 더 이상 장애물이 될 수가 없다. 새로운 법이 만들어지면 되기 때문이다.

⑤ 혁명을 하고 싶다면 지배하려고 하지 말라.

우리 시대가 낳은 슈퍼 스타 리누스 토발즈는 핀란드의 한 대학에서 실리콘밸리가 꿈꾸지 못했던 일을 해내 소프트웨어 업계를 발칵 뒤집어 놓았다.

이처럼 여러 사람이 프로그램을 공유한다는 리눅스의 아이디어는 가히 혁명적이다.

⑥ 새로운 욕구를 창출하라.

⑦ 언제나 고객의 입장에서 생각하라.

US인터넷워킹의 매클레리 회장은 "버스가 비싸다면 차표만 사면 되지 않느냐"고 반문했다. 필요할 때마다 인터넷에서 프로그램을 다운로드해 쓰고 월 사용료만 내라는 것, 애플리케이션 소프트웨어의 아웃소싱인 셈이다.

6) 포브스지 – 사이버 경영 성공 비결 12법칙

① 제품을 무료로 주고라도 소비자의 마음을 잡아라.

인터넷 시대에는 제품 판매보다 소비자와의 깊은 유대가 훨씬 더 중요하다. 예컨대 아이디어랩사는 특정 광고 열람시 컴퓨터와 넷 서비스를 무료로 제공하고 대신 광고를 통해 그 몇 배의 이익을 남긴다는 전략을 구사했다.

② 회사 경영의 주체는 지역 사회다.

사이버 기업의 성공 여부는 좋은 상품을 만들어내는 것이 아니라 지역 사회 주민들이 해당 기업에 얼마나 애정을 지니고 있느냐에 따라 판가름난다.

③ 인터넷 판매망을 활용하지 못하면 살아남지 못한다.

④ 새로운 혁신을 바란다면 독점 욕구를 버려라.

리눅스로 사이버 세계의 슈퍼스타로 떠오른 리누스 토발즈는 "기술의 세계는 정치와 마찬가지로 열린 시스템만이 생존 가능하다"면서 닫힌 시스템으로는 최후의 승자가 될 수 없다고 강조했다.

⑤ 기술이 법을 앞질러야 한다.

인터넷을 통한 음악 보급이 가능해지면서 클릭 몇 번으로 음악을 복제할 수 있는 시대가 되었다. 이 같은 추세를 불법으로 몰아붙일 것이 아니라 다운로드를 받을 때 일정한 수수료를 부과하거나 광고를 유치하는 등 대안 강구가 필요한 때이다.

⑥ 새로운 기업에서 새로운 힘이 나온다.

대기업은 벤처 기업에 비해 혁신적인 아이디어를 채택할 가능성이 상대적으로 낮다. 따라서 새로운 사업을 시작하려면 기존의 사고를 버리는 과감성이 필요하다.

⑦ 기존의 틀을 깨라.

웹 사이트를 통한 주식 경매 제도를 활용하면 가격 시스템이 합리적으로 정착될 수 있다.

⑧ 의사 결정 과정을 바꾸어라.

다수에 의한 민주적 의사 결정 과정 역시 경직된 관료 조직 못지 않게 비능률적이다. 핵심 인사들만으로 구성된 효율적 의사 결정 기구가 기업 성공의 관건이다.

⑨ 기술에 앞서 전략을 세워라.

기술적인 측면을 고려하기에 앞서 고객들에게 무엇을 제공하려 하는지 분명한 비전을 제시하는 것이 바람직하다.

⑩ 기술의 선택보다 고객 만족을 최우선시하라.

어떤 기술을 선택해 사용할 것인지를 고민하기에 앞서 고객이 어떤 서비스를 원하고 있는지를 가장 먼저 생각해야 한다.

⑪ 세상의 이목을 끌어라.

매스컴 및 각종 이벤트를 통한 홍보 활동을 가능한 한 빨리 시작해 상품이 출시되는 것과 동시에 브랜드 이미지가 형성될 수 있어야 한다.

⑫ 돈버는 것보다 세상에 알리는 것이 최우선이다.

인터넷 사업은 즉각 효과를 내기 어렵지만 장기적으로는 과거의 기업들에 비해 고수익이다. 따라서 당장 눈앞의 이득보다는 장기적인 수익을 염두에 두는 것이 바람직하다.

7) 야후의 교훈 – 고객은 왕

지난 해 6월 야후를 보이콧하자(Boycott yahoo!)는 분위기가 팽배했다. 야후에 대한 보이콧 분위기는 지오시티를 야후와 통합하는 과정에서 발생했다.

지난 해 1월, 야후는 이미 메가톤급의 시너지 효과를 가져오기 위해 지오시티를 46억 달러에 인수했고, 따라서 대형 포털과 커뮤니티가 손을 잡게 된 것이다.

지오시티는 1995년에 출범, 고객 스스로 홈페이지를 만들 수 있게 해주어 커뮤니티 구축에 성공한 회사로 1999년 6월 말 4,600만 명의 고객을 확보, 고객이 스스로 만든 천문학적인 컨텐츠를 보유하고 있었다.

훌륭한 고객이 최선의 노력을 기울여 만든 컨텐츠와 세분화된 분야에서 자율적으로 운영되는 커뮤니티, 하루에 수백만 명이 드나들면서 2억 페이지뷰를 넘는 야후의 트래픽이 가미되었으니 그야말로 금상첨화가 아닌가?

그러나 지오시티 통합 과정에서 심각한 문제가 발생한 것이다. 1999년 6월 말 지오시티의 이름을 'Yahoo! Geocities'라고 명명하면서 통합 작업 1단계의 모습을 선보였는데, 문제의 발단은 '사용에 관한 약정'에서 비롯되었다.

야후가 지오시티와 통합하면서 새롭게 제시한 야후의 약정에 따르면, "지오시티의 회원들이 만든 컨텐츠에 대해 야후가 영구적이며 취소할 수 없는 권한을 갖는다"고 명명한 것이다.

다시 말해 지오시티 회원이 만든 컨텐츠에 대해 야후가 소유권을 갖는다는 것이 회원의 분노를 샀고 결국 보이콧하자는 운동까지 전개된 것이다.

고객의 권리를 찾으려는 움직임이 확산되면서 급기야 '보이콧 야후! 사이트'까지 탄생하는 바람에 결국 야후는 '사용에 관한 약정'을 일부 수정, 지오시티 내에서 회원이 만든 컨텐츠는 회원이 소유하는 것을 명백하게 밝히게 되었다.

이처럼 한여름 밤에 벌어진 야후 보이콧 열풍은 우리에게 시사하는 점이 많다. 인터넷에서는 아무리 초대형 사이트라 하더라도 고객이 원하지 않는 것은 절대로 대항할 수 없다는 것이다. 또한 인터넷의 응집력은 실로 대단하다는 점이다. 왜냐하면 가상 공간에 쉽게 메일링이나 항의 사이트를 개설, 엄청난 동조자를 모을 수 있기 때문이다.

이것이 바로 인터넷 가상 공간의 힘, 그 힘을 무엇으로 대적할 수 있을지……. 분명한 사실은, 인터넷은 쉽게 오고 쉽게 떠날 수 있기 때문에 물리적인 공간보다 더 고객은 왕이고, 아니 이를 뛰어넘어 고객은 신이라는 점이다.

8) e – 비즈니스의 75퍼센트는 실패한다

세계적인 시장 조사 및 컨설팅 기업인 가트너 그룹은 최근 보고서를 통해 e – 비즈니스의 75퍼센트가 실패하게 될 것이라고 전망했다. 그 이유는 대부분의 기업이 e – 비즈니스에 대한 정확한 이해 없이 전략을 세우고 있기 때문이라는 것이다.

여기에 실패하는 요인 중 다섯 가지만 살펴보자.

① 대부분의 기업은 e – 비즈니스를 위해 완전히 새롭게 비즈니스를 디자인해야 한다고 생각한다. 그러나 e – 비즈니스를 성공하기 위해서는 기존의 비즈니스와 e – 비즈니스를 혼합한 믹스 매니지먼트가 필요하다. 따라서 e – 비즈니스 모델과 기존의 비즈니스 모델이 양립해야 한다.

② 대부분의 기업은 e – 비즈니스의 잠재적 이익을 과대 평가하고, 이 이익 실현에 소요되는 시간을 과소 평가하고 있다.

③ 기술이 모든 것을 해결할 수 있을 것이라고 믿는데, 특정 기술 전개에 앞서 비즈니스 목표에 대한 정확한 정립이 우선되어야 한다.

④ 기존의 고객에게만 집중하는 경향이 있다.

⑤ 기존의 경쟁 업체만을 분석해 e – 비즈니스 전략을 수립하는 것도 실패 요인이다. 인터넷이라는 공간은 다양한 시험적 모델을 적용해 보다 공격적인 방법으로 비즈니스를 전개하는 업체들이 계속해서 생길 것이다.

이 다섯 가지 실패 요인을 축약해 하나의 문장으로 표현해 보면, "과거에는 큰 것이 작은 것을 잡아먹었지만, 미래에는 빠른 것이 느린 것을 잡아먹을 것이다"라는 결론이 나온다.

인터넷에 관한 모든 예측은 지나고 나면 다 틀리기 때문이다. 2년 뒤라고 하면 1년 안에 실현되고, 5년 뒤라고 하면 2년 안에 이루어진다. 그래서 인터넷은 축지와 축시의 마법사이다.

9) e – 비즈니스 사이트 실수 톱 10

① 온라인 쇼핑에 불이익을 부여하는 경우

판매 채널에 흠이 없어야 효과적인 비즈니스 전략을 실현할 수 있다는 사실을 간과한다. 즉, 특가 제품 홍보 메일이나 광고 발송을 하고 정작 특가 제품이 없다거나 할인 가격이 웹 주문자에게는 적용이 안 된다는 대답을 하는 경우이다.

홍보물에는 전화 주문자에게만 적용된다는 문구가 명시되어 있지 않고 더구나 웹 구매 서비스 요금까지 부과한다.

② 고객이 막다른 골목에 처할 때까지 무대책인 경우

효과적으로 구성된 사이트는 모든 페이지마다 고객의 상품 구매 욕구를 자극하고 실제 구매로 연결시키는 전략을 시행하고 있다.

③ 정확한 연락처가 없는 경우

많은 유명 사이트들도 전화 번호를 게시하지 않고, 그 사이트 어디에도 어떤 제품과 호환이 되는지, AS 계약이 어떻게 되는지 등에 관해 물어볼 방법이 없는 경우가 있다.

④ 정보가 불충분한 경우

⑤ 여러 부류의 관련자를 섞어서 상대하는 경우

고객·협력사·공급사·광고사별 컨텐츠 등 차별화 없이 한 사이트에서 모든 종류의 관련자들을 일률적으로 상대하는 메시지가 뜨는 경우이다.

예를 들면 중고차 목록을 제시하면서 딜러 정보도 함께 제공하는 것은 좋으나 딜러 정보에 신규 딜러의 등록도 받는 무지를 행하는 경우이다.

⑥ 검색 엔진에서 사이트 엑세스가 불가능한 경우

검색 엔진 등록 사이트는 꽤 괜찮은 편이지만 여러 검색 엔진을 통해서 그 사이트의 관련 업계나 관련된 모든 설명 문구를 입력했는데도 찾을 수 없고 경쟁사들의 리스트만 나오는 경우가 빈번하다.

⑦ 외관과 실제 느낌이 불일치한 경우

다양한 상품과 부서를 갖춘 대기업 전자 상거래 사이트들은 사이트마다 따로따로 개발되었기 때문에, 그룹마다 외관과 느낌이 다르고 검색 및 컨텐츠 스타일도 다르다.

⑧ 고객을 내쫓는 경우

파트너 사이트로 자기 고객을 내모는 경우인데, 시장 변화에 민첩하게 대응하려면 파트너 사이트의 프레임보다 나은 외관과 느낌, 검색 툴 보유가 중요하다.

⑨ 지킬 수 없는 약속이나 애매한 약속을 하는 경우

등록 고객에게 추첨을 통해 무료 아이템을 제공한다고 발표했으나 누가 뽑혔는지 무엇을 받았는지 그에 관한 어떤 소식도 접할 수 없는 경우이다.

⑩ 컨텐츠에 비해 지나친 광고를 하는 경우

10) 텔레비전 시청 시간과 인터넷의 상관 관계

미국 애비튼 뉴 미디어(Arbiton new Media)의 연구 조사에 따르면 인터넷 사용이 기존 미디어 시청 및 구독률에 영향을 미치지 않는다는 결과가 나왔다. 오히려 인터넷을 많이 쓰는 사람일수록 기존 매체를 더 많이 활용하는 것으로 밝혀졌다.

즉, 라디오를 즐겨 듣거나 텔레비전 시청 시간이 긴 사람일수록 정보와 재미를 찾아 인터넷을 적극적으로 서핑하며 온라인으로 상품을 사는 확률이 더 높다는 것이다.

또한 인터넷을 많이 쓰는 사람들은 공통된 선호도를 갖고 있는 것으로 조사되었는데, 클래식 록음악을 많이 듣고 '심슨'을 제일 즐겨 시청하며, 디스커버리 · HBO(미국 교육 케이블 방송국)를 선호, 경제지 구독률이 높은 것으로 드러났다.

따라서 온라인과 오프라인을 혼용한 마케팅 전략을 수립하는 것이 좋을 거라고 제안했다.

기존 매체도 인터넷을 자사의 홍보 수단으로 이용하므로 사이버 공간에 브랜드를 널리 알리고 온라인 자회사나 체인점을 세울 수 있는 이점도 있음을 강조했다.

결과적으로 인터넷이 독자적으로는 안 된다는 최근의 상식을 반증한 것이다.

인터넷은 전문가가 따로 있는 것이 아니라 물리적 활동(Physical Activity)에 익숙한 사람이 인터넷 마인드로 확대 재생산하는 것이다.

이것은 트레이드를 위해 영어를 익히는 것과 똑같은 이치이다. 인터넷을 가까이 하고, 물리적 활동을 인터넷에서 보완시킨다면 새로운 밀레니엄의 강자가 될 수 있다.

화물 운송을 인터넷에서 화주와 화물차를 연결시키는 솔루션으로 확장시키는 것도 그 하나의 예로 볼 수 있겠다.

11) 상거래 사이트의 구매 형태 유형과 특성

영국에서 인터넷 소비자의 구매 형태를 연구한 조사가 나왔다. 영국 런던의 컨설팅 회사인 BMRB 인터내셔널은 최근 〈전자 상거래 – 쇼핑 성향의 전개(e-Commerce – An Attitudinal Evolution)〉라는 이름의 연구에서 경매에서의 입찰, 행동, 상표나 상품의 제조원, 납품, 서비스 질에 대한 반응 등의 6가지 유형으로 다음과 같이 사용자들 분류했다.

① 열렬 쇼핑형(15%)

가격보다는 인터넷 쇼핑의 편리성에 그 가치를 둔다.

② 상표 추종형(16%)

브랜드에 대한 절대적 신뢰로 구매한다.

③ 무차별적 구매형(15%)

브랜드에 구애받지 않고 알려지지 않은 기업이나 제품에 대해서 미리 보지 않고 그냥 구매해 버리는 유형이다.

④ 신중 구매형(20%)

사기 전에 꼼꼼히 물건을 살펴보고 온라인 경매는 거의 이용하지 않으며, 물건의 질에 깊은 관심을 표명하는데, 구매 전에 제품을 꼭 확인하고 싶어한다.

⑤ 세일 추종형(16%)

가격에 가장 큰 비중을 둔다.

⑥ 중도 포기형(17%)

인터넷에서 구매하고자 하는 물건 찾기가 쉽지 않다는 것을 발견하고 중도에 구매를 포기한다.

여기에서 1년 미만의 사용자는 신중 구매형이거나 중도 포기형이 많았고, 1 ~ 2년 사용자는 세일 추종형에 가까운 신중 구매형이었으며, 2년 이상의 사용자는 브랜드 추종형이나 무차별적 구매형이 많았다. 즉, 처음에는 약간의 두려움으로 신중했다가 다음에는 가격을 보고, 그리고 결국에는 이것저것 따지지 않는 구매로 이어진다는 속성을 띤다는 것이다.

여기서 짚고 넘어가야 할 점은 각 유형의 분포가 평이하다는 점이다. 이것은 인터넷에서도 현실 세계와 같이 생산자와 소비자 간의 다양한 메커니즘이 존재하고 있다는 증거이다.

다시 말하면 인터넷에서도 현실 세계와 같은 다양함과 역동성이 존재한다. 가격 선호나 상표를 중시하지 않는 사용자로 인해 중소 기업이나 벤처가 뛰어들 수 있는 여지를 제공하고, 신중형이나 상표 추종형 등을 겨냥해 기존의 이름 값을 가지고 있는 여러 기업들의 활동 영역 또한 늘릴 수 있다. 결론적으로 제대로 접근하면 뜰 수 있다는 것이다.

12) N세대 이해하기

새로운 화두로 등장한 N세대는 e - 비즈니스 종사자들이 꼭 이해해야만 할 숙제이다.

① PK

PK라는 단어를 봤을 때 떠오르는 것은? 정치권의 PK 세력? 그렇다면 N세대가 아니다. N세대는 이 단어를 보고 플레이어 킬링(Player Killing)을 떠올린다. 플레이어 킬링은 MUD 게임(온라인상에서 여러 사용자가 참여, 채팅을 하며 가상 공간에서 하는 게임)에서 다른 게이머를 죽이는 것을 일컫는다.

인터넷과 가상 공간은 이해해야 할 학습의 대상이 아니라 다른 사람과 어울려 생활하고 게임을 즐기는 자연 환경이다.

기성 세대가 고향의 자연을 보며, 어린 시절 뛰놀던 놀이를 생각하고 향수에 잠기듯, N세대는 어린 시절 하던 게임을 해보며 향수에 잠긴다.

② I O I

I O I은 laughing out laughing의 약어로 영어로 진행되는 채팅에서 자주 쓰인다. I O I은 사람이 만세를 부르는 모양인데 미국인이 팔을 아래 위로 크게 움직이며 웃는 경우를 연상한 것이다.

③ 비됴 / 비뒤오

비됴를 보고 혹시 비료를 잘못 쓴 게 아닌가 하는 분이 있을지도 모르겠다. 그러나 이것은 비디오를 나타내는 말이다. 소리 나는 대로 표현하는 전 세계적 공통 현상 비됴는 "비됴 빌려보자", "비됴 잼(재미) 없다"처럼 간결한 의사 전달에 사용한다.

반면에 비뒤오는 "엄마가 나가신 걸 확인하고 친구에게 빌린 비뒤오 테이프를 틀었다"처럼 긴장감을 나타낼 때 쓰인다.

이처럼 하나의 명사에 자신의 감정을 담아 다르게 표현한다. 설과 서울도 마찬가지다. 셜은 일상적인 표현으로 '셜 사는 여자'처럼 간단한 표현에 쓰이고, 셔울은 '셔울로 놀러가자'처럼 활동적인 표현에 쓰인다. 이러한 현상을 언어 오염, 맞춤법 파괴 현상이라고 지적하는 이도 있다.

그러나 '찰랑찰랑'과 '철렁철렁', '졸졸'과 '줄줄'처럼 동일한 의미에 표기를 달리해 다른 느낌을 전달하는 사례는 지금의 국어에서도 쉽게 찾아볼 수 있지 않은가.

N세대에게 온라인 언어를 쓰지 말고, 표준말을 쓰라고 하는 게 옳은 일일까? 그것은 마치 그들에게 수영장에서 일상복을 입어야 한다는 말처럼 들린다.

N세대의 언어는 온라인 채팅에 맞도록 발달되어 왔다. N세대 또한 우리가 한창일 때처럼 자신들에 대한 이런저런 말과 상관없이 그들의 스타일대로 그들의 세계에서 살 뿐이다.

13) DB(데이터베이스) 마케팅이란 무엇인가?

DB 마케팅이란 기업의 기존 예비고객에 대한 자료를 기업내 전산시스템에 축적해 고객의 개별적 정보 속성에 따라 마케팅하는 것을 말한다.

흔히 DM 발송·텔레 마케팅 등 직접 마케팅(Direct Marketing)을 혼동해 쓰는 경향이 있다. 여기에서 꼭 짚고 넘어갈 사항은 기업 내부에 축적한 자료를 활용하지 않는다면 DB 마케팅이라 할 수 없다는 점이다.

그리고 DB 마케팅이 추구하는 바는 고객의 평생 가치의 최대화이다. 평생 가치란 기업 입장에서 본 고객의 가치로, 한 사람의 고객이 평생 동안 특정 제품과 서비스를 구매하는 데 지출하는 총 소비 금액을 지칭한다.

따라서 DB 마케팅이라는 말보다는 데이터 베이스를 기반으로 한 관계 마케팅이라는 말이 더 적합하다고 본다.

① DB 마케팅의 요소

DB 마케팅을 하려면 잘 구축되어진 마케팅 데이터 베이스와 활용 도구(OLAP and Mining Tools), 그리고 유능한 마케터가 필요하다.

첫째, 마케팅 데이터 베이스는 기업의 운영계, 또는 데이터 웨어하우스 시스템 중에서 잘 요약된 거래·상품·고객 DB 등에 관한 것들이다.

둘째, 데이터베이스를 활용하기 위한 도구는 시스템의 구축 목적에 따라 기존의 질의, 빠른 시간 내 다양한 형태의 보고서를 내놓는 리포팅, 온라인 Analytic Processing, 데이터 마이닝 등으로 확대될 수 있다. 요즈음 금융과 통신 분야에서 유행처럼 관심이 고조되고 있는 데이터 마이닝은 대용량의 데이터 베이스로부터 정보를 추출해 내는 유용한 방법이다.

셋째, 유능한 마케터가 필요하다. 활용 도구를 통해 얻어진 정보를 분석하고, 이를 기반으로 해서 시장을 바라보는 마케터의 능력은 DB 마케팅의 성패를 좌우하는 중요한 요소이다.

또한 고객을 분류하는 방법에는 다음과 같은 것들이 있다.

첫째는 RFM(Recency, Freguency, Monetary) 분석으로, 최근에 방문한 고객일수록, 방문 빈도가 높을수록, 돈을 많이 쓸수록 점수를 많이 주는 방식을 취하고 있다. 골드·프리미엄 등 회원 등급을 구분할 때이 같은 점수를 기준으로 할 수 있다.

둘째는 회귀 분석(Regression) 방법이다.

셋째는 의사 결정 트리(Decision Tree)를 들 수 있다.

넷째는 신경망(Neural Network)을 들 수 있는데 대체적으로 이 방법을 많이 쓰고 있다.

② DB 마케팅 전략에는 어떠한 것들이 있는가.

DB 마케팅 전략에는 고객 유지 전략과 이탈 방지 전략이 있다. 고객 유지 전략은 고객의 성향에 맞는 DM·TM을 통해 고객과의 관계를 강화한 다음 충성도를 높이고 사용 빈도를 높일 수 있는 방법이다.

그리고 이탈방지 전략은 각각의 전략에 대응하는 구체적 방법으로 포인트 업 제도와 같은 기여도 평가 증대, 다양한 상품 구매를 유도하는 크로스 세일즈, 생활 수준별로 판매를 지속하는 생활 수준 마케팅 등이 있다.

이러한 것들을 한마디로 요약하면 고객의 기본 속성(Demographic Data)을 기반으로 고객보다 먼저 그들의 필요를 알아내어 제시함으로써 로열티를 높이는 것이다. 그 전략적 툴은 '추천 서비스 등 1 대 1' 마케팅이다.

③ 회원의 충성도는 어느 정도인가.

다양한 아이디어에 끌려 회원에 가입했다가 귀찮고 컨텐츠도 흥미롭지 못해 잠수하는 고객이 상당히 많다.

따라서 고객을 계속 머무르게 하는 방법은 고객의 필요를 먼저 알아내어 제시하는 것이다. 사실 이것은 마케팅의 기본으로 모르는 사람이 없다.

그러면 어떠한 점을 다르게 해서 고객을 머무르게 할까? 고객의 속성을 착실히 자료화해 쌓아놓고 불특정 다수가 아닌 특정 소수를 대상으로 하는 것이 차별화 전략이다. 이를 위해 시스템을 짜고, DB를 축적하고, 이를 분석·가공해 그때그때 꺼내 쓸 수 있는 창고(DB Warehouse)를 잘 만들어야 한다는 것만이 다를 뿐이다.

독자들의 기존 사업도 이러한 틀 위에서 이루어져야 한다. 그러면 부부가 각기 차를 보유한 고객, 남편보다 더 많이 활동하는 부인까지 알아낼 수 있을 테고, 이를 가지고 어떤 사업을 벌일 것인지 유용하게 쓸 수 있을 것이다.

물론 그들에게 맞는 맞춤형 서비스도 제공해야 할 것이다. 이때 고객에게 묻는 질문은 10개 이내여야 한다. 왜냐하면 10개를 넘어가면 아주 귀찮아하기 때문이다. 10개 이내만 기본으로 갖고 거래 데이터를 가지고 분석해서 생성해야 할 것이다.

사실 이러한 점들이 골치 아프게 하는 점들이다. 하지만 천리길도 한 걸음부터, 여기가 출발선이므로 여기서부터 시작해 보자.

14) 하느님은 훌륭한 DB 마케터
  - 다음 글은 필자와 함께 긴 터널을 헤쳐 나온 김민쥬(男) 씨의 글이다. 내용이 좋아 여기에 덧붙인다.

어떤 사람이 죽어서 천당에 갔다. 천당 문지기는 새로 온 사람이 어떤 사람인지 알아보기 위해 컴퓨터를 두들긴 다음 어떤 방으로 데리고 갔다. 그 방은 그 사람이 이승에서 좋아했던 물건을 준비해 둔 방이었다.

하느님은 그 사람이 이승에서 평소 어떤 일을 했고 어떤 것을 좋아했는지 데이터베이스로 구축해 놓았기 때문에 이런 준비를 하는 것은 식은죽 먹기였던 것이다. 물론 이승에서 나쁜 일을 많이 한 사람에 대해서는 그 사람이 가장 싫어했던 것을 준비해 둔다. 하느님은 훌륭한 DB 마케터의 원조였던 것이다.

구멍가게 주인 역시 훌륭한 DB의 마케터이다. 요즘은 편의점 때문에 많이 없어졌지만 옛날엔 골목 모퉁이에 허름한 구멍가게들이 있었다. 보통 구멍가게 주인은 그 골목통에서 일어나는 일들을 꿰고 있다.

누가 빵이나 새우깡을 사는지 또는 아이스크림이나 라면을 자주 사는지에 관해 주인은 훤히 꿰고 있는 것이다. 그래서 혹시 새로운 상품이라도 나오면 먼저 추천을 해주기도 한다.

또한 누가 어디에 사는지, 직업은 무엇인지를 잘 알고 있기 때문에 외지인이 어떤 집을 묻기라도 하면 우체부나 경찰관보다 더 자세히 가르쳐 주곤 한다. 결국 구멍가게 주인은 제한된 지역 내에서 마케팅을 철저히 하고 있는 셈이다.

그 동안 매스미디어의 발달로 텔레비전 · 신문 등을 이용한 매스 마케팅이 활개를 쳤다. 광고가 매스 미디어에 집중됨에 따라 매스 마케팅의 비용이 엄청나게 늘게 되었고, 그래서 대안으로 점차 고객 세분화 마케팅이 등장하게 된 것이다.

코카콜라는 이미 1963년에 여성 시장을 공략하기 위해 탭을 출시한 이후 기존의 클래식 코크 외에 다이어트 코크 · 카페인 프리 코크 · 체리 코크 등 9개 브랜드를 보유하고 있다.

세분화 마케팅은 더욱 세분화되어 틈새 마케팅으로 발전했고, 최근에는 컴퓨터의 발달과 DB 축적에 따라 1인 고객과의 1 대 1 마케팅이 가능하게 되었다. 특히 인터넷의 보급으로 1 대 1 마케팅의 입지가 더욱 공고해지고 있는 현실이다.

마케팅의 가장 주된 목적은 앞서도 말했듯이 상품을 일회적으로 파는 것이 아니라 고객과 지속적인 관계를 구축해 고객의 평생 가치를 극대화하는 데에 있다.

DB 마케팅 전략은 기존 고객을 대상으로 할 수도 있고 잠재 고객(과거 거래 고객 및 신규 고객)을 대상으로 삼을 수도 있다. 20/80 법칙이 말해 주듯이 한 회사 고객 중 20퍼센트가 80퍼센트의 매출을 올려준다. 따라서 구매 빈도를 늘리기 위해 기존 고객의 충성도를 높이는 전략이 매우 중요하다.

한 항공사가 고객 활성화를 위해 고객이 비행한 거리에 비례해서 마일리지 포인트를 주고, 그 마일리지를 기준으로 무료 티켓을 주는 우량 고객 우대 프로그램을 고안해 냈다. 그런데 그 항공사의 마일리지 제도가 획기적인 성과를 거두자 다른 업종의 기업들, 예를 들면 호텔·신용카드사·정유사도 이를 도입하기에 이르렀다.

기존 고객에 대한 또 하나의 전략으로 교차 판매 전략이 있다. 미국의 시어즈로박 그룹은 백화점·카탈로그 통신 판매·은행·부동산·보험·증권·신용카드 등 다양한 분야의 회사를 가지고 있다.

이 회사는 고객 정보를 묶어서 통합 데이터 베이스를 구축했고 이를 이용해 고객에게 교차 판매를 하고 있다. 예를 들면 시어즈 소속의 부동산 회사를 통해 주택을 구매한 고객은 시어즈 백화점에서 가전 제품을 25퍼센트 할인 혜택을 받아 살 수 있다.

이처럼 교차 판매를 하기 위해 서로 다른 회사들이 컨소시엄을 만드는 경우도 있다. 립튼 홍차를 만드는 유니레버사, 크리넥스 휴지를 만드는 킴벌리-클라크사, 초콜릿을 만드는 캐드베리사 등 3사는 각자 보유하고 있는 고객 정보를 서로 공유해 공동 마케팅을 하고 있다.

이 컨소시엄은 고객 정보를 수집하기 위해 고객에게 질문지와 할인 쿠폰이 들어 있는 잡지를 보낸 뒤 자신의 관심 분야와 선호 상품을 물어본 다음 관심을 가질 만한 잡지와 쿠폰을 계속 보내 준다. 특히 다양한 고객의 성향에 맞도록 많은 종류의 잡지를 만들어 고객에게 우송하고 있다. 최근에는 웹 사이트를 만들어 질문지에 답한 고객에게 관련 잡지와 쿠폰을 보내고 있다.

이처럼 신규 고객을 확보하기 위한 방법은 치열하다. 여기서 신규 고객을 확보하기 위한 방법 중 가장 손쉬운 방법은 고객 정보 전문 판매 업자로부터 잠재 고객 명단을 구입하는 방법이다. 이 방법은 약간의 돈으로 손쉽게 얻을 수 있는 장점이 있으나 우리 나라에서는 사생활 침해 문제가 있어서 활성화되어 있지 않다.

다른 방법으로는 텔레비전이나 신문에 상품 광고와 전화 번호를 노출시켜 고객이 전화로 주문을 하도록 하는 직접 반응 광고 방법을 통해 신규 고객을 확보할 수도 있다. 아니면 전화나 설문지를 통해 대규모 설문 조사를 하는 방법도 있다.

이와 같이 갈수록 사람들의 개성과 소비 행태가 다양해지고 컴퓨터의 발달로 인해 대량의 데이터를 보유하고 분석하기가 쉬워짐에 따라 DB 마케팅은 매우 강력한 마케팅 방법이 되고 있다.

그 동안 사생활 침해 때문에 아직까지는 주춤한 상태이지만 소비자들이 자신의 고객 정보를 노출해도 이득이 된다고 생각하도록 설득할 수 있다면 DB 마케팅은 크게 활성화될 것이다.

그리고 아마도 하느님에게까지 DB를 팔 수 있을 정도라면 세상에서 가장 훌륭한 DB 마케터가 아닐까.

15) 제조업의 슬픔은 영원히 이어질 것인가?

IT 광풍의 끝은 어디인가?

"정보기술(IT)이 세상을 바꾼다"는 화두가 현실화되면서 온 나라가 인터넷 및 정보 통신 열풍에 휩싸여 있다. 증권은 거래소 시장에서 코스닥 시장으로 자금이 대거 몰리고, 사회 일각에서는 IT로 돈방석에 앉은 일부 벤처 창업가들을 보고 "벤처 정신이 퇴색하고 있다", "벤처는 거품이다"라는 비판을 하고 있다.

그런데도 e — 비즈니스를 전개하지 않으면 기업이 설 곳이 없다는 식의 분위기가 연출되고 있으며, 벤처 기업들은 마치 금맥을 찾는 사람들처럼 인터넷 및 정보 통신의 바다로 앞다투어 뛰어들고 있다.

어떤 이들은 세계화·정보화 시대를 맞아 경제의 패러다임이 바뀌는 과정으로 "열풍은 계속되어야 한다"고 주장하며 산업 혁명에 비견될 만한 문명의 대전환기라고 예찬하기도 한다. 벤처는 이를 예시하는 경제 분야의 한 현상일 뿐이라는 것이다.

반면에 "거품이 많이 끼어 있어 걱정스럽다"는 신중론도 만만치 않다. 지난 한해 동안의 코스닥 장세를 '벤처 광풍'이라 부르는 이도 있

다. 1980년대 부동산, 1990년대 증권에 이어 2000년대의 또 다른 거품
이란 것이다.

둘 다 나름대로의 논리와 근거를 가지고 있지만, '~정보 통신', '~텔
레콤', '~.com'으로 사명을 바꾸기만 하면 어제까지 관심조차 끌지
못하던 회사가 스폿 라이트를 받는 지금의 세태는 정상이라고는 말하
기 어렵다. 그런데도 서로의 논리와 근거는 아직도 팽팽하게 대립된
채 분분하다.

① IT 열풍이 계속되어야 나라가 산다.

왜 IT 열풍이 필연적인가? 인터넷 혁명으로 인해 세계 경제의 패러
다임이 바뀌고 있는 것은 당연한 현실이고, 신흥 벤처 IT기업의 부상
은 중간 유통 단계 축소 및 시장 관리 비용 절감 등 경제 체질 개선에
도움을 줄 뿐만 아니라 대기업 위주로 발전해 온 국내 경제 환경의 개
혁, 즉 대기업과 중소 기업과의 균형 발전을 가져올 것이라는 얘기다.

특히 신기술을 핵심 역량으로 하는 벤처 기업들로 자금이 몰려들면
서 기술 개발이 활발하게 이루어지고 있는데, 이는 경제 활력소로 작
용해 성장을 더욱 가속화시키면서 고용을 증대시키는 선순환 과정을
초래한다. 이제 세계 시장을 석권할 만한 기술력을 가지고도 자금이
부족해 그 기술력을 썩히는 경우는 없어질 것으로 전망한다.

예컨대 기술력이 다소 미약한 벤처 기업이라 하더라도 코스닥 등록
을 통해 충분한 자금력이 확보되면 이를 기술 개발에 쏟아부어 경쟁력
높은 기업으로 성장시켜 세계 시장을 석권할 수 있다는 것이다.

일반인들이 우려하는 코스닥 등록 기업의 대량 도산은 기우에 불과
하다는 주장도 여기에 기인한다.

이들은 소득 분배나 기술 개발 촉진을 위해서도 긍정적 효과가 크다고 주장한다. 벤처 창업이 전문 기술 인력들에 의해 주도되고, 이들이 새로운 부자로 등장함에 따라 기존의 대기업에 집중되어 있는 경제력이 분산될 뿐만 아니라 기술 개발 의욕을 부추길 수 있다는 것이다.

따라서 신기술을 바탕으로 한 벤처 기업들이 각광을 받는 벤처 열풍은 계속되어 마땅하며, 경제에 새로운 활력을 불어넣는 벤처의 순기능은 아무리 강조해도 지나치지 않다고 주장한다.

② IT거품은 곧 붕괴된다.

권위 있는 월가의 전문가가 신경제의 거품 경제를 경고하면, 나스닥 지수는 곤두박질치는 반면 다우 지수는 상승한다. 비단 미국만의 경우가 아니다. 유럽과 일본에서도 이런 현상이 나타나고 한국도 예외가 아니다.

최근 들어선 신경제 거품론이 힘을 더 얻는 듯하다. 경제협력개발기구(OECD)까지도 거품 경제를 경고하고 나섰다. 미국의 하이테크 주식은 앞으로 폭락할 수도 있고 이것이 금융 전망을 불확실하게 하는 요인이 되고 있다는 지적이다.

벤처 열풍의 진원지 역할을 하고 있는 코스닥 시장이 주춤거리는 것도 벤처 열풍에 대해 대체로 걱정하는 시각이 많기 때문이다. 이들은 우선 벤처 기업이라고 주장하는 수많은 신생 기업들의 내용이 과연 충실한가를 부정적 시각의 출발점으로 삼고 있다.

기존의 기업 분석가들은 인터넷 기업들을 재무 구조가 형편없는 기업으로 평가한다. 실제로 야후·아마존·이베이 등 시장 선점 효과가 거의 절대적이라는 인터넷 사업의 선도 기업들이 계속 적자에 허덕이고 있는 것도 그 좋은 예라고 할 수 있다.

이들은 우리 나라에서도 코스닥 시장에 등록된 벤처 기업들 중에 수익 전망이 불투명한데도 IT 관련 기업 또는 신기술 사업으로 포장된 소위 '벤처 껍데기'를 둘러쓴 기업들이 상당수에 달한다고 보고 있다.

벤처 열풍을 타고 옥석이 가려지지 않은 채 진짜 벤처 기업들과 뒤섞여 이들 기업의 주가가 천정부지로 치솟는 것은 뭔가 잘못된 것임에 틀림없다. 더구나 수익 전망이 불투명한 벤처 기업들의 경우 언젠가 냉정한 시장 논리에 의해서 탈락의 운명을 맞을 것은 명약관화한 사실인데 그럴 경우 사회가 혼란에 빠질 가능성도 제기된다.

문제는 여기에 그치지 않고 상대적으로 기존 제조업의 몰락을 부추길 우려가 있다는 점도 부정적 시각에 힘을 실어주고 있다. 시중의 한정된 재원이 벤처 쪽으로 몰리다 보니 기존 산업의 자금 사정은 어려워질 수밖에 없고, 그러다 보면 상대적으로 생필품 산업은 물론 수출 산업의 성장에 막대한 지장이 초래되는 것 아니냐는 우려도 증폭되고 있는 실정이다.

또한 벤처 열풍으로 우수한 인재들이 대기업을 떠나 너도 나도 벤처 쪽으로 몰리면서 직장인들의 가치관이 바뀌고 임금 체계와 인력 수급에 급격한 변화를 가져오고 있는 것도 같은 맥락에서 우려되는 점이다.

한마디로 지금까지 대기업에 편중되었던 자원 배분이 이제는 신흥 벤처에 의해 역으로 왜곡될 여지가 크다는 지적이다.

아무리 정보 통신 기술이 발달하고 온 세상이 인터넷으로 떠들썩해도, 제조업 없이 인터넷이 직접 의식주를 제공해 줄 수 없기 때문에 제조업을 더 이상 매력이 없는 산업처럼 얘기하는 요즘의 세태를 비판하는 것이다.

③ 시대가 바뀌어도 제조업은 영원하다.

벤처 열풍에 휩싸여 찬밥 신세를 면치 못하고 있는 제조업이지만 중소기업청 등에 등록된 벤처 기업의 70퍼센트가 제조업이라는 사실을 볼 때 벤처 열풍에 따른 제조업의 사양 산업화라는 주장은 그 타당성을 잃게 된다.

전통적인 제조업체라고 해서 한물간 업체를 얘기하는 것이 아니다. 코카콜라나 포드 자동차·P&G·제록스 맥도날드 등 영업 실적이 계속 증가하는 업체들이 많다. 미국 경제 전문지 포천이 1999년 매출액 기준으로 발표한 미국 500대 기업에서 대표적인 인터넷 기업인 AOL이 337위를 차지했을 뿐, GM(1위), 엑슨모빌(3위), 포드(4위) 등 전통적인 제조 업체들이 상위를 차지하고 있다.

조금만 이성을 갖고 생각해 보면 IT가 세상을 바꾸고 세상의 중심이 된다 해도 IT만으로 우리의 삶이 영위될 수 없다는 것은 삼척 동자도 다 아는 사실이다.

몇 년 전 세계 초우량 기업의 하나인 포항제철이 "제조업은 영원하다"라는 이미지 광고를 신문 등 인쇄 매체에 한 적이 있다. 당시는 인터넷 열풍도 불지 않았었지만 포항제철이 무슨 생각으로 그런 문구의 이미지 광고를 했는지 잘은 알 수 없지만 "제조업은 영원하다"는 그 문구는 온 나라가 IT 열풍에 휩싸인 지금의 상황에서 다시 한 번 되씹어 볼 필요가 있다.

"한국 기업들은 최근 단기간에 큰돈을 벌 수 있는 인터넷 및 정보통신 분야에만 눈길을 줄 뿐 시간과 돈이 많이 들고 결과물은 더디게 나타나지만 먼 장래를 생각했을 때, 반드시 관심을 기울여야 할 소재 및 부품 산업은 쳐다보지 않는 것 같다"라는 지적이 있다.

전부 맞는 말이라고 볼 수는 없지만 한 가지 분명한 점은 소재, 부품 등 제조업을 등한시할 경우 국가 산업의 균형적인 발전을 기대하기 어렵다는 것이다. 다행히 최근 '굴뚝 산업'으로 대표되고 있는 전통 제조업에 대해 관심을 보이는 목소리가 늘어나고 있다.

현재 우리 나라 수출의 84퍼센트가 섬유·조선·반도체 등 제조 업종으로 수출을 주도하고 있으므로, 정보와 벤처도 중요하지만 기존 재래 산업의 중요성을 다시 한 번 깊이 인식해야 한다는 말이다.

16) 새로운 패러다임과 전통 제조업의 융화

① 사이버 세계는 현실 세계의 그림자다.

사이버 세계에는 없는 것이 없다. 시장·학교·병원·교회 등은 물론 존재 양식과 상호 작용은 현실 세계의 그것과는 다르지만, 날이 갈수록 발달한 기술을 바탕으로 현실 세계와 유사한 모습을 갖추어 가고 있다.

지난 해 인터넷 서바이벌 게임이 개최되었을 때 일어난 일이다. 참가자들은 인터넷으로 주문 가능한 피자로만 끼니를 때우고, 방 밖으로 한 발자국도 나갈 수 없는 상황을 마치 감금되었다는 것처럼 표현하며, 다시는 이런 게임에 참가하지 않겠다고 토로했다.

물론 지금은 시대가 바뀌어 그 당시보다는 많은 일들을 사이버 세계에서 실행할 수 있게 되었지만, 아직 현실 세계에서 가능한 모든 일들을 사이버 세계에서 한다는 것은 불가능하다.

결국 사이버 세계는 현실 세계의 그림자와 같으며, 현실 세계에서 거리·시간 제약에 따른 물리적으로 불가능한 일을 가능하게 해주는 부가 기능을 가진 것일 뿐이다.

마찬가지로 e — 비즈니스란 하늘에서 갑자기 떨어진 특정 산업이 아니다. 과거 1·2차 전통 산업과 3차 서비스업에 새로운 지평을 열어준 도구일 뿐이다.

IT 기업 중에서도 제조업이 있고 서비스업이 있다. 반도체 제작 장비·통신 부품 등 하드웨어를 만드는 핵심 기술 집약적 벤처가 제조업체이고, 포털 사이트 운영 업체, 하드웨어 및 소프트웨어 통합 솔루션 제공업체, 컨텐츠 업체 등이 서비스 업체라 불릴 수 있을 것이다.

역으로 전통 1·2·3차 산업군도 얼마든지 IT와의 접목이 가능하다. 채소를 재배하는 농가는 인터넷으로 고객과 1 대 1 거래를 구현하는 쪽으로 네트워크 구축이 가능할 것이며, 심지어 술집도 IT를 이용한 통합 구매, 고객 서비스망 구축을 실현할 수 있다. 섬유·자동차·화학·전자 등 제조업 분야는 말할 것도 없다.

IT는 전통 산업군을 전혀 생소한 e — 비즈니스 환경으로 몰아넣지만 그것이 전통 산업의 사멸을 뜻하는 것은 아니다.

이 환경에 카멜레온처럼 가장 빨리 효과적으로 적응하는 기업은 비즈니스의 새로운 주자로 부상할 것이며, 그렇지 못한 기업은 공룡처럼 사라지는 적자 생존의 원칙이 예외 없이 적용될 것이다.

또한 IT 기업 역시 과거 전통 산업과 전혀 무관한 새 사업 영역을 창조·선점하는 일부 업체도 있겠지만, 대부분의 업체는 전통 산업과의 조화 · 융합 · 공존공생을 염두에 두지 않으면 현실적인 존재 기반을 유지하기 힘들게 될 것이다.

베를린 자유대학의 박성조 교수는 '전통을 무시한 벤처 발상은 잘 못'이라며 제조업과 보조를 맞춘 벤처 산업의 균형 발전을 강조했다.

제조업은 제조업 나름대로, 벤처는 벤처 나름대로 자기가 가장 잘할 수 있는 일을 하면 된다.

자신의 장기와 특성을 외면한 채 남의 부러운 점만 이리 기웃 저리 기웃하는 업체는 모방으로 평균 수준은 될지 모르지만 세계 일류 업체로서의 자리는 포기해야 할 것이다.

② Traditional 비즈니스의 탄생

인터넷 산업이 성장하고 제조업은 몰락하고 있다고들 하지만 대표적인 '굴뚝 산업'인 조선업이 다시 뜨고 있다. 얼핏 보면 아무런 관계가 없는 일처럼 보이지만 인터넷과 배 만드는 일 사이에 무엇인가 인과 관계가 있다.

전자 상거래가 급속히 확산되어 해상 물류 수요가 급증하자 해외 각처에서 선박 건조 주문이 쇄도하는 등 국내 조선업은 건국 이래 최대의 호황을 맞고 있는 것이다. IT를 중심으로 한 새로운 패러다임에 따른 새로운 사업 기회의 창출이다.

컨테이너선 수주가 폭발적으로 급증한 것은 전자 상거래의 활성화에 따른 해상 물동량 증가와 무관하지 않다는 게 조선 업계의 공통된 시각이다.

전자 상거래의 특성상 국경의 벽이 없어져 개인이나 기업 할 것 없이 상거래가 활발히 진행됨에 따라 해운선사들이 '해상의 발'인 컨테이너선을 확보, 급증하는 물류 이동 시장을 선점하려는 것이다.

조선업의 경우뿐만 아니라 전통 제조업과 IT의 경쟁과 협력에 의한 새로운 발전이 이루어질 수 있다. 실제로 많은 제조업체들은 새 패러다임의 새로운 비즈니스 모델을 받아들여 생산성을 높여나갈 계획을 세우고 이를 실천하고 있다.

물론 벤처 기업들도 놀랄 만큼 발빠르게 M&A와 제휴 바람을 타고 있는데, 이런 경쟁 구도는 더욱 치열해질 전망이다. 이런 식으로 나간다면 아마 살아남는 수가 갈수록 줄어들지 않을까 걱정이 앞선다.

현재의 상황을 춘추전국 시대에 비유하자면 머지않아 패자가 나타나지 않을까. 신경제와 전통 제조업들의 변화 무쌍한 움직임은 미국 기업들에서 두드러지게 나타난다. 부품 조달에서 설계 기술 개발에 이르기까지 서로 협력하거나 제휴하는 모습이다.

공동으로 전자 상거래망을 구성하는 경우도 많다. 대표적인 제조 산업인 자동차의 경우 빅3와 부품 업체가 함께 ANX(Automotive Network Exchange)란 전자 상거래망을 구축하고 있다. 이렇게 하여 연간 100억 달러 이상의 비용 절감이 예상된다는 분석도 나오고 있다.

전통 제조업의 토대가 확고하다는 주장은 바로 전통 제조업이 이렇게 변신하고 있기 때문에 가능한 것이 아닐까 싶다. 기존의 체제를 고수하는 제조업이 굳건하다는 말은 아닐 것이다.

이런 의미에서 구경제 기업들은 경쟁력 있는 Traditional 비즈니스 기업으로 거듭나야 한다. 앞으로의 과제는 Traditional 비즈니스를 부활시키는 일이 될 것 같다. Traditional 비즈니스의 재건은 정보 기술을 도입하고 끊임없는 구조 조정을 통해 경영을 합리화하는 수밖에 없다.

전문가들은 미국의 Traditional 비즈니스가 정보 기술로 무장하게 되면 엄청난 경쟁력을 갖추게 될 것으로 보고 있다. 전통 제조업들 중 상당수는 지금까지 신경제 분야의 정보 통신 기업에 투자해서 고수익을 올렸다. 이를 통해 정보 기술과 벤처식 경영 기법도 익혔을 것이다. 그렇다면 벤처에 투자해 몇 배로 튀기는 돈놀이보다는 Traditional 비즈니스 기업으로서 벤처에 뒤지지 않는 경쟁력을 갖추기 위해 자체 정보 기술과 경영 합리화에 적극 투자할 시점이 지금이 아닐까.

17) 40 ~ 70대, 그리고 여성이 더욱 희망이 있다

문득 영화 두 편이 떠오른다. 〈시애틀의 잠 못 이루는 밤〉과 〈유브 갓 메일〉이다.

이 두 편의 영화는 모두 동일한 남녀 주인공(맥 라이언, 톰 행크스)이 등장해 사랑의 결실을 맺는 줄거리로 재밌는 점은 사랑의 매개체가 하나는 라디오 방송이고, 하나는 인터넷 시대의 전자 우편이라는 점이다.

〈시애틀의 잠 못 이루는 밤〉에서는 남자 주인공의 아들 조나가 크리스마스 이브에 심야 라디오 상담 프로에 새엄마를 찾는 편지를 보낸 것이 라디오 전파를 타면서 시작되며, 〈유브 갓 메일〉에서는 남녀 주인공이 인터넷상에서 편지를 주고 받으면서 사랑이 시작된다.

라디오와 텔레비전을 거쳐 인터넷이라는 새로운 패러다임에 따라 가장 대중적인 사랑의 연결 고리가 다르게 표현되고 있는 것이다.

뿐만 아니라 〈유브 갓 메일〉에서 보듯이 여주인공이 운영하는 서점에서 직원들과 아침 인사를 인터넷에 접속했던 이야기로부터 시작한다. 그곳에는 나이가 60이 훨씬 넘어 보이는 할머니 점원도 이런 말을 한다.

"나도 인터넷에 접속했는데……."

패러다임이 변하면서 대화의 주제가 텔레비전 프로그램의 내용이 아니라 인터넷이 된 것이다.

라디오가 대중 미디어를 점령하던 시절에 라디오만 듣다가 마을의 부잣집에서 하나 둘씩 들여놓은 텔레비전에 남녀 노소 할것없이 부잣집 앞마당에 멍석을 깔고 앉아 숨죽이고 눈만 껌벅이며 보던 시절이 있었다.

그 시절을 추억으로 간직한 채 어느새 자기 집에 텔레비전을 한두 대씩 들여놓고 집에 오기만 하면 텔레비전을 켜게 되었다. 대중 미디어가 라디오에서 텔레비전으로 바뀐 것이다.

지금은 어느 누구도 텔레비전을 두려워한다거나 잘못 만지면 어떻게 될까봐 사용하는 것을 주저하지 않는다. 당연히 나이에 상관없이 전원을 누르고 채널을 돌리고 본다. 바로 텔레비전이 이미 생활 속에 녹아든 것이다. 하지만 이제는 인터넷이 등장하면서 대중 미디어인 텔레비전이 차지하는 자리를 위협하고 있다.

통계에 따르면 라디오가 도입되어 5,000만 명의 청취자를 확보하기까지는 38년이 소요되었으며, 텔레비전 시청자가 5,000만 명을 넘어서기까지는 13년이 소요되었다고 한다. 이에 반해, 인터넷 이용자 수는 1997년에 1억 명을 돌파했는데, 이에 소요된 기간은 불과 4년이었다는 것이다.

이런 수치만 보아도 텔레비전이 수십 년에 걸쳐 만든 아성을 인터넷은 수년 만에 그 자리를 차지하게 될 것 같다. 영화의 한 장면에서 보듯이 남녀 노소 할것없이 급속도로 보급되어지는 인터넷에 의해 생활이 변화하고 있다. 이미 우리의 생활은 인터넷을 벗어날 수가 없다.

인터넷의 등장으로 영상·그래픽, 그리고 대용량 데이터의 고속 쌍방향 전송이 가능하게 되었고, 이를 활용해 삶의 질을 개선하려는 노력들이 진행되고 있다.

특히 인터넷을 이용한 원격 교육·원격 진료·원격 근무, 그리고 원격 주민 서비스 제공이 활성화 되고 있으며, 전자 상거래의 구현도 가능해 인터넷에 대한 일반인의 관심과 욕구가 폭증하고 있다. 이처럼 인터넷 이용이 보편화되고 있지만 국내에서는 여전히 인터넷에 대한 인식이 부족한 계층이 있음을 알 수 있다. 다름이 아니라 현재 국내 인터넷 이용자 대부분이 20~30대에 집중되어 있다는 사실이다.

이것은 여성을 비롯해 40대 이상 계층이 인터넷 사용에 대한 막연한 두려움과 작고 복잡한 자판, 영문 중심의 도메인, 문자 중심 서비스 등으로 쉽게 인터넷에 접근하지 못하고 있기 때문이다.

하지만 인터넷 기술은 이제 좀더 간단한 조작과 생동감 있는 화면을 제공해 보다 빠른 상호 교신이 가능한 환경을 조성함으로써 이들을 포용해 갈 것이다. 가상 현실이라는 테크놀로지가 더욱 발전하면 인간의 오감을 네트워크로 구현할 수 있을 것이고, 머리 좋은 디지털 세대의 후배들이 자신의 능력을 최대한 발휘하면 얼마 안 가서 현실 세계를 가상 세계가 모두 구현할 것이며, 그 이상의 꿈과 에덴의 동산을 구현해 줄 것이다.

뿐만 아니라 PC 모니터로 대용한 인터넷 텔레비전이 안방을 꿰차게 되면서 20 ~ 30대만이 아닌 40대 이후의 아저씨 · 아줌마 · 할아버지 · 할머니가 함께 인터넷 방송 프로그램을 가지고 껄껄 웃어대는 영화 속의 장면을 볼 날이 머지 않았다.

또한 손자가 할아버지와 대화하기 위해 홈페이지를 만들고, 아들은 아버지가 인터넷을 활용할 수 있도록 가르쳐준다는 신문 기사처럼 우리도 자연스럽게 이 새로운 패러다임을 맞이해야 하며, 적극적으로 생활 속에 녹아들도록 해야겠다.

라디오를 젖히고 텔레비전이 생활 속으로 다가왔을 때 처음에는 막연한 두려움을 느꼈지만, 이 패러다임을 먼저 받아들여서 실패한 사람은 없다. 지금은 텔레비전이 집집마다 한두 대씩 있는 것처럼 이제 자연스럽게 인터넷을 받아들일 수 있다.

20 ~ 30대만이 아닌 40대 이후의 세대들도 텔레비전을 생활 속에 받아들였듯이 인터넷도 진취적으로 받아들여야만 남보다 먼저 새로운 패러다임으로 가게 되는 것이다. 어차피 텔레비전의 자리를 인터넷이 차지할 것이므로 앞으로 텔레비전을 다루듯 인터넷을 다루게 된다는 걸 명심하자.

18) 21세기 뉴 비즈니스 모델, 실버 산업

앞으로의 사회는 풍요로운 생활을 배경으로 해서 사고나 행동이 자유로워지고, 다양한 가치관이 모순이나 갈등 없이 자연스럽게 존재하는 사회가 될 것이다. 아울러 새로운 감각을 지닌 고소득의 젊은층이 생기는 한편 노년층이 대규모 소집단으로 등장할 것이라 한다.

유엔은 전체 인구에 대한 65세 이상의 인구 비율이 7퍼센트가 넘는 사회를 고령화 사회, 14퍼센트가 넘는 사회를 고령 사회로 규정하고 있다. 구미 선진국의 경우 이미 고령 사회로 진입한 국가가 많고, 일본의 경우는 고령 사회로의 진입을 앞두고 있다.

우리 나라는 고령 인구가 1990년 5.1퍼센트에 이르고 있으며, 2000년에 6.4퍼센트에 달하고, 2005년 이전에 고령화 사회인 7퍼센트 수준에 달할 것이라 한다. 그 이후에도 우리 나라의 노령 인구 증가는 급속도로 진행되어 2025년경에는 고령 사회에 진입할 것으로 보고 있다. 앞으로 인구 증가가 가장 많은 연령층이 60세 이상이 될 것이라고 한다.

이러한 환경 분석 자료를 본다면 21세기 뉴 비즈니스 모델로서 실버 산업을 이야기하지 않을 수가 없다.

실버 산업은 노인 복지 산업 또는 실버 서비스 산업으로 생각할 수 있다. 이 산업의 소비 계층은 낱말에서 알 수 있듯이 고령자들과 노후 대책을 염두에 두고 준비하는 사람들 모두를 지칭한다.

실버 산업은 이들 소비 계층에게 생활의 안정과 편의, 그리고 건강 유지 등에 필요한 재화와 서비스를 시장의 원리에 따라 공급하는 산업으로 정의된다. 실버 마켓은 금융 관련 사업, 주택 관련 사업, 생활 관련 사업, 여가 활동, 의료 관련 사업 등이다.

사실 고령자가 늘어난다고 해서만 실버 산업을 뉴 비즈니스 모델로 바라보기보다 이제는 고령자가 단순히 병약하고 힘없는 존재가 아니라는 점에서 더 주시하게 된다. 오늘날의 실버, 나아가서는 다음 세대의 실버층은 평균 소비 지수가 다른 세대보다 뛰어나고, 마음대로 쓸 수 있는 돈이 많다는 것이다.

따라서 21세기의 실버 산업은 단순히 지팡이 · 돋보기 같은 노인용 상품을 취급하는 데서 벗어나 실버 계층을 위한 다양한 서비스 산업에 초점을 맞춰야 할 것이다. 실버를 위한 휴양 산업 · 관광 · 레저 등 혼자서 사는 실버층이 안전하게 생활할 수 있도록 안전 센터 운영, 실버를 위한 스포츠 상품 서비스, 화장품 · 패션 등을 고려해 보아야 할 것이다.

또한 파트너 서비스로 외로운 노인의 파트너가 되어 공원 산책이나 식사 등을 같이 해주는 서비스, 이외에도 상대를 소개시켜 주는 서비스 등도 실버에게 당연히 필요하리라 본다.

미국에서는 실버 산업을 온라인상에 펼쳐 빛을 보고 있지만 국내는 시장 전반부에 나서기는 아직 이른 산업이기는 하다. 다만 실버층을 예의 주시할 필요가 있다는 것이다. 어차피 모든 현실 세계는 가상 현실 기법이 완성되면 모두 가상 세계에 수용될 것이다.

가상 세계를 만드는 것은 너무나 쉽다. 그러나 가장 어려운 것은 가상 세계에서 무엇으로 돈을 벌어 가상 세계를 풍족하게 재구성할 것인가이다. 이에 실버 계층도 고려해 봄직하다.

19) 여성이 떠야 국가가 뜬다

미국에서는 인터넷을 이용하는 비중이 여성이 남성을 앞지르고 있는 추세(AOL 가입자 1,900만 명, 여성 53퍼센트, 1999년 11월 기준)이며, 이에 따라 여성을 타깃으로 한 e − 비즈니스가 빠르게 성장하고 있다.

특히 여성에게 필요한 정보제공 전문 인터넷 사이트가 각광받는 분야로 떠오르고 있으며, 여성을 대상으로 한 전자 상거래 사이트 수가 급속히 증가하고 매출 또한 급성장하고 있다. 이는 지난 3년간 인터넷을 사용하는 인구 중 여성의 비율이 18퍼센트에서 50퍼센트까지 증가한 것과 결코 무관하지 않다.

이 같은 여성 인터넷 이용자의 증가는 앞으로 더욱 가속화될 것이고 이에 따라 전자 상거래 시장도 폭발적으로 커질 것이다. 왜냐하면 인터넷 발전의 큰 원동력이 될 전자 상거래 활성화의 주체는 바로 실생활에서 상품 구매권을 더 많이 갖고 있는 여성이 될 것이기 때문이다. 또한 지출에 대한 결정 권한을 갖고 있는 실질적인 소비의 주체인 여성이 인터넷을 통한 전자 상거래 시대에도 역시 소비 문화의 주체가 될 것이다.

우리 나라도 여성 네티즌의 비중은 지난 상반기 20.1퍼센트에서 29.8퍼센트로 크게 증가했다. 고속 통신망 및 국민 PC의 보급, 사이버 아파트 붐 등으로 PC 구입 급증과 2000년 3월부터 정보 통신부 주관, 전국 800개 학원에서 전업 주부 대상 인터넷 교육을 실시(2001년 8월까지 100만 명 목표)하는 등 그 동안 소외되어 온 국내 여성 네티즌 시장에 대한 관심이 고조되고 있으며, 이에 힘입어 여성의 인터넷 이용률이 증가하고 있다. 하지만 우리보다 앞선 미국에 비해서는 아직은 적은 편이다.

21세기 디지털 경제를 이끌어갈 여성이라면 적극적인 마인드를 가지고 새로운 패러다임의 중심부에 서 있어야 한다. 여성의 정보화는 결국 국가의 정보화 발전에 청신호가 되기 때문이다. 여성들이야말로

21세기 디지털 경제에 가장 적합하다는 자부심을 갖고 정보화에 적극적으로 앞장서야 할 것이다.

기업은 이들 여성 네티즌을 중심으로 한 마케팅 전략과 여성 사이트 구현을 고려해야 한다. 이를 위해서는 무엇보다 여성 네티즌의 특성을 알아야 할 필요가 있다.

여성들은 남성들에 비해 포털 사이트나 커뮤니티를 더 선호하고, 남성보다 방문하는 사이트의 수가 적으며, 익숙한 몇 개의 사이트에서 정보를 취하고, 물건을 사는 등 특정한 일을 마무리하는 경향이 있다. 따라서 여성 고객은 잡기도 어렵고 관리하기도 힘들지만, 한번 고객이 되면 사이트에 대한 충성도가 높다.

여성 네티즌이 온라인에서 구매한 제품은 영화와 공연 티켓, 화장품 등인데 반해 남성 네티즌은 컴퓨터 관련 제품이나 주식이 주류이다. 따라서 성별로 마케팅 차별화 현상이 이루어져야 하는 당위성이 나오게 된다. 즉, 여성 이용자를 직업이나 연령별로 분류, 적극적인 마케팅에 나서야 할 때이다.

이런 점을 고려해 여성 사이트를 만들어야 한다. 단, 한 가지 유의해야 할 점은 여성을 상품화해서는 안 된다는 것이다. 여성이 소비의 주체이지만 올바른 소비를 할 수 있도록 도와야 하고, 그들이 여자·주부·사회인으로서 겪는 각각의 경우를 가상 공간에서 마음껏 이야기할 수 있는 문화 휴식 공간을 마련해 주고, 실생활에 필요한 정보를 제공해야 한다. 따라서 여성 사이트는 여성이 무분별한 소비를 하도록 유도하는 것이 아니라 많은 정보를 제공해 진정으로 여성이 자아 실현을 할 수 있도록 도와주어야 할 것이다.

갈수록 남녀의 역할을 둘러싼 새로운 의식의 변화가 크게 나타나고 있으며, 출산 자녀수의 감소와 첨단 기술의 발달로 여성들의 여가 시간이 크게 증대되고 사회 진출 또한 더욱 많아질 전망이다. 진정으로 이들이 원하는 것이 무엇인지, 이들의 일상을 도와줄 것이 무엇인지를 알고 해결해 주어야만 여성들은 이 사이트에서 커뮤니티를 형성할 것이며, e - 커머스를 발생시킬 것이다.

10. 요람에서 무덤까지

앞에서 인터넷에 대한 여러 가지 단상을 해보았다.

물론 DB 마케팅, 제조업의 슬픔, 실버 산업까지 다소 주제에서 벗어난 경우도 없지는 않았지만 인터넷을 이해하는 데에 도움이 되었으리라 믿는다.

이제 한 군데로 모을 때가 되었다. 불행히도 필자는 이 장의 제목을 '요람에서 무덤까지'로 정했는데, 이는 필자의 재주 없음에 기인한다. 다른 제목을 생각해 보아도 영 떠오르지 않는 게 아닌가.

물론 길게 쓸 생각은 없다. 왜냐하면 다음 장의 '가상 세계와 현실 세계의 접목'에서 상당 부분이 설명되기 때문이다.

어차피 우리는 디지털 혁명 속에 묻혀 있다. 컴퓨터를 못 다루어도 인터넷은 쉽게 할 수 있다. 두드리는 것이 불안해 PC 통신을 못해도 인터넷은 손가락 하나로 마우스라는 기구를 눌러 주기만 하면 된다.

이제 조금 있으면 아침에 일어나자마자 밤새 온 전자 편지를 읽어보고, 친구에게 똑같은 것을 보내고 싶으면 보내고 자신의 전자 가계부에 들어가 오늘 결재할 금액과 거래할 내역을 확인하면서 하루를 시작할 것이다.

닷컴(.com)으로 끝나는 도메인이 1999년에 우리 나라가 신규 등록 2위를 기록한 것을 보면 우리 나라 사람들에게 얼마나 인터넷이 어울리는지 알 수 있을 것이다.

인터넷은 그 옛날 영국의 복지 정책인 '요람에서 무덤까지'를 포괄하는 모든 정보와 서비스와 상품을 제공할 것이다.

인터넷의 영역은 결국 '요람에서 무덤까지'를 포함할 것이다. 이제 이러한 상황에서 필자가 제시하는 조그마한 등대를 보고 필자와 함께 실제 사이트를 서핑하면서 인터넷 여행을 떠나보자.

제4장
가상 세계와 현실 세계의 접목

1. 들어가는 말

앞에서 소개했던 글 〈샐러리맨 연구〉에 필자에 대한 기사가 실린 후 재미있는 사건이 벌어졌다.

그 중 가장 재미있는 일은 정일병을 찾는 전화였다.

"정일병, 나 내무반장 정병장이오."

"예?"

"나 모르나? 나 내무반장 정병장이라꼬……"

군에 입대한 해가 1973년이었으니까 무려 26년 만에 내무반장이 쫄병 정일병을 찾은 것이다.

여기서 내무반장과 정일병이 헤어진 후 서로의 뇌리 속에 숨겨져 있던 궁금함과 살아온 여정은 '가상 세계'일 테고, 다시 해후해 서로를 탐색한 여정은 '현실 세계'일까?

과거로 돌아가 〈샐러리맨 연구〉에 실린 글을 다시 싣는다.

"1994년 당시 인터넷과 정보 통신은 다소 생소한 비즈니스 영역. 마치 '달나라 얘기'처럼 허황하게 느껴졌던 이 사업을 해보겠다고 달려들었다. 그는 "5년 전부터 인터넷 사업을 하겠다고 떠들었으니 이상한 사람으로 생각한 사람도 많았을 것"이라고 말했다.

그렇다. 인터넷이라는 화두는 갑자기 1999년 봄부터 떠오르더니 이제는 모든 길은 인터넷으로 통한다고 하고 있다.

2. 콜롬버스가 찾은 신대륙?

인터넷은 우리를 지옥에 이르게 한다. 멀리할 수도 없고 너무 빠른 속도로 변해 예측조차 못하게 한다.

정신없이 하루를 던지듯 하는 요즈음, 나는 종종 이런 얘기를 한다. 기존 사업은 여객선 운항이고 인터넷 사업은 요트 경기이다. 등대도 항로도 없다. 조금만 비켜가면 칠흑 같은 어두움만이 있을 뿐이다.

도착지 하나만 정해 놓고 누가 빨리 가는가를 정하는 요트 경기에서 등대와 항로가 없으므로 여객선과는 달리 선장의 유고는 난파를 의미한다. 매 순간 결정해야 하고, 최대한 위·아래의 역할을 빼앗아 짐을 덜어줌으로써 속도를 내야 한다.

이 상황을 무어라 말해야 하나? 그렇다. 지옥에 이르는 급행 열차이다. 왜 이런 얘기를 이렇듯 늘어지게 할까? 더구나 도입부에서 느닷없이 〈샐러리맨 연구〉를 들고 나오고 제목은 '가상 세계와 현실 세계의 접목' 이라 해놓고 말이다.

그 이유는 이러하다. 지옥이란 말에 공감해 달라는 것이다. 5년을 고민해도 칠흑같이 어두운 밤이란 것을 이해해 달라는 뜻이다.

야후는 나스닥 상장 후 3년 반만에 105조 원의 기업 가치로 우뚝 섰다. 남보다 한발 앞섬으로써 상상할 수 없는 돈방석에 앉은 것이다. 이것이 콜롬버스의 신대륙이 아니고 무엇이겠는가.

그러나 앞으로도 그러할까? 만일 그렇다면 언제까지 그러할까? 야후를 따라가면 그만큼은 안 돼도 조금이라도 발 디딜 땅이 있는 것은 아닐까? 콜롬버스의 신대륙은 우리에게 배를 댈 땅을 내놓을까?

3. 패러다임의 변화

어차피 디지털 시대는 모든 것을 변화시키고 있다. 경제학의 전가의 보도인 '수확 체감의 법칙' 조차 '수확 체증의 법칙'으로 바꿔 놓았다.

20 ~ 30대가 벤처를 통해 부유해지는 한편 50 ~ 60대는 가난해지는 세상으로 변해간다. 참 재미없는 세상이다.

왜 그럴까? 그렇다. 완벽한 패러다임의 변화이다. 이 자리에서 어떤 어떠한 패러다임의 변화가 있는지 일일이 논할 필요는 없다. 어차피 필자가 얘기하고 싶은 것은 이 칠흑같이 어두운 인터넷 세계에서 그나마 찾은 등대이기 때문이다.

4. 등대의 단서

여기까지 읽은 독자들이 쏟은 시간을 아까워할까 봐 약간의 단서를 제공하려 한다.

20 ~ 30대의 가상 세계와 40 ~ 50대의 현실 세계 지식이 아우러지는 곳에 해답이 있을 것이다. 어렵게 합성 용어인 인포미디어리 (Infomediary)를 떠올리지 않더라도 가상 세계를 현실 세계에 접목하면 정보도 더욱 가치 있어지고, 동호회 같은 커뮤니티도 활성화될 뿐만 아니라 인터넷에서 가장 어려운 커머스가 해결될 것이다.

어차피 모든 현실 세계는 가상 현실 기법이 완성되면 모두 가상 세계에 수용될 것이다. 가상 세계를 만드는 것은 너무 쉽다.

그러나 가장 어려운 것은 가상 세계에서 무엇으로 돈을 벌어 가상 세계를 풍족하게 재구성할 것인가이다.

이 정도에서 다음으로 넘어가자.

5. 등대의 불꽃

가상 세계란 과연 그 정체가 무엇일까?

아날로그인 현실 세계를 디지털로 바꾸어 만든 것일 뿐이다. 이러한 프리즘을 통해 어디까지 가상 세계가 구현될 것인가를 생각해 보면, 정답은 '모두'이고 거기에 더해 '꿈'과 '에덴의 동산'이 구현될 것이다.

그 한계는 무엇일까? 가상 현실이라 불리는 가상 현실 기법과 우리의 창의력 정도일 것이다. 결국 가상 현실이란 가까운 미래에 거의 대부분 현실 세계로 구현된다는 뜻이다. 가상 현실이라는 테크놀로지가 더욱 발전하면 인간의 오감을 네트워크로 구현할 수 있을 것이고, 머리 좋은 디지털 세대의 후배들이 자신의 능력을 최대한 발휘하면 얼마 안 가서 가능해질 것이다.

이쯤에서 어려운 장인 '3 Dimensional Walk Thru System'을 짚어 보자.

3 Dimensional Walk Thru System이 구현되면 가상 백화점에 들러 점원의 향수 냄새를 맡고, 상품을 만져보고 고급 백화점이 갖는 그 특유의 품격을 즐기면서 쇼핑을 할 수 있을 것이다.

2년 전에 IAAPA가 매년 개최하는 무역관람회에 가서 센서를 얼굴에

붙이고 여러 가지 표정을 지어 보았다.

실제도 단말기 화면에는 내가 웃는 대로 각진 형태의 얼굴이(물론 나를 닮지는 않았지만) 같이 웃고, 찡그리는 대로 찡그리곤 했다. 얼굴에 붙인 센서를 통해 움직임을 파악해 데이터로 바꾸어 이를 다시 구현함으로써 아주 초보 단계의 '인간 표정의 바뀜을 데이터로 전환해 전달'하는 시도였다.

이러한 기술들은 엄청난 속도로 발달하고 있고, 또한 진보 속도는 우리가 상상하는 세계 이상의 것을 우리 앞에 보여 줄 것이다.

어차피 이 얘기를 초점 삼아 하자는 것은 아니다. 단지 이 부분에서 눈여겨 볼 점은 가상 현실이라 일컫는 이러한 작업이 우리를 더욱 지옥 속에 밀어 넣을 것이라는 점이다.

현실 세계가 대부분 가상 세계로 수용되어, 현재의 텍스트 위주의 컨텐츠들이 영상과 감각 위주로 커진다면, 우리 경영인들이 겪는 혼란은 더욱 커질 것이 분명하다. 왜냐하면 지금도 미로인데 그 미로가 몇 배로 커질 것이므로······.

이쯤에서 등대의 불꽃이란 제목에 맞는 얘기를 해보자.

과연 등대의 불꽃이란 무엇일까?

첫째, 가상 세계를 현실 세계의 패러다임으로 보지 말고 더 큰 세계로 보아야 한다.

둘째, 가상 세계에서 가장 중요한 것은 동호회 같은 형태의 커뮤니티이다.

셋째, 커머스는 상품보다 서비스에 중점을 두어야 한다.

몇 가지가 더 있으나 모든 게 세 가지를 넘기면 기억하지 못한다는 격언을 받아들여 이 정도에서 접는다.

6. 내로밴드와 브로드밴드

텍스트 위주인가 영상이나 감각 위주인가를 결정짓는 가장 큰 사건은 네트워크의 속도이다. 일반적으로 1.5 ~ 2Mbps가 되어야만 동영상의 쌍방향 통신이 가능하다.

현재 전화선이 9.6Kbps이고 직장에 설치된 랜의 사용자 속도(End User Speed)가 100Kbps이니 만일 직장에서 사용해야 한다면 랜의 용량이 15 ~ 20배로 커져야 가능하다. 사용자들이 모두 그만한 속도를 내려면 엄청난 투자비가 드니까 제법 시간이 걸릴 것이다.

이쯤에서 달걀과 닭의 딜레마 얘기로 넘어가자.

엄청난 투자비가 드는 초고속 통신망을 깔려면 그 통신망에 실을 컨텐츠가 있어야 한다. 시속 300킬로미터를 넘게 달릴 수 있는 고속도로를 깔려면 그 고속도로를 달릴 수 있는 자동차가 있어야 한다는 것과 같은 이치다. 초고속 통신망은 고속도로이고, 컨텐츠는 자동차이니까…….

이때의 컨텐츠는 텍스트가 아니라 쌍방향으로 주고받을 동영상이다. 문제는 고속도로를 설치하려는 사업자는 자동차부터 만들어 달라하고 자동차 회사는 고속도로부터 설치해 달라고 하는 데 있다.

결국 달걀이 먼저인가 닭이 먼저인가 하는 식의 풀리지 않는 숨바꼭질이 되고 만다.

다만 여기서 짚고 넘어갈 점은 몇 단계로 나누어, 지역별 커뮤니티 타운을 만들어 그곳에서 사용자의 요구를 파악한 후 브로드밴드 컨텐츠 패키지가 완성되면 사용자가 스스로 이를 집에서 사용하기를 원할 테고, 그러면서 자연스럽게 달걀과 닭의 딜레마가 해소될 수 있을 것이다.

어쨌거나 현재 상황으로 보면 1996년에 시작했던 초고속 통신망이 구현되는 시점이 훨씬 앞당겨지고 있다.

DSL로 표현되는 ADSL, HDSL 등의 두루넷으로 이름 붙여진 케이블 모뎀, 걸어가면서는 안 되지만 세워 놓으면(정지시켜 놓으면) 2Mbps까지 속도가 나오는 IMT-2000 등 이러한 것들이 일단은 세이브로드밴드 네트워크이다. 물론 1.5 ~ 2Mbps의 사용자 최고 속도는 이것으로 불가능하다.

그런데도 이런 방식의 네트워크 수요가 폭증하는 이유는 무엇일까? 소비자들의 속도에 대한 갈증의 궁극적인 원인은 텍스트가 주는 답답함, 영상이 주는 시원함, 이에 따른 영상에의 갈증, 이를 구현시켜 줄 속도에 대한 목마름이기 때문이다.

이쯤에서 한번 쉬면서 브로드밴드 네트워크가 구현되어, 누구나 동영상을 쌍방향으로 통신하는 환경에 있다고 가정하고 나타날 현상을 생각해 보자.

부산에 있는 아버지와 로스앤젤레스에 있는 딸이 같은 시각에 레스토랑에 들러 테이블 끝에 크게 설치된 스크린을 통해 얼굴을 보고 대화하며 식사할 수 있을 것이다. 테이블 가운데 놓인 꽃 속에 숨겨진 비디오 카메라가 아버지와 딸의 영상과 음성을 초고속망을 통해 실시간으로 전달할 것이다.

무슨 얘기인가? 공간의 제약을 뛰어넘는다는 얘기이다.

7. 정보 통신과 어울려 성장할 수밖에 없는 산업

이러한 세상은 그리 오래 걸리지 않는다. 이러한 세상이 오면, 우리는 어쩌면 사무실로 출근하지 않고, 대부분의 일상 생활을 집에서 컴퓨터 앞에 앉아 인터넷을 통해 하게 될 것이다.

사람들은 인터넷 쇼핑을 현실 세계의 백화점과 같은 분위기에서 하게 될 것이고, 지능형 솔루션 소프트웨어가 많은 직원들이 뽑아다 정리해 주는 것처럼 '검색 단어'만 입력하면 서슴없이 뽑아다 요약을 해 줄 것이다.

더구나 자신이 뽑아다 준 문서에 엑스(×)표를 하면 그 지능형 솔루션 소프트웨어는 스스로 학습해 두 번 다시 그런 류의 문서를 뽑지 않을 것이다.

이러한 새로운 형태는 웹과 관련되는 수없이 많은 새로운 직종을 양산할 것이고 사람들의 소득은 증가할 것이다.

그 뒤에는 무엇이 남을까? 아마 시간과 외로움일 것이다. 사람들은 하루 종일 컴퓨터와 씨름하고 저녁이 되면 외로움을 줄이기 위해 지역 커뮤니티 타운에 나가게 될 것이다. 그리고 툭하면 여행을 떠나게 될 것이다.

또한 인터넷 쇼핑은 필연적으로 택배가 따라야 한다. 따라서 정보 통신의 발달은 결국 물류와 문화 레저를 발달시킬 것이다. 베드 타운은 이제 주요 사무실 위치와의 교통 시간에 좌우되는 것이 아니라 얼마나 쾌적하고 지역 커뮤니티가 좋은가에 좌우될 것이다.

현재 나타나고 있는 지역 발달의 불균형은 이렇게 그 폭을 줄여나갈 것이다. 생각만 해도 신나는 세상이 아닌가? 그러나 누가 신이 나면 누군가는 힘들어지는 것이 세상사의 이치이다.

누가 힘들어질까? 바로 이러한 세계를 완성시켜야 하는 경영자들이다. 그들은 한발 앞서 내다보아야 하고 이를 구현해내야 한다. 그러기에 목적지는 더욱 멀어지고 요트 경기는 더욱 치열해진다. 또한 그나마 있던 등대는 더욱 가물가물해지고, 항로는 더욱 껌껌해질 것이다.

그나마 한 가지 위안이 되는 것은 빛을 보는 것이 기술력이 아니라 창의력이라는 점이다. 우리 민족의 근면성·악착스러움·끈기·홀로서기를 생각해 보면 이러한 것이 우리에게 얼마나 큰 기회를 제공하는지 이해할 수 있을 것이다.

환경이 우리를 그렇게 만드는 촉매 역할을 할 것이다. 이러한 시대에 우리는 무엇을 준비해야 할까? 우리는 어떤 마음으로 무장해야 할까?

8. 인포미디어리 (Infomediary)

인터넷에서 솔루션을 파는 업체는 그나마 행복하다. 지난 3월에 문을 연 'Iwingz'라는 회사는 지능형 추천 솔루션을 제공한다. 인터넷 사이트를 열심히 만드니까 솔루션은 잘 팔릴 것이다. 인터넷 광고 회사도 좋다. 인터넷에 정말 어울리는 사이버 거래·역 경매·경매 또한 좋다.

그러나 문제는 이러한 아이템이 얼마나 되는가이다. B2C는 터프하다. 왜인가? B2B는 가상 세계든 현실 세계든 배달해야 하니까 수익 모델이 있지만, B2C는 가상 세계의 필수적 택배 탓에 박한 마진에 울 수밖에 없다.

겨우 컴퓨터 · 책 · CD 정도가 잘 팔리고 그나마 마진도 박하다. 그럴 수밖에! 인터넷이 그저 들러 상품을 사는 곳인가?

인터넷은 네트워크고 네트워크 간의 커뮤니케이션이 주인데, 그 장점말고 그저 상품이나 팔려 하니 힘만 들 뿐 수익이 되지 않는 것이다.

현실 상점이 주는 그 많은 수익 없이 어떻게 대항하려 하는가?

인포미디어리란 무엇인가? Information과 Intermediary의 합성어이다. 정보를 가지고 수요자와 공급자를 연결시켜 주고 수수료를 받는 것이다. 이 어두운 항해에서 그나마 실마리는 인포미디어리에 있다.

그리고 여행 · 지역 정보 · 생활 정보 · 교육 · 건강 · 음악 · 레포츠 · 게임 · 쇼핑 등 우리 생활과 밀접하게 연결되는 영역마다 인포미디어리의 가능성은 있다.

9. 가상 세계를 더욱 편하게 해주는 Key Factor

B2C든 B2B든 C2C든 결국은 네트워크가 가장 중요하다. 우리는 이를 커뮤니티라 부른다. 이 커뮤니티는 가상 세계를 결속력 있게 만드는 가장 중요한 출발점이다. 커뮤니티를 만들기 위해 컨텐츠가 필요하고, 커뮤니티가 이루어져야 커머스가 가능해진다.

이를 보다 쉽게 하기 위한 솔루션으로 추천 엔진, 결혼 일정 관리 마법사, 인스턴트 메신저 등이 제공된다.

추천 엔진이란 몇 개의 기초 정보로 음악적 취향이 같은 사람을 찾아주고, 내가 좋아하는 음반이나 상품 등을 사이트가 스스로 추천해 주는 소프트웨어이다.

결혼을 앞둔 신부가 90일 전에 등록하면 결혼 일정 관리 마법사는 매일 일정별로 해야 할 일을 알려주고, 신부 화장부터 부케까지 저렴하고 좋은 품질로 서비스받을 숍을 소개해 준다.

인스턴트 메신저는 휴대폰과 컴퓨터의 쌍방향 대화가 가능하며 휴대폰에서 컴퓨터로 메신저를 줄 수도 있다.

여행 사이트는 실시간으로 항공·콘도·호텔·렌터카를 조회하고 예약할 수 있도록 해주는데, 여권이나 비자의 만료 기한을 안내하는 이메일 서비스가 제공된다. 또한 여행을 주제로 하는 개인 홈페이지를 소개하고 링크 서비스가 부여된다.

왜 이런 서비스를 이렇게 힘들게 구현할까?

그렇다. 가상 세계의 열쇠는 커뮤니티이고 고객은 신이기 때문이다.

10. 커뮤니티를 만들기 위해 준비해야 할 컨텐츠

컨텐츠는 역동적이어야 그 가치가 있다. 웹진(Web+Magazine) 형태의 표현이 하나의 솔루션이다.

이토록 많은 동적인 컨텐츠를 어떻게 모두 만들까? 직접 만들겠다는 것은 자살 행위이다. 컨텐츠의 전체 틀을 기획하고 이를 보유한 주체와 연대해 수익을 배당하는 형태의 모델을 추천한다.

여행 사이트를 예로 들면 상당수의 여행지 DB와 최신 여행 정보 웹진이 있어야 한다. 유레일 패스 이용 정보와 5일간의 세계 날씨, 환율·시차 안내, 비즈니스, Woman, 배낭, Family, 허니문 등 여행 목적별 전문 포럼 또한 운영되어야 할 것이다.

생활 사이트로 간다면 부동산 시세·상권·세무 회계 정보·운세 동양 철학이 제공되고 이를 현실 세계에서 구현할 공인중개사망, 창업 컨설팅 회사 등과 연대되어야 할 것이다.

연예인의 동정을 실시간으로 알려주는 연예 정보는 약간의 감칠맛이라 할 수 있다.

음악 사이트는 인터넷 노래방과 신인 등용문, 건강 사이트는 유산균·비타민·성·다이어트·스트레스·피임·수지침 등의 컨텐츠와 약사·당뇨·건강한 치아의 전문가 컨텐츠를 보유한다.

약사만을 위한 커뮤니티 사이트도 필요하고, 약사 장터·원격 교육 센터·약사 마을·약사 단체의 CUG(Closed User Group)를 제공한다.

이것으로 충분한가? 아니다. 안경·아파트 청약·사이버 납골당 등 만들어야 할 컨텐츠는 무수히 많다.

다만 인포미디어리로 엮을 현실 세계의 주체가 문제일 뿐이다. 이제 인터넷은 그간의 회원 모집 열풍을 어느 정도 마치고, 고객에게 실제 가치를 창출해 주는 새로운 양상으로 전개될 것이다.

많은 ID를 보유한 고객들은 수시로 자신에게 가장 큰 가치를 주는 사이트를 들락거릴 것이다.

이미 AOL은 회원이 얼마라는 자랑은 접고, 회원이 하루 평균 55분 머무른다고 자랑하고 있다.

회원을 오래 머무르게 할 '거리'가 무엇인가? 그것을 깊게 생각함으로써, 우리 민족성에 맞는 이 시대에 자랑스러운 '거리'들을 만들어 후손에게 물려주는 것이 이 시대를 사는 우리들의 시대적 사명이다.

제5장

필자와 함께 떠나는 인터넷 배낭 여행

이 장은 인터넷 사용에 익숙하지 않은 분들과 함께 필자가 인터넷 배낭 여행을 떠나기 위해 만든 장이다. 어떤 사이트든 하나를 택해 여행을 해야 하기에 여기서는 필자에게 가장 익숙한 OK캐쉬백을 택한다.

지금까지 기술한 요소들이 충분치는 않으나 나름대로 반영된 사이트이고 생활과 관련된 테마별 컨텐츠가 충분하기에 이 사이트를 필자와 함께 서핑(배낭 여행)하면 큰 도움이 될 것으로 믿기 때문이다.

인터넷을 한 번도 사용해 보지 않은 분들도 아는 사람에게 이 사이트를 열어 달라고 가볍게 부탁한 뒤 여행을 떠나면 될 것이다.

인터넷을 사용해 보신 분들은 필자의 서핑이 마음에 안 들지라도 반면 교사(잘못하는 것을 보고 같은 실수를 안 하면서 배우는 것)로 너그럽게 활용하시길 바란다.

e-비즈니스를 하시려는 분들은 서핑 과정마다 무엇으로 이 책에서 기술한 커머스를 이루어냈는지 살펴보시기 바란다.

자, 그럼 부록 빼고는 이 장이 어차피 마지막이니까 우리 모두 즐거운 마음으로 여행을 떠나자. 독자 여러분 곁에 행운이 따르기를 진심으로 빈다.

1. Power를 누르면 하루는 또 시작되고······
– 인터넷 마니아 정만원의 하루

나의 하루는 밤새 도착해 있는 메일을 여는 것으로 시작된다. 대부분이 지난 밤 올린 보고 자료와 사이트와 관련된 분석 자료들이다. 요즘은 회의 석상에서 바로 보고를 하는 일은 거의 없다.

그렇게 되면 시간도 많이 걸릴 뿐더러 단순히 보고에서 그칠 수 있기 때문에 중요한 사안의 경우 사전에 이메일로 각자 충분히 검토한 후에 회의 석상에서는 한 단계 발전된 대안을 논의하게 된다.

그런 후엔 MyOK에 들어가 날씨 · 뉴스 · 증시 정보 등을 확인한다. 뉴스 속보도 정치 · 사회 · 경제 · 정보 통신 등 자신이 원하는 주제별로 편집해서 골라보고, 증권도 내가 투자한 관심 종목만 골라 별도의 포트폴리오를 구성해서 볼 수 있다.

요즘은 MyOK, MyYahoo, MyNaver처럼 My가 붙는 맞춤 서비스가 강화되는 추세이다. 날마다 무지막지하게 쏟아지는 정보에 시달리는 네티즌에게 적정량의 알짜 정보만 걸러 주는 것이 요구되는 시대가 된 것이다.

이 밖에도 인터넷으로 할 수 있는 일은 정말 무궁무진하다. 객자에 나가지 않고 '사자, 팔자' 증권 주문을 내고, 객장에서보다 훨씬 싼 거래 수수료를 치른다.

주말에 모처럼 온 식구가 함께 볼 연극표 예약을 하고, 은행 사이트에 접속해서 자유롭게 계좌 이체까지 간편하게 끝마치면 된다.

처음 방문하는 곳의 지도를 확인하고, 덩치 큰 컴퓨터가 없어도 PDA 등 무선단말기를 통해 이메일을 체크하고, 뉴스 증권 속보들을 얻기도 한다.

깜빡 잊고 넘어가기 쉬운 비자 갱신 기간, 부모님 생신, 아이들이나 아내의 생일, 각종 기념일 등을 이메일로 통보해 주는, 비서보다 더 똑똑한 사이트들이 많이 있다.

이런 네트워크의 연결은 이제 국경도 가리지 않는다, 미국의 아마존이나 바이닷컴(buy.com)에 연결해 인터넷 관련 신간들과 CD음반을 구입하고, 온라인 전화를 통해 미국지사나 거래선들과 무료 통화를 하기도 한다.

인터넷은 이렇듯 시간과 공간의 제약으로부터 우리의 생활을 훨씬 자유롭게 만들었다. 이제 돈을 찾기 위해 은행에 들르고, 책·옷가지·음반·생필품 등 물건을 사기 위해 서점이나 백화점 또는 길 위에서 시간을 허비하고, 편지를 붙이기 위해 우체국을 가지 않아도 된다.

텔레비전용·오디오용·비디오용 리모컨들이 거실을 뒹구는 풍경도 곧 낯선 풍경이 되지 않을까 하는 생각해 본다. 국내에만 3,000개의 인터넷 방송들이 속속 늘어가고 있기 때문이다.

인터넷은 특별한 사람들의 이야기가 아닌 전화를 걸고, 텔레비전을 보고 슈퍼마켓에 들르는 것만큼 자연스러운 일상인 것이다.

2. 클릭, 인터넷 생활 속으로!

1) It's Web Life!

쇼핑을 하러 백화점에 갈 필요가 없습니다.
여행을 떠날 때도 여행사를 찾아다니지 않습니다.
몸이 아플 땐 병원, 약국보다 먼저 들러야 하는 곳이 생겼습니다.
온 가족이 모인 그 자리가 극장이 되고 노래방이 됩니다.
아이들은 게임을 하러 오락실에 갈 필요가 없고,

가기 싫은 학원에 굳이 가지 않아도 됩니다.
창업 · 이사 · 대출 · 결혼 등 인생에서 한 번쯤 겪게 되는
막막하고 어려운 일들이 의외로 간단하게 해결됩니다.
어디로 가야 할지 방향을 잃었을 때
목적지와 가는 길을 비춰주는 밝은 빛을 얻게 됩니다.
맘이 맞는 친구들을 사귀고, 연인이 되고, 그리운 가족을 만납니다.

It's Web Life.

언젠가 책상 앞에 끄적여 놓은 글이다. 더 이상 네티즌들은 물건 하나
를 싸게 사기 위해 컴퓨터 앞에 앉는 것이 아니다. 필자는 팀원들과 종
종 출산 포털부터 장례 포털까지 다하겠다고 우스갯소리를 하곤 한다.

요람에서 무덤까지 사람들을 위한 모든 서비스를 제공하는 진정한
생활 속의 인터넷을 구축하고 싶은 바람이며, 네티즌의 한 사람으로서
그런 서비스를 기다려 오기도 했다.

OK캐쉬백은 쇼핑 · 여행 · 부동산/생활 · 지역 정보 · 뮤직 · 교육 ·
게임 · 레포츠 · 건강 · 금융 등 10개 주제별 전문 정보를 제공하는 생
활 정보 전문 허브 사이트다. 그리고 15만 페이지 분량의 방대한 컨텐
츠의 집합체이다. 하지만 정보의 홍수 속에 시달려온 네티즌들에게 무
책임하게 URL만 던져 주는 서비스는 아니다. 비유하자면 잡동사니를
마구잡이로 쌓아놓은 창고가 아니라, 필요한 자료들을 일목 요연하게
차려 놓은 도서관인 셈이다.

미래 서비스의 핵심이 될 맞춤 서비스도 눈여겨볼 만한 서비스이다.
1 대 1 맞춤 서비스 '추천 마법사'는 이 사이트 고객의 연령 · 성별 ·

구매 행동 등 고객 성향 분석을 통해 적합한 상품과 서비스를 추천하는 아마존, Cdnow 등 유명 사이트에서 제공되는 첨단 서비스로 국내에는 최초로 도입되었다.

기존 OK캐쉬백 서비스와 연계해 오프라인 가맹점에서 누적된 포인트를 온라인 상에서 현금처럼 사용하고, 온라인 상에서 물품 구매 등을 통해 사이버 상에서 적립된 포인트도 T.G.I.F, KFC 등 오프라인 가맹점에서 사용할 수 있다. 온라인 상에서는 포인트뿐 아니라 각종 정보를 얻고, 커뮤니티 · 동호회를 통해서 사람들을 만나게도 된다. 아래의 조직도처럼 온라인과 오프라인은 기민하게 연결된다.

그림 2   〈 온라인과 오프라인 서비스 연결도 〉

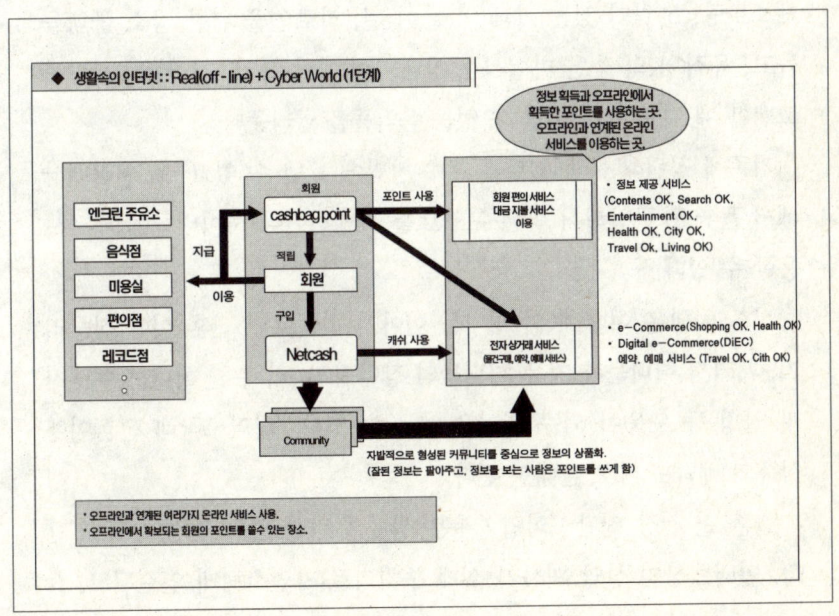

위의 설명이 '그래서 나와 무슨 상관이지?' 라고 생각하시는 분들을 위해 실제 사용하는 예를 들어보자.

실제로 결혼을 앞둔 여성이라면 쇼핑OK의 결혼 일정 관리 마법사에 먼저 등록을 하면 된다. 그러면 신혼집 마련, 인테리어, 이사, 예식장 예약, 신혼 여행 계획, 예단, 혼수, 건강 진단, 상견례, 드레스 가봉, 사진 촬영, 메이크업과 마사지 등 결혼 스케줄에 따라 챙겨야 할 사항을 꼼꼼히 알려준다.

집을 구하려면 시세 정보 · 부동산 정보에 들러 일차적인 정보를 얻은 다음에 제휴 부동산에 직접 방문하면 시간의 낭비를 줄일 수 있고 힘들게 발품을 팔 필요도 없다.

좀더 로맨틱한 정보도 있다. 시티OK는 사랑 고백에 적당한 최고의 레스토랑, 분위기 있는 카페, 나들이 길, 피로연을 위한 장소 물색을 돕고, 뮤직OK의 추천 마법사는 상대가 좋아할 음악, 첫 키스, 사랑을 고백할 때 이보다 더 좋을 수 없는 음악들을 골라준다.

기존에 적립해 둔 포인트를 혼수 장만에 보탤 수 있고, 또 인터넷상에서 물건을 구입해서 받은 포인트를 가맹점이나 사이버몰에서도 사용할 수 있다.

신혼 여행은 여행OK의 허니문 이야기에 들르면 신혼 여행 짐꾸리기, 패키지 허니문과 자유 허니문의 장단점 비교, 추천 허니문 여행지 및 일정 등 도움이 되는 조언을 얻을 수 있다. 해외 · 국내 신혼여행 상품의 예약도 바로 끝내면 된다.

결혼 전 건강 진단 · 피임 · 부부 생활에 관한 원격 건강 상담도 받고, 인터넷상의 상담 의사가 실제 주치의로 자연스럽게 연결되고, 쇼핑OK나 헬스OK몰에서 은밀한(?) 성인 용품도 살 수 있다.

결혼 전엔 이메일을 통해 친지들에게 청첩장을 보내고, 결혼식에 참석해 준 하객들을 위한 Thank You 카드 발송 담당도 역시 인터넷이다.

위의 이야기가 먼 나라 이야기처럼 들린다면, 인터넷이란 세 글자만 들어도 몸이 경직되고 마음 한구석이 무거워진다면, 망설이지 말고 당장 인터넷 생활을 시작하자. 이 세상에서 가장 쉬운 길이 독자 앞에 열릴 것이다.

2) 사이버 세상의 주민으로 새롭게 등록하자 — 회원 가입

시작이 반이라는 말이 있다. 회원 가입은 곧 당신의 주민등록번호와 출입증(패스워드)을 갖게 되는 것을 말한다. 물론 컨텐츠(정보) 서비스의 경우 굳이 회원 가입을 하지 않아도 사용할 수 있다.

하지만 이벤트 참여, 무료메일, 무료 홈페이지, 커뮤니티, 각종 맞춤 서비스 등 좀더 정교한 서비스는 회원만을 대상으로 운영하기 때문에 회원에 가입해야 한다.

회원에 가입할 때 유의할 사항은, 우선 아이디와 패스워드는 반드시 다르게 설정해야 한다. 아이디는 이름처럼 노출되는 정보로 패스워드와 동일하게 설정했을 경우 개인 정보의 노출 확률이 그만큼 높아지는 셈이다.

둘째로 정말 굉장히 귀찮은 일이지만, 이용 약관, 개인 정보 보호 정책 등은 읽어보는 게 좋다. 네티즌의 권익은 스스로 찾아야 하기 때문이다.

마지막 당부는 사이트 명과 아이디, 패스워드를 적은 노트를 하나

마련해 두라는 것이다. 인터넷을 이용하다 보면 무수히 많은 사이트 회원으로 가입하게 된다. 따라서 아이디나 패스워드를 잊는 경우도 생기고 심지어는 '이 사이트에 가입했었던가?' 하고 자문하는 경우도 생기게 된다. 사이트에 찾아가 아이디, 패스워드를 일일이 확인하는 것보다 편리하고 시간도 절약된다.

· 회원 가입 : 본인이 잘 표현되는 아이디를 정하고 개인의 기본 정보만 입력하면 누구나 회원 가입이 가능하다.

· 회원 정보 변경 : 비밀 번호 · 주소 · 전화 번호 등의 정보는 수시로 변경할 수 있다.

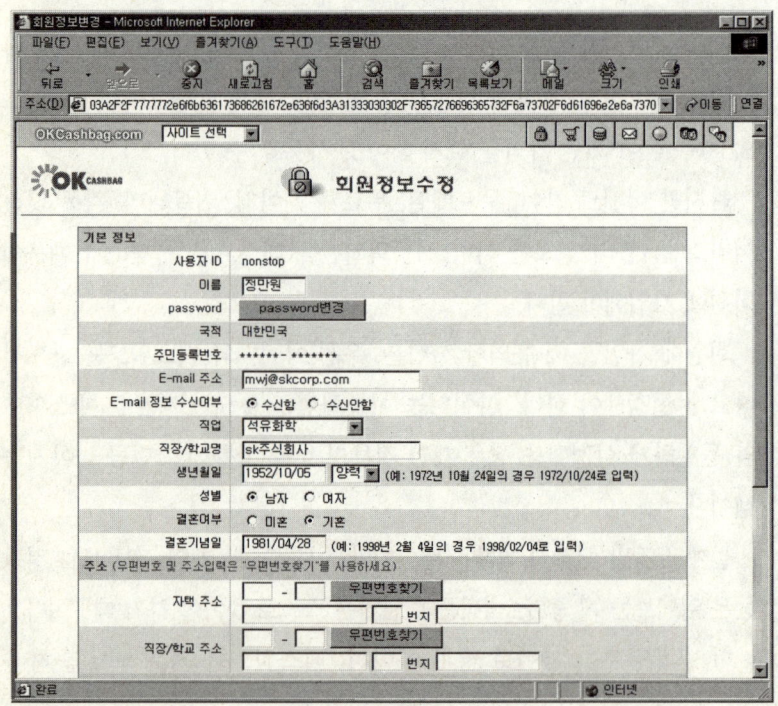

3) 인터넷 세상 사람들의 공통 분모 이메일 - 웹메일 사용하기

이메일은 이미 명함이나 입사 지원서류 등에 거의 필수 항목으로 들어갈 만큼 컴퓨터 네트워크의 필수 기능으로 자리잡았다.

상대방의 주소만 알면 인터넷을 쓰는 전 세계 사람들에게 가장 신속하게 또 무료로 편지와 자료를 보낼 수 있다. 보내는 시간에 구애받지 않고 확실하게 메시지를 전달할 수 있는 장점도 있으며, 문서 파일·그림 파일 등 다양한 형태의 파일을 덧붙여 보낼 수도 있다.

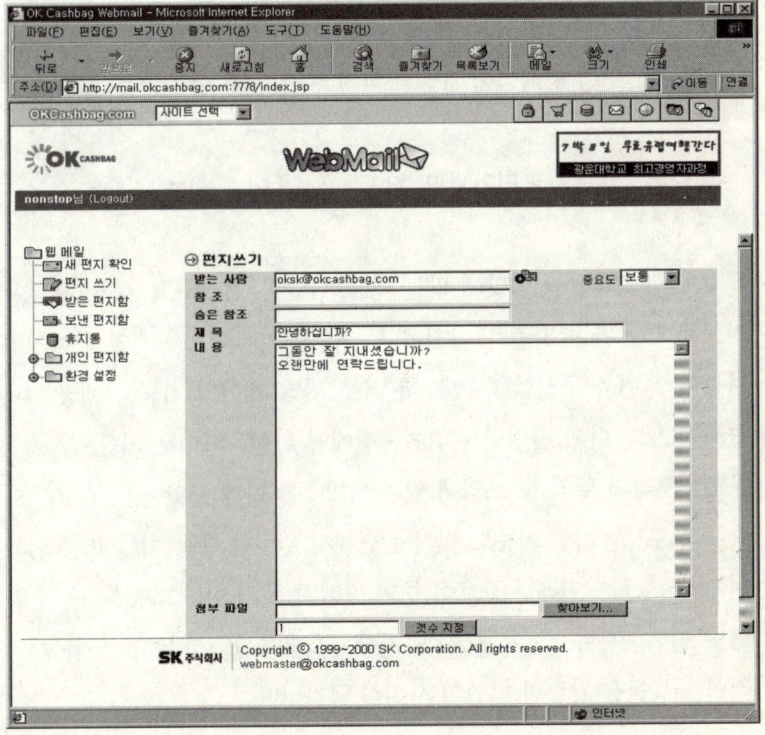

· 편지 쓰기 : 왼쪽의 '편지 쓰기'를 클릭하면 오른쪽에 '편지 쓰기' 창이 뜬다. 그러면 '받는 사람' 란에 연락할 사람의 이메일 주소를 쓰고, 제목과 내용을 쓴 후 '발송'을 클릭하면 편지를 보낼 수 있다.

· 받은 편지함 : 다른 사람들에게서 받은 편지가 들어 있으며 클릭하면 내용을 볼 수 있다.

· 보낸 편지함 : 다른 사람에게 보낸 편지가 저장되어 있다.

· 휴지통 : 편지를 '휴지통'으로 이동시킨 후 '휴지통 비우기'를 하면 그 편지가 삭제된다.

· 개인 편지함 : 특별히 분류할 필요가 있는 편지들은 따로 모아 놓을 수 있다.

· 환경 설정 : 웹메일에 관련된 환경을 설정 및 변경할 수 있다.

4) 모든 정보를 내 입맛에 맞춘다 - 나의 맞춤 정보 MyOK

MyOK는 자신의 입맛에 맞는 정보만 골라 편집하고, 매일 새로운 정보를 공급받는 맞춤 페이지이다. 취향에 따라 여러 개의 페이지로 나누어 화면을 구성할 수 있도록 하는 멀티 페이지 기능을 제공하며, 뉴스 속보와 단위 사업별 컨텐츠 · 웹메일 확인 · 바이오 리듬 · 날씨 · 운세 · 오늘의 토익 등 쓰임새 있는 서비스를 한데 모았다.

나의 포트폴리오 기능도 있어 증권에서 원하는 종목(최대 10종목)의 현재가 · 등락 · 거래량을 보여 주며 직접 종목 조회도 가능하다. 이 밖에도 앨범 · 북마크 · 차계부 · 일기장 · 스케줄 등 네티즌을 위한 개인적인 기능들을 강화한 나만의 사이버 공간이다.

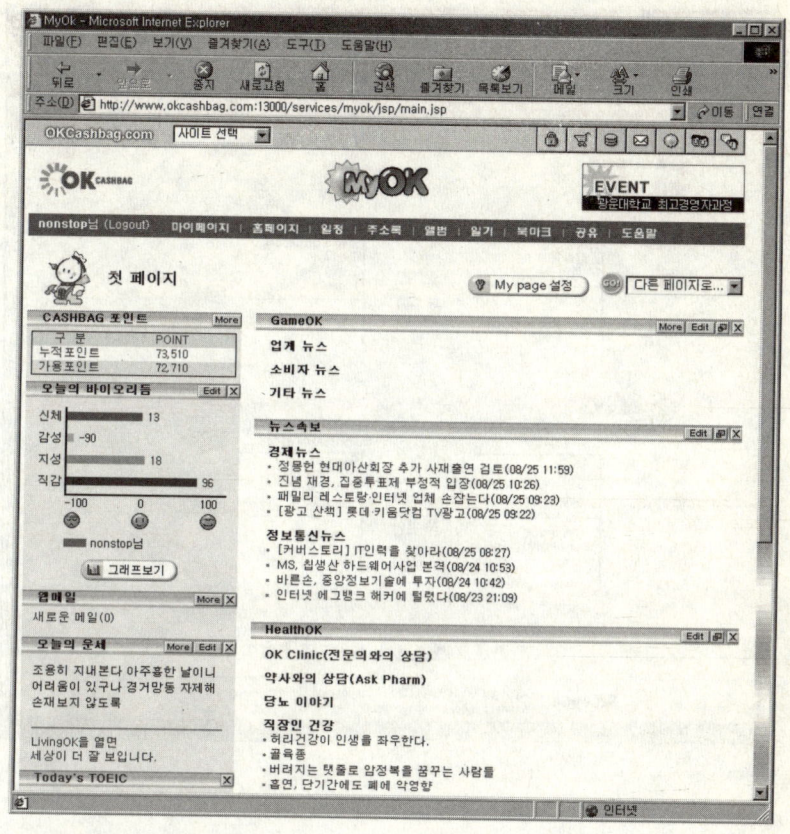

· MyOK 서비스 및 이용 안내 :

MyOK를 클릭하면 내가 원하는 컨텐츠들만 볼 수 있다.

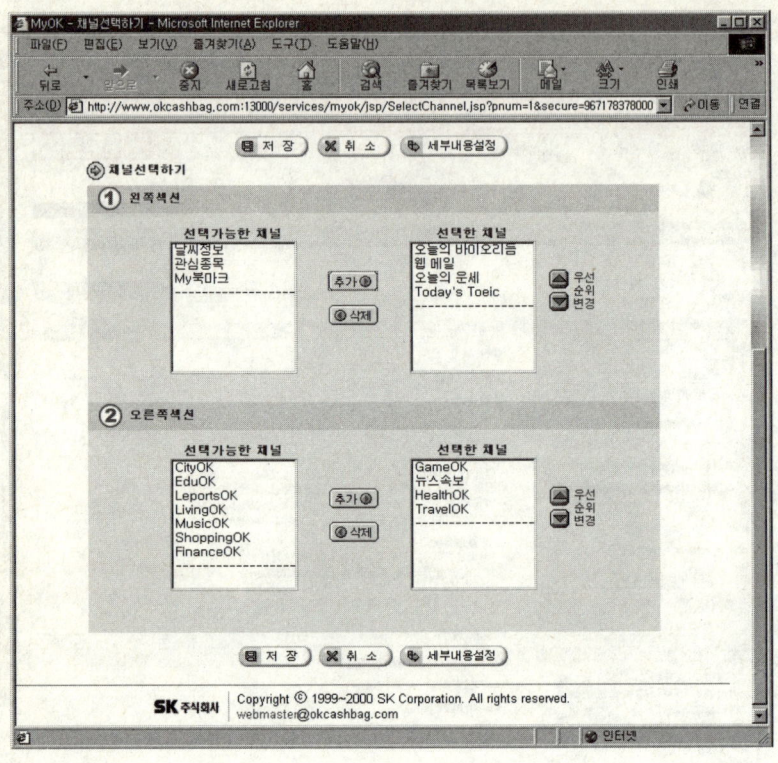

MyOK - 채널선택하기 - Microsoft Internet Explorer

파일(F) 편집(E) 보기(V) 즐겨찾기(A) 도구(T) 도움말(H)

뒤로   앞으로   중지   새로고침   홈   검색   즐겨찾기   목록보기   메일   크기   인쇄

주소(D) http://www.okcashbag.com:13000/services/myok/jsp/SelectChannel.jsp?pnum=1&secure=967178378000   이동 연결

저 장   취 소   세부내용설정

채널선택하기

① 왼쪽섹션

선택가능한 채널
날씨정보
관심종목
My북마크

추가 ⊕
삭제 ⊖

선택한 채널
오늘의 바이오리듬
웹 메일
오늘의 운세
Today's Toeic

우선
순위
변경

② 오른쪽섹션

선택가능한 채널
CityOK
EduOK
LeportsOK
LivingOK
MusicOK
ShoppingOK
FinanceOK

추가 ⊕
삭제 ⊖

선택한 채널
GameOK
뉴스속보
HealthOK
TravelOK

우선
순위
변경

저 장   취 소   세부내용설정

SK 주식회사   Copyright © 1999~2000 SK Corporation. All rights reserved.
webmaster@okcashbag.com

인터넷

· MyPage 설정 :

원하는 단위 컨텐츠를 선택할 수 있으며,

아래의 '세부 내용 설정'을 클릭하면 더 자세하게 선택할 수 있다.

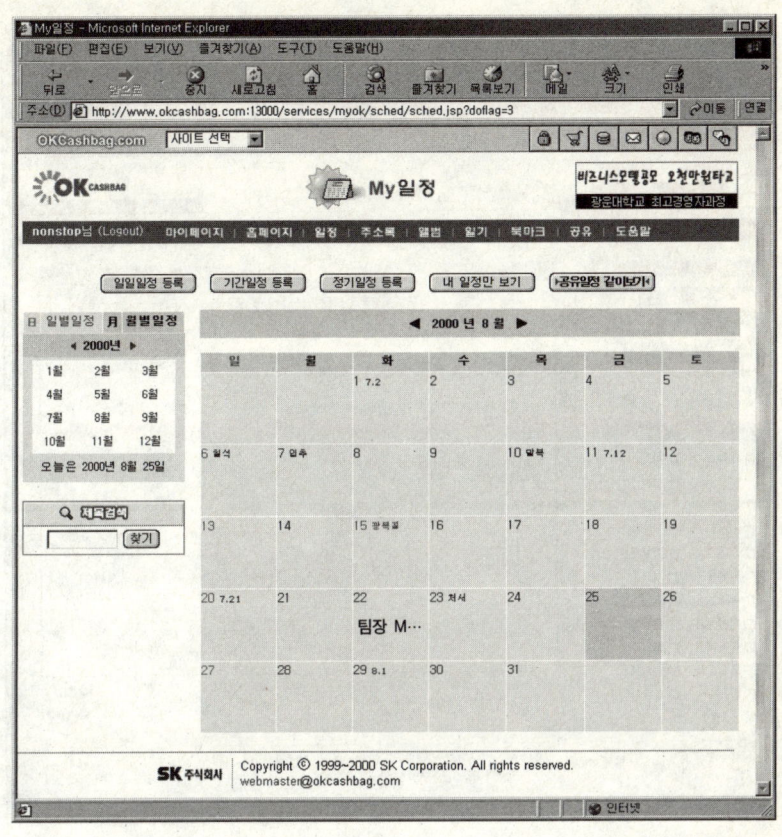

·My일정 :

일일 또는 주간별 일정을 등록해 놓을 수 있으며,

중요한 일정은 이메일로 연락받을 수가 있다.

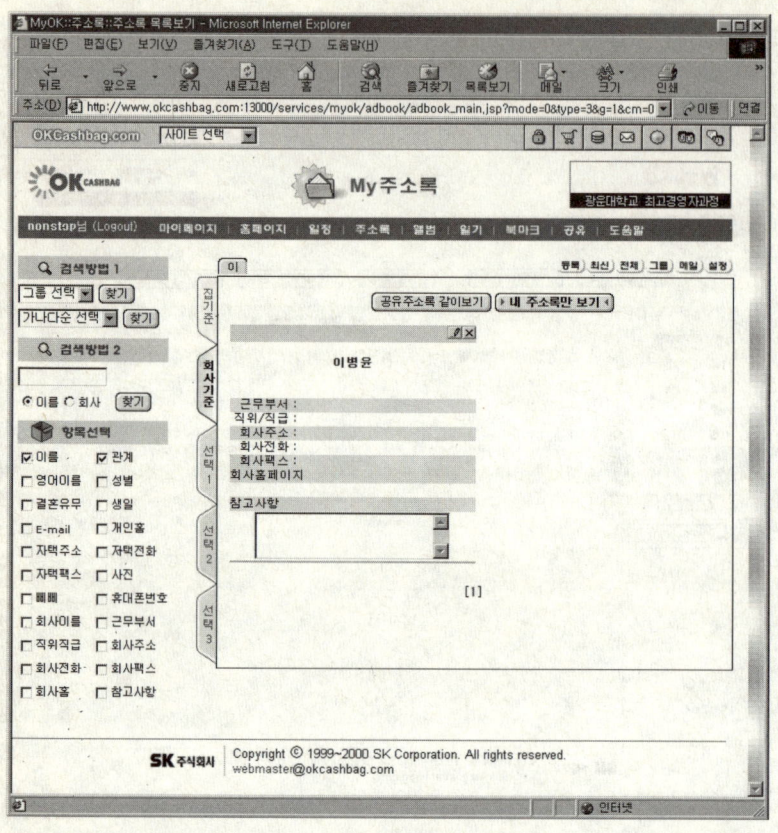

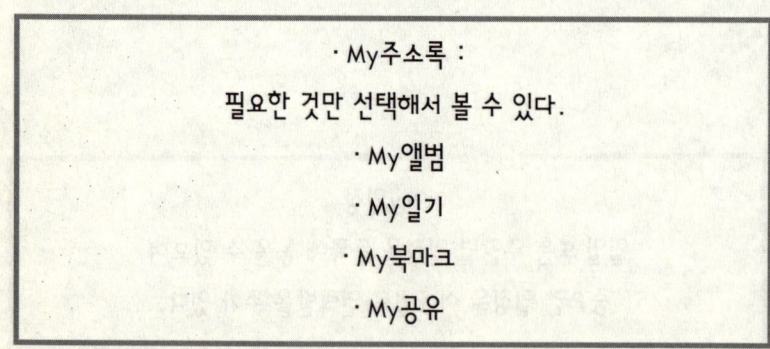

· My주소록 :

필요한 것만 선택해서 볼 수 있다.

· My앨범

· My일기

· My북마크

· My공유

5) 번듯한 나의 집, 내 손으로 짓는다 ─ 홈페이지 만들기

현대 사회에서 나를 알리는 수단으로 가장 빠르고 손쉬운 방법은 무엇인가. 바로 홈페이지를 만드는 것이다. 홈페이지를 이용하면 사진과 글, 또 동영상과 음성으로 자신을 총체적으로 소개할 수 있다.

나무와 흙으로 구성된 것이 아니라 정보와 파일들로 구성된다는 점이 다를 뿐 홈페이지 역시 인터넷에 만드는 집이다. 물론 정보가 든 각종 파일들을 저장하기 위해서는 하드디스크와 같은 기억 장치가 필요하다.

홈페이지라는 것은 인터넷을 이용해 언제든지 연결할 수 있어야 하기 때문에, 인터넷에 연결된 컴퓨터 기억 장치의 일부 공간에 위치해야 하며, 그 공간을 가리켜 계정이라고 한다.

이 계정은 내 컴퓨터에 직접 만들기가 어려우므로, 별도의 계정을 제공해 주는 업체를 이용하는 것이 보통이다. OK캐쉬백은 무료 홈페이지 계정과 함께 손쉬운 홈페이지 저작 도구를 제공한다.

물론 사이트의 친절한 지시를 따르면 초보자들도 손쉽게 홈페이지를 만들 수 있다. 흡사 아파트와 같은 공간을 부여받은 뒤 자신이 인테리어만 하면 되는 것과 같은 이치이며, 처음부터 난이도가 높은 홈페이지 구축에 힘쓰다 보면 자칫 기술에 치여 웹에 흥미를 잃기 쉽다. 좀더 능숙해진 후에 자신이 설계한 자신만의 집(홈페이지)을 만들어도 늦지 않다.

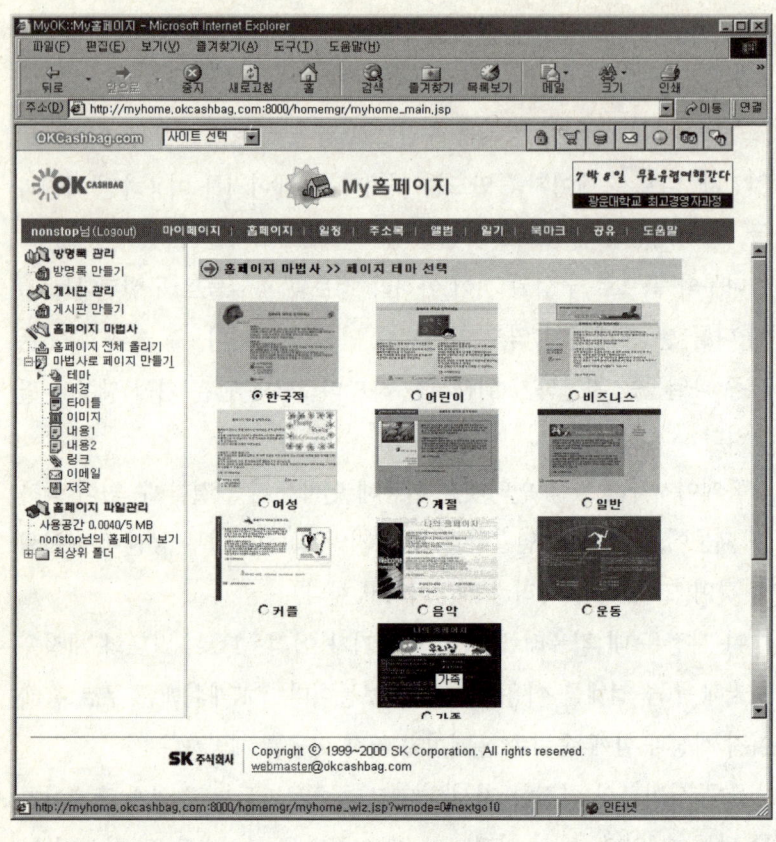

· 홈페이지 위저드 :
'마법사로 페이지 만들기'를 이용하면 쉽게
홈페이지를 만들수 있다.

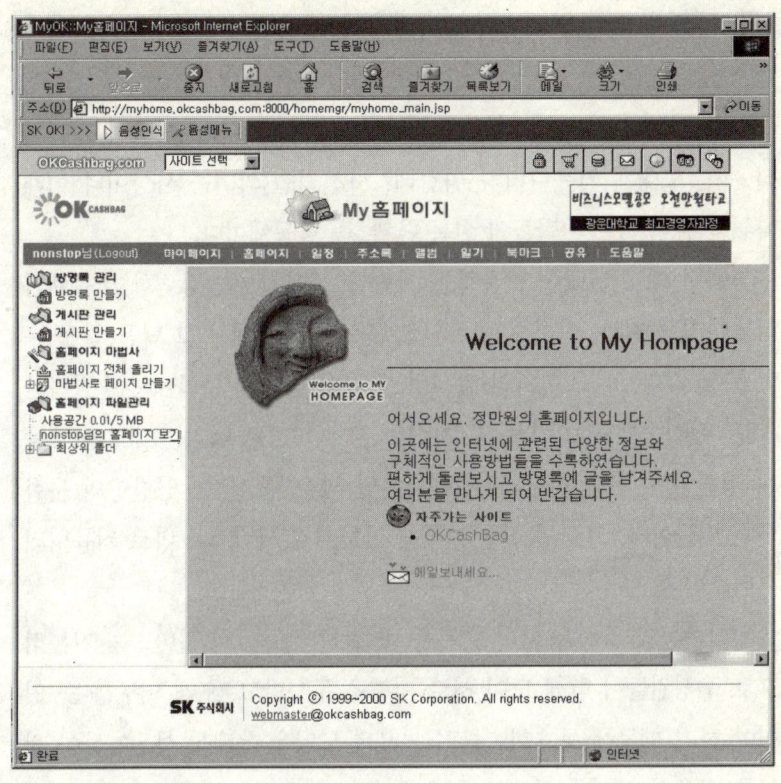

· 홈페이지 관리자

방명록 · 게시판 등 나의 홈페이지를 관리할 수 있다.

6) 참을 수 없는 인터넷의 즐거움 - 클럽 천하

약사 커뮤니티, 10대 커뮤니티, 왼손잡이 커뮤니티, 아줌마 커뮤니티……. 도대체 커뮤니티가 뭐길래? 사전적인 의미는 사상이나 이해 따위를 같이 하는 사람들의 친목 단체, 즉 공동체이다.

그러면 왜 인터넷을 사용하는 사람들 사이에서는 강력한 공동체가 만들어지는 걸까. 아마도 네트워크 문화의 특성에서 그 답을 찾을 수 있을 것 같다. 어느 학자의 말처럼, 공유와 나눔의 문화에서 출발하는 '네트 문화'는 정보의 나눔을 자신의 존재 의미로 여기는 새로운 공동체 정신이며, 상명 하달의 문화가 아닌 서로 주고받는 양방향의 문화이기 때문이다. 그런 측면을 고려해 만들어진 서비스가 바로 커뮤니티 서비스이다.

네티즌들의 발목을 아니 손목을 꽉 잡는 커뮤니티 서비스는 기본적으로 구성원들이 함께 모여 서로 의견을 주고받고, 오래 머무를 수 있어야 하기 때문에 동호회·클럽과 작은 모임을 통해서 사용자들이 정보를 공유하고 자주 들르도록 유도한다. 동호회·클럽에서 전문적인 정보는 물론 다양한 자료와 친구를 접할 수 있다.

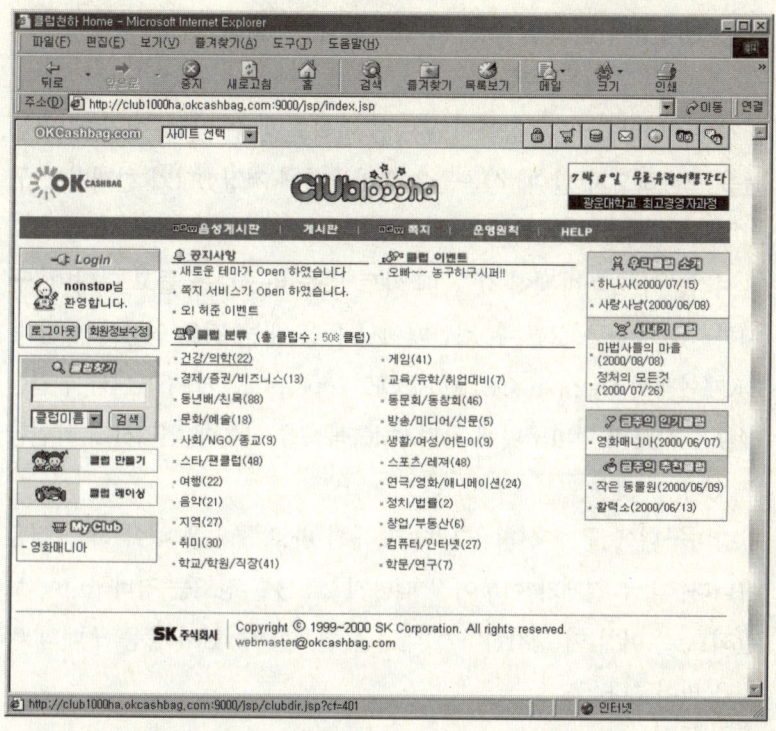

· 클럽 천하 : 관심사가 같은 사람들이라면
남녀 노소를 불문하고 클럽을 통해 만날 수 있다.

7) 장바구니 들고 오늘은 어디로 갈까 - 장바구니(쇼핑 카트)

장바구니란 구매한 상품이 무엇인지 확인할 수 있고, 여러 개의 상품을 구매하고자 할 때 상품들을 장바구니에 저장했다가 한꺼번에 구입할 수 있게 한 것이다.

여러분이 슈퍼마켓에 갔을 때 카트 또는 바구니를 들고 다니며, 구매하려는 상품을 고른 후 계산대에서 돈을 내는 것을 연상하면 된다. OK캐쉬백의 ShoppingOK, MusicOK, LeportsOK, EduOK에서 구입한 제품은 하나의 장바구니에 담겨 주문 목록을 한눈에 편리하게 확인할 수 있다.

장바구니에 구매 신청을 냈다고 해서 바로 구입을 해야 하는 것은 아니다. 대금 결제가 이루어질 때까지 2 ~ 3주 정도는 장바구니에 보관되므로, 며칠 더 생각하다가 대금을 결제할 수 있어 충동 구매의 위험을 막아준다.

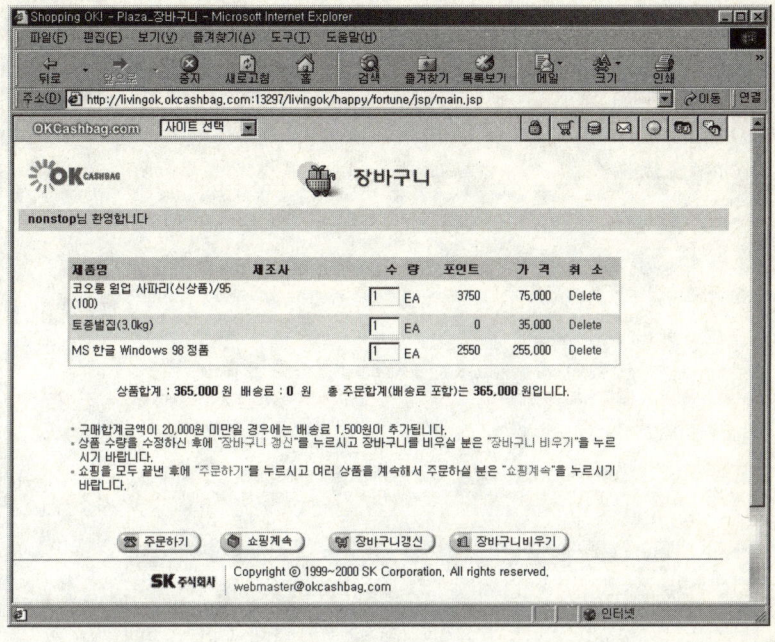

파일(F) 편집(E) 보기(V) 즐겨찾기(A) 도구(T) 도움말(H)

뒤로 앞으로 중지 새로고침 홈 검색 즐겨찾기 목록보기 메일 크기 인쇄

주소(D) http://livingok.okcashbag.com:13297/livingok/happy/fortune/jsp/main.jsp   이동 연결

OKCashbag.com   사이트 선택

OK CASHBAG   장바구니

nonstop님 환영합니다

제품명	제조사	수량		포인트	가격	취소
코오롱 윌업 사파리(신상품)/95 (100)		1	EA	3750	75,000	Delete
토종벌집(3.0kg)		1	EA	0	35,000	Delete
MS 한글 Windows 98 정품		1	EA	2550	255,000	Delete

상품합계 : **365,000** 원 배송료 : **0** 원   총 주문합계(배송료 포함)는 **365,000** 원입니다.

· 구매합계금액이 20,000원 미만일 경우에는 배송료 1,500원이 추가됩니다.
· 상품 수량을 수정하신 후에 "장바구니 경신"를 누르시고 장바구니를 비우실 분은 "장바구니 비우기"를 누르
  시기 바랍니다.
· 쇼핑을 모두 끝낸 후에 "주문하기"를 누르시고 여러 상품을 계속해서 주문하실 분은 "쇼핑계속"을 누르시기
  바랍니다.

주문하기   쇼핑계속   장바구니경신   장바구니비우기

인터넷

· 장바구니 담기(주문) : 장바구니에 담은 상품은 구매를
원치 않을시 삭제가 가능하고 구매를 원하면 주문하기를 클릭한다.

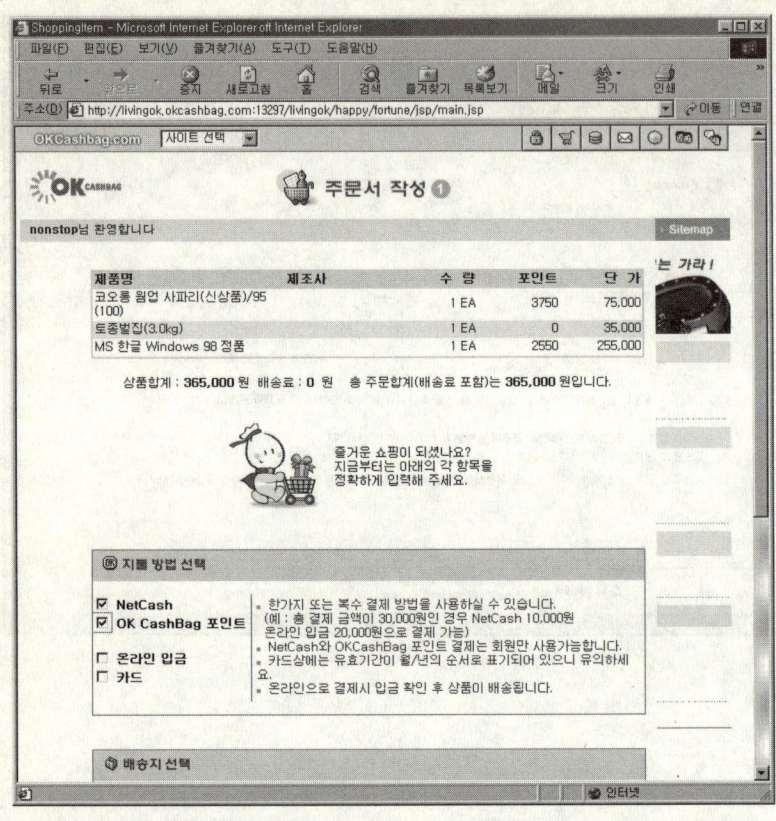

파일(F) 편집(E) 보기(V) 즐겨찾기(A) 도구(T) 도움말(H)

뒤로 앞으로 중지 새로고침 홈 검색 즐겨찾기 목록보기 메일 크기 인쇄

주소(D) http://livingok.okcashbag.com:13297/livingok/happy/fortune/jsp/main.jsp 이동 연결

OKCashbag.com 사이트 선택

주문서 작성 ❶

nonstop님 환영합니다 Sitemap

는 가라!

제품명	제조사	수량	포인트	단가
코오롱 윔업 사파리(신상품)/95 (100)		1 EA	3750	75,000
토종벌집(3.0kg)		1 EA	0	35,000
MS 한글 Windows 98 정품		1 EA	2550	255,000

상품합계 : **365,000 원** 배송료 : **0 원** 총 주문합계(배송료 포함)는 **365,000 원**입니다.

즐거운 쇼핑이 되셨나요?
지금부터는 아래의 각 항목을
정확하게 입력해 주세요.

▣ 지불 방법 선택

☑ NetCash
☑ OK CashBag 포인트

☐ 온라인 입금
☐ 카드

· 한가지 또는 복수 결제 방법을 사용하실 수 있습니다.
 (예 : 총 결제 금액이 30,000원인 경우 NetCash 10,000원
  온라인 입금 20,000원으로 결제 가능)
· NetCash와 OKCashBag 포인트 결제는 회원만 사용가능합니다.
· 카드상에는 유효기간이 월/년의 순서로 표기되어 있으니 유의하세요.
· 온라인으로 결제시 입금 확인 후 상품이 배송됩니다.

🚚 배송지 선택

인터넷

· 결제 안내 : 결제시 사이버 머니인 Netcash, OK캐쉬백 포인트,
현금, 카드 중 한 가지 또는 복수의 방법을 택할 수 있다.
· 배송 안내 : 상품을 수령할 주소 및 연락처를 정확히 남기면
결재 확인 일부터 3~5일 내에 배송이 되며 2만 원 이상 구매시
배송료는 없다.

8) 해킹 걱정 없는 안전한 사이버 머니 - 넷캐쉬(NetCash)

신용 카드 없이도 온라인 쇼핑을 맘대로. 최근엔 현금에 비해 발행 및 관리에 어려움이 적고 소액 결제에 유용한 전자 화폐가 인터넷의 새 지불 수단으로 각광받고 있다. OK캐쉬백에서 통용되는 넷캐쉬 역시 '사이버 머니'라고도 불리는 전자 화폐의 한 종류이다.

신용카드가 없거나 보안 등의 문제로 신용카드를 사용하기 찜찜한 네티즌은 넷캐쉬를 한 번 구입해 놓고 사용하면, 편리하고 안전하게 온라인 쇼핑의 재미를 만끽할 수 있다.

또 5,000원, 1만원, 2만원 등 소액권의 넷캐쉬는 네티즌 사이에서 각종 상품권처럼 선물용으로도 사용된다.

9) 현실과 가상 세계를 아우르는 보너스
- 캐쉬백 포인트 및 가맹점 조회

OK캐쉬백 서비스는 이용 금액의 일정 부분을 적립시켜, 액수가 일정 수준에 도달하면 현금처럼 사용할 수 있는 적립식 할인 서비스이다.

OK캐쉬백 스티커가 부착된 가맹점에서 신용카드로 구매시 엔크린 보너스 카드 또는 011리더스 클럽 평생 특권 카드, TTL 카드, OK캐쉬백 제휴 카드를 제시하면 구매 금액의 최고 30%까지 포인트로 적립(1원당 1점)시켜 주며 SK 주유소에서 주유를 하거나, 011 이동 전화를 걸 때도 포인트가 적립된다.

또 적립포인트가 5천 점(5천 원 상당)이면 가맹점에서 해당 점수만큼 상품을 무료로 구입할 수 있다. 5만 점 이상이면, OK캐쉬백 고객상담실(02-786-0880)로 연락해 현금으로 되돌려 받을 수 있다.

주요 가맹점으로는 T.G.I.F · KFC · 크라운 베이커리 · 신세계 백화점 · E마트 · 롯데월드 등이 있으며, 놀이시설 · 학원 · 호텔 · 콘도 · 문화 공간 등 전 업종을 대상으로 2만여 개의 가맹점을 확보했고, 가맹점은 점점 더 늘어가고 있다.

OKCashbag.com 사이트 내에서 상품을 구입하거나 학원 신청 등 서비스 신청을 할 때도 오프라인 가맹점에서와 같은 조건으로 캐쉬백 포인트를 적립하고 사용할 수 있다.

캐쉬백 포인트는 오프라인뿐만 아니라 온라인 가맹점(사이버 몰)도 확보하고 있어서 해당 사이트에서만 이용할 수 있는 제한성을 극복한 데다, 인터넷 소액결제시 신용카드 이용이나 온라인 송금의 불편함을 제거해 네티즌 사이에 더욱 널리 사용될 것으로 보인다.

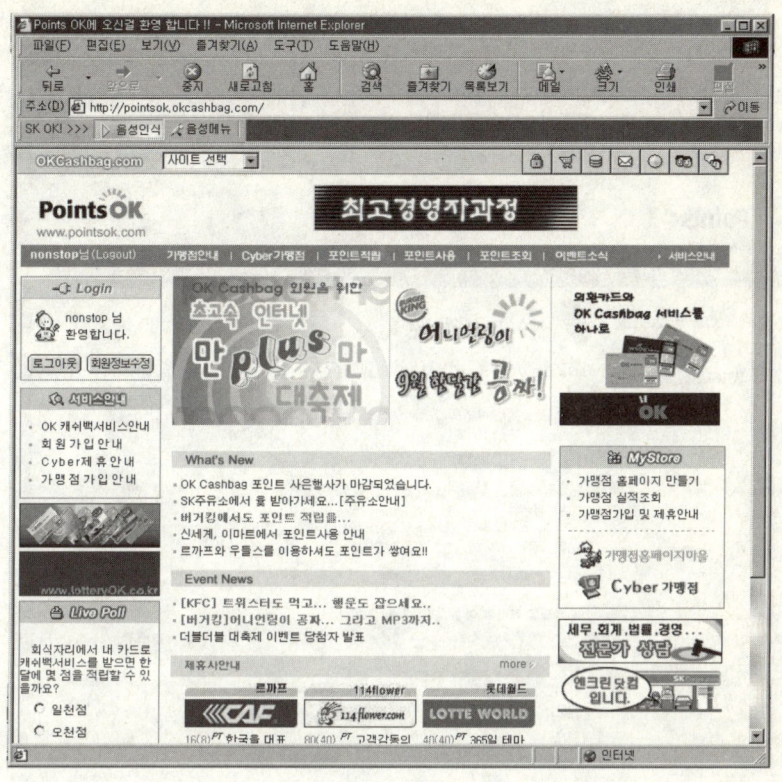

· PointsOK : OK캐쉬백 이용 및 조회에
관련된 모든 정보가 담겨 있다.

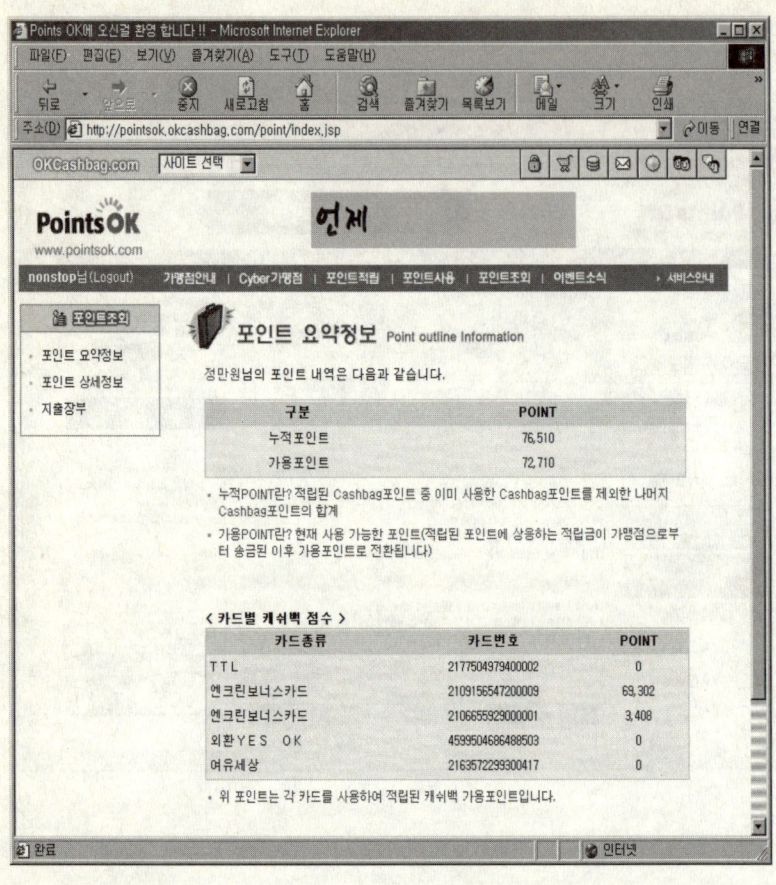

파일(F) 편집(E) 보기(V) 즐겨찾기(A) 도구(T) 도움말(H)

뒤로   앞으로   중지   새로고침   홈   검색   즐겨찾기   목록보기   메일   크기   인쇄

주소(D) ⬛ http://pointsok.okcashbag.com/point/index.jsp   ⬛이동 연결

OKCashbag.com [사이트 선택 ▼]

Points OK
www.pointsok.com

언제

nonstop님(Logout)   가맹점안내 | Cyber가맹점 | 포인트적립 | 포인트사용 | 포인트조회 | 이벤트소식   › 서비스안내

☰ 포인트조회

· 포인트 요약정보
· 포인트 상세정보
· 지출장부

포인트 요약정보 Point outline Information

정만원님의 포인트 내역은 다음과 같습니다.

구분	POINT
누적포인트	76,510
가용포인트	72,710

· 누적POINT란? 적립된 Cashbag포인트 중 이미 사용한 Cashbag포인트를 제외한 나머지 Cashbag포인트의 합계

· 가용POINT란? 현재 사용 가능한 포인트(적립된 포인트에 상응하는 적립금이 가맹점으로부터 송금된 이후 가용포인트로 전환됩니다)

〈 카드별 캐쉬백 점수 〉

카드종류	카드번호	POINT
T T L	2177504979400002	0
엔크린보너스카드	2109156547200009	69,302
엔크린보너스카드	2106655929000001	3,408
외환YES OK	4599504686488503	0
여유세상	2163572299300417	0

· 위 포인트는 각 카드를 사용하여 적립된 캐쉬백 가용포인트입니다.

완료   인터넷

┌───┐
│   · 포 인 트 조 회 :   │
│   가용 포인트를 알 수 있으며 카드 종류별 상세 내역도 조회 가능   │
└───┘

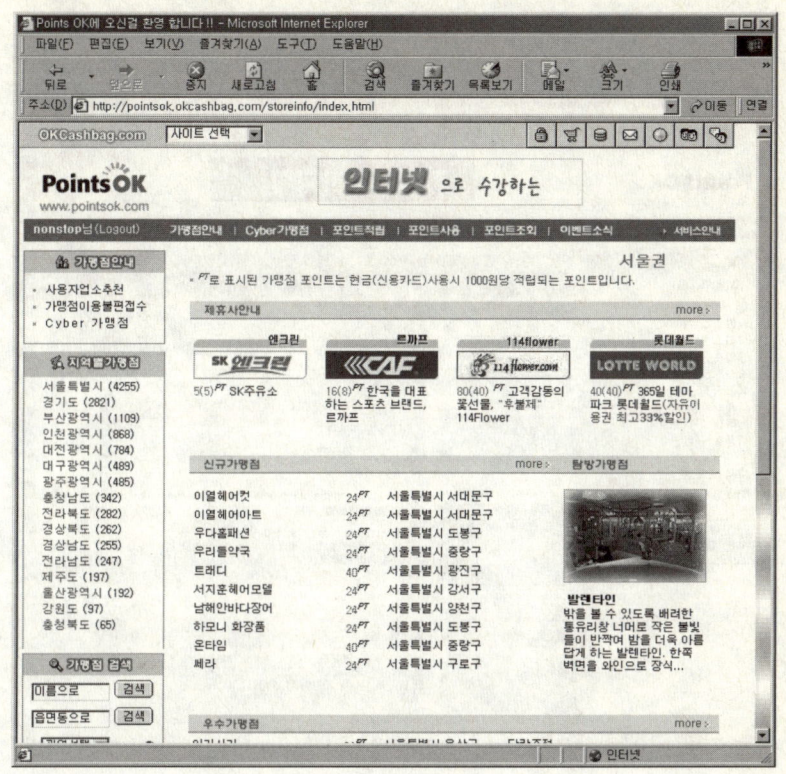

· 가맹점 안내 :
OK캐쉬백의 가맹점에 대한 각종 정보가 들어 있으며
오프라인뿐만 아니라 사이버 가맹점에 관한 안내도 있어
컴퓨터 앞에서도 OK캐쉬백 포인트를 쌓을 수 있다.

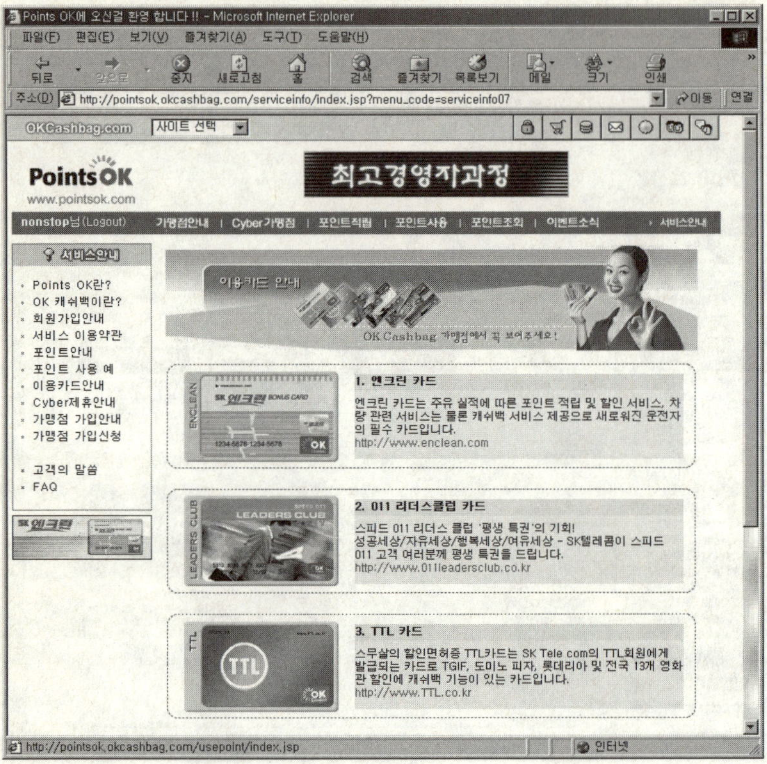
Points OK에 오신걸 환영 합니다 !! - Microsoft Internet Explorer
http://pointsok.okcashbag.com/serviceinfo/index.jsp?menu_code=serviceinfo07
PointsOK
www.pointsok.com
최고경영자과정
서비스안내
Points OK란?
OK 캐쉬백이란?
회원가입안내
서비스 이용약관
포인트안내
포인트 사용 예
이용카드안내
Cyber제휴안내
가맹점 가입안내
가맹점 가입신청
고객의 말씀
FAQ
이용카드 안내
OK Cashbag 가맹점에서 꼭 보여주세요!
1. 엔크린 카드
엔크린 카드는 주유 실적에 따른 포인트 적립 및 할인 서비스, 차량 관련 서비스는 물론 캐쉬백 서비스 제공으로 새로워진 운전자의 필수 카드입니다.
http://www.enclean.com
2. 011 리더스클럽 카드
스피드 011 리더스 클럽 '평생 특권'의 기회!
성공세상/자유세상/행복세상/여유세상 - SK텔레콤이 스피드 011 고객 여러분께 평생 특권을 드립니다.
http://www.011leadersclub.co.kr
3. TTL 카드
스무살의 할인면허증 TTL카드는 SK Tele com의 TTL회원에게 발급되는 카드로 TGIF, 도미노 피자, 롯데리아 및 전국 13개 영화관 할인에 캐쉬백 기능이 있는 카드입니다.
http://www.TTL.co.kr

· 이용카드 안내 :

OK캐쉬백 서비스를

받을 수 있는 카드에 대한 설명

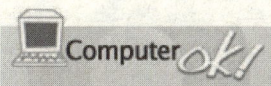

***님의 OK Magazine입니다.
OK cashabg.com 회원에게만 몰래 발송되는 웹매거진의 혁명OK Magazine.^^;
모 회원님의 말.. ' OK Magazine에는 무언가 특별한 게 있다! ' 진짜~ 있습니다. 일단 다운로드 받아 보시면 새로운 웹 매거진 세상과 만날 수 있습니다.

::::: 아래 이[

· OK매거진 :

사이버 매거진으로 다운로드해 볼 수 있다.

---

3. 클릭 한 번에 세상만사가 OK!
– 9일간의 OK캐쉬백 여행

1) 1일째, 여행 준비는 앉은자리에서 OK!
– www.TravelOK.co.kr

항공권 · 숙박 · 렌터카 등 실시간 예약, 여행지 · 환율 · 날씨 · 시차 등
여행 관련 정보를 한번에 해결

예전엔 여행을 떠나기 전에 세부 일정과 비용을 알기 위해 일일이 여행사로 전화를 걸어야 했다. 그러나 최근엔 인터넷을 활용, 이런 수고를 덜 수 있게 되었다.

TravelOK는 여행에 필요한 정보 탐색과 구매가 한자리에서 이루어지는 원 스톱 서비스 개념의 여행 사이트로 세계 각국의 여행지 정보, 항공 · 호텔 · 렌터카 및 국내외 여행 상품 예약 서비스와 더불어 여행자들에게 유용한 여행자 보험, 유레일 패스, 여권 · 비자 정보, 환율 정보, 시차 정보, 날씨 정보 등 부가 서비스를 모두 받을 수 있다.

항공권 실시간 예약 시스템인 토파즈(Topas) 시스템을 활용, 전 세계 700여 개 항공사의 항공 노선별 잔여 좌석 확인 및 예약이 가능하다.

또 World Hotel Center와 같은 호텔 체인과 헤르츠(Hertz) · 알라모(Alamo) 등 렌터카 체인을 네트워크로 연결, 예약 서비스를 제공한다. 물론 국내 최저 수준의 가격 제안은 기본이다.

국내외 여행 상품을 지역 · 기간 · 금액별로 검색할 수 있으며, 초특가 이달의 추천 상품, 에어텔·리조트·허니문 등 주제별 여행 상품, 항공권, 호텔, 콘도 예약도 받는다.

일반적인 여행 상품 이외에도 자신이 원하는 여행지와 기간을 선택하는 맞춤 여행 서비스도 제공한다.

단순히 예약 기능에서 끝나는 것이 아니라, 해외 여행 올 가이드 사이트라고 할 만큼 지구촌 곳곳의 관광지 정보도 상세하게 소개하고 있다. 특히 여행 전문지《뚜르드몽드》가 제공하는 양질의 여행 정보는 매주 최신 사진과 자료들이 업데이트된다.

50개국 117개 여행지 정보를 비즈니스·여성·배낭 여행·허니문·가족 등 테마별로 세분화해 전문 여행 정보와 여행 상품, 예약 서비스를 동시에 제공하며, 타깃별로 친목 도모와 여행 정보를 공유할 수 있는 게시판도 마련해 준다.

이 밖에 세계 각국의 아름다운 풍광이 담긴 인터넷 카드 보내기 서비스, 간단한 신청만 하면 비자·여권 갱신 기간을 이메일로 통보해 주는 여행자 알람 서비스도 받을 수 있다.

여행 커뮤니티에서는 여행을 이미 다녀온 여행 마니아들이 세계 및 국내 각지의 쇼핑·숙박·교통편은 물론 적당한 여행 기간·의복 등 소소한 정보들까지 자상하게 실려 있다.

특히 여행 경험자들의 여행 요령과 자신의 실패담도 들을 수 있어 초행인 사람들에게 살아 있는 정보를 제공한다.

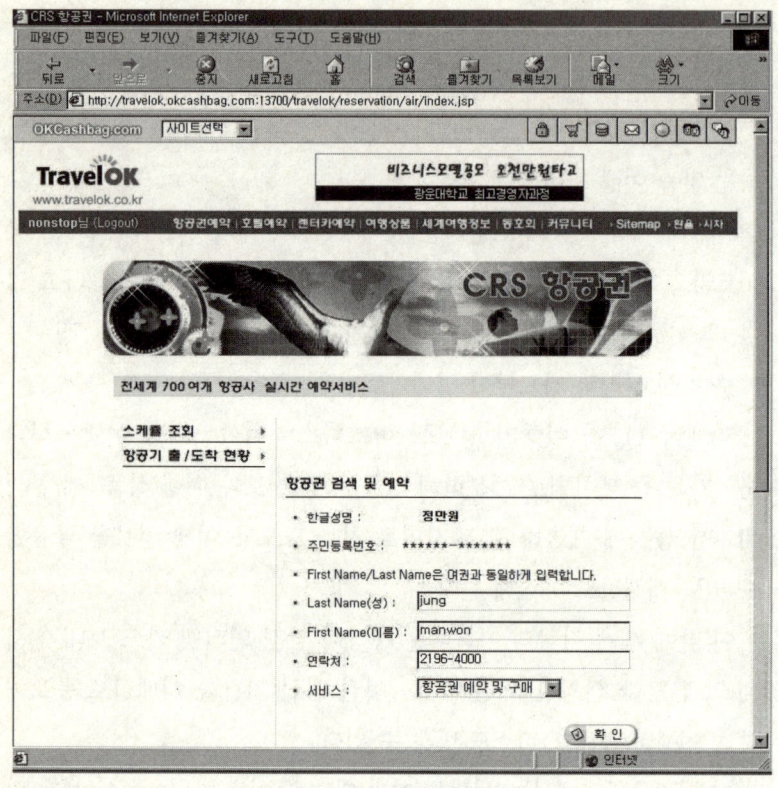

항공권 실시간 예약 서비스 토파즈 시스템

2) 2일째, 생활 비즈니스 정보가 모두 모였다
─ www.LivingOK.com

부동산 · 창업 · 연예 · 운세까지 실생활에 유용한 정보 총망라

LivingOK는 생활과 관련된 복잡하고 다양한 서비스 유형을 통합한 포괄적인 원스톱 서비스를 제공하고 있다.

이 사이트는 크게 편리한 생활, 풍부한 생활, 똑똑한 생활, 즐거운 생활, 쇼핑몰의 5개 중간 단위 사이트들로 나누어지며, 또 각각의 사이트들은 세분화된 17개 하부 전문 사이트들로 이루어진다. 이 하부 전문 사이트들은 각자 독립 URL을 가지고 있어 이용자가 빠르고 편리하게 원하는 생활 관련 정보를 얻을 수 있도록 했다.

편리한 생활은 꽃 배달, 건강 검진, 산후 조리, 이사, OK 한방 등의 실생활에 꼭 필요한 서비스를 제공하는 전문 사이트로 구성되어 있다.

풍부한 생활의 부동산 사이트는 태평양감정평가법인, ERA KOREA 등과 제휴되어 자동감정평가시스템(AGA)을 이용한 온라인(on-line) 감정 평가, 아파트 정보, 사이버 중개, 법률 및 세무 정보 등의 서비스를 제공하는 부동산 정보 전문 사이트이며, BizOK는 다양한 경영 정보를 제공하고, 고객이 원하면 컨설팅 업체와 토탈 창업 지원(점포개발) 업체를 알선하는 점포형 창업 전문 사이트다. 또 중소 기업을 대상으로 종합 홍보, 정보 검색, 출판BIZ 등 사이드 업무를 지원하는 오피스OK도 있다.

즐거운 생활은 MCC21과 제휴하여 종합 연예 정보를 제공하는 스타OK와 무진미래연구원의 운세 · 부적 · 꿈풀이 · 작명 · 궁합 · 관상 등

의 서비스를 제공하는 사주OK, 유무선 연동의 고스톱 게임을 할 수 있
는 StoodOK로 구성된다.

똑똑한 생활의 미디어OK를 통하면 동시에 여러 매체의 정보 검색과
잡지의 구독 신청이 가능하다. '시사영어사', '중앙정보처리학원' 등
과 제휴되어 있는 아카데미OK는 학원 및 자격증 종합 정보 서비스를
제공하는 국내 유일의 학원/ 자격증 정보 포털 사이트이다. 이 밖에도
똑똑한 생활에 오면 한국사 관련 DB를 모아놓은 히스토리OK, 창의적
사고를 유도하는 IdeaOK, '종로서적' 프랜차이즈망과 연계된 북OK 등
을 만날 수 있다.

쇼핑몰은 수입 자동차 구매 알선 및 수입 명품(패션·가전)을 판매
하고 가구·보석·특용 작물 및 건강 식품을 판매한다.

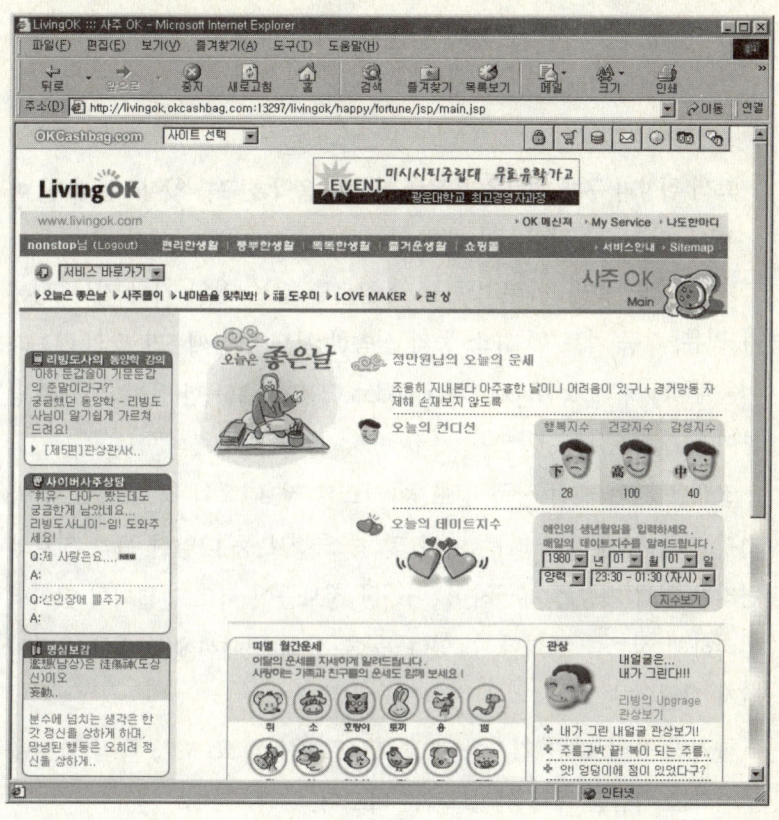

· LivingOK 운세 정보

3) 3일째, 음악 사이트에서 평생 친구를 만나다
— www.MusicOK.com

고객 취향과 구매 패턴을 분석해 신보나 음악 친구를 찾아주는 추천 마법사, 맞춤 CD 서비스와 함께 인터넷 방송도 제공할 예정

MusicOK는 앨범, 아티스트, 음악 장르별 정보, 음악 기획 기사, 평론가 리뷰, 각종 차트 및 뉴스 등의 신속한 보도와 함께 5만 장의 CD 타이틀과 Tape, Video Tape, DVD, Video CD까지 보유한 음악 전문 쇼핑몰이다.

고객을 위해 앨범 상품 정보, 아티스트 정보, 음악 장르 정보, 음악 기획 기사, 전문가의 리뷰, 차트 및 뉴스 정보 등 다양한 음악 정보와 편리한 검색 기능을 제공하며, 이러한 정보들이 서로 연결되어 있어서 편리하게 정보를 조회할 수 있다. 물론 상품 구매시에는 캐쉬백 포인트가 적립된다.

하지만 음악 관련 기사를 보고, CD도 주문하고, MP3 음악 파일을 구매하는 평범한 음악 사이트와는 다르다.

국내 외에서 검증된 디지털 전송 시스템(Liquid Audio)을 도입해 원음에 가까운 고품질의 음악을 공급하는 음악 파일 다운로드 서비스, 필요한 곡만을 선택해 나만의 CD를 만드는 맞춤 CD 서비스도 곧 선보일 예정이기 때문이다.

이 밖에도 또한 별도의 플러그 인 프로그램이 필요 없고, 최신곡이 신속하게 업데이트되는 인터넷 노래방 서비스도 제공 중이다. 노래방 서비스는 기존의 온라인 노래방 서비스의 기능을 확대하며 고객의 노래를 녹음하여 노래방 대회에 참가할 수 있으며, 친구에게 사연을 담아 전달하는 서비스도 제공하고 있다.

더불어 희귀 음반, 음반사, 레코드 숍, 동호회 등 각종 커뮤니티 서비스를 강화하는 한편 장기적으로는 인터넷 방송, VOD(Video on Demand) 서비스의 도입도 추진하고 있다.

MusicOK가 국내 최초로 선보이는 '추천 마법사'는 추천 엔진에 의해 고객에게 적합한 음반을 자동적으로 추천해 주는 서비스로 아마존, CDnow등 해외 유명 사이트에서 현재 서비스되고 있으며, 음반뿐 아니라 취향이 비슷한 사람도 조회가 가능하므로 자연스럽게 취향이 비슷한 사람끼리의 만남이나 동호회 결성으로 이어지고 있다.

또한 신인 가수의 등용문인 '스타탄생' 서비스도 다른 사이트에서 보기 드문 서비스이다. 자기의 음악을 소개하고 싶거나 가수가 되고 싶은 사람은 누구나 자신의 프로필과 음악을 소개할 수 있게 참여의 기회를 활짝 열어놓고 있으며, 음반 기획사와 제휴해 재능 있는 '신인 발굴의 장'으로서의 역할도 담당하고 있다.

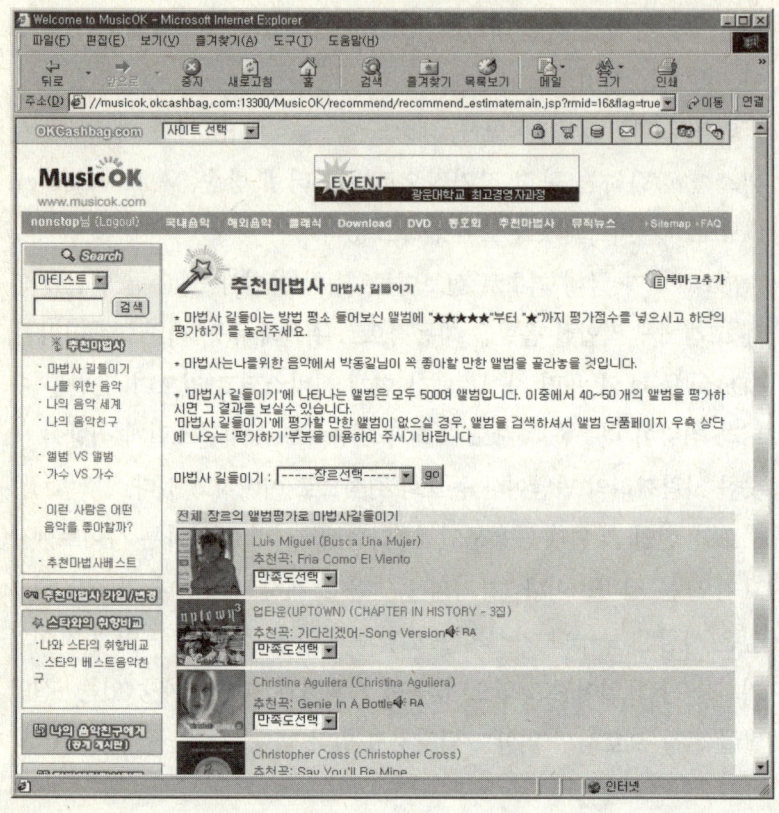

· MusicOK : 추천마법사 – 마법사 길들이기

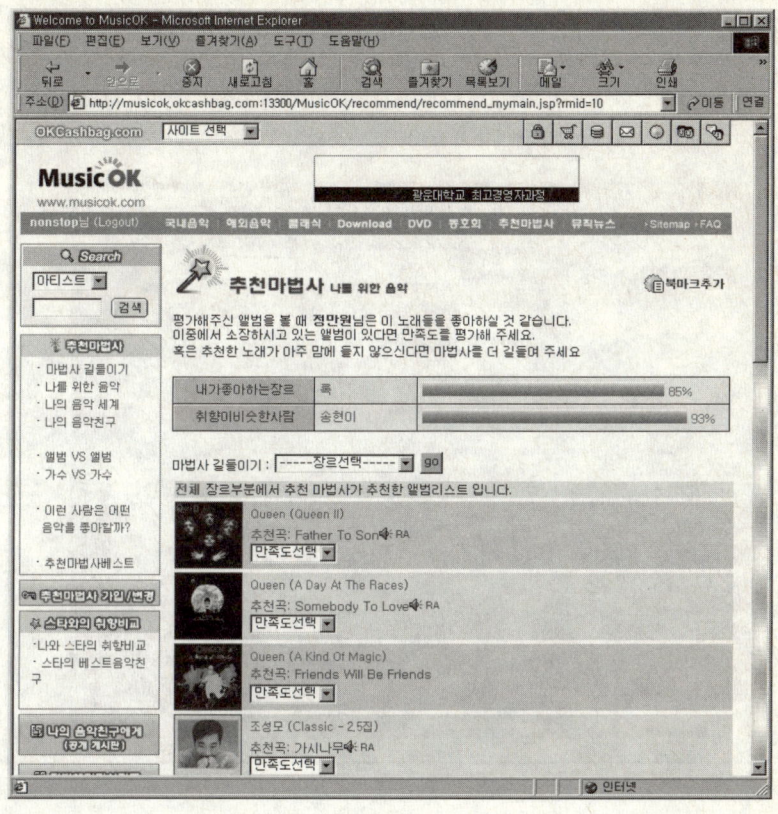

· MusicOK : 추천마법사 -나를 위한 음악

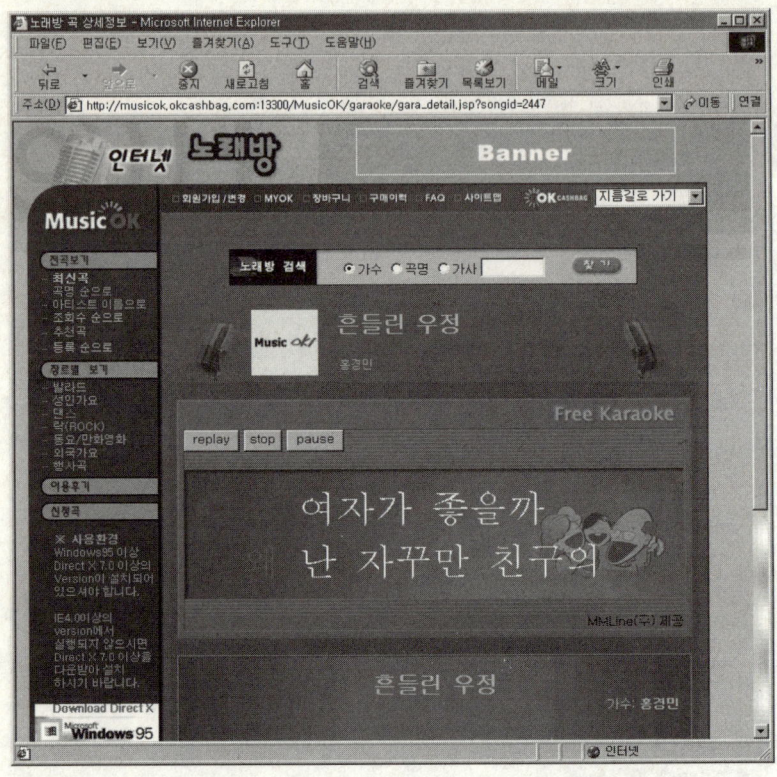

· 인터넷 노래방

4) 4일째, 볼거리 · 먹거리 정보, 데이트 문제 없다

— www.CityOK.com

영화 · 공연 · 전시 및 1만여 개의 전국 유명 음식점 최신 정보 제공, 먹거리 · 볼거리 · 지리 정보를 총망라한 지역 정보 가이드

이번 주말에는 뭘 할까. 여행을 갈까, 영화를 볼까, 공연을 보러 갈까, 아니면 근사한 레스토랑에 가서 외식을 할까. 흘러넘치는 문화 정보를 꼭꼭 담아 전해 주는 시티 가이드인 CityOK는 국내 최대의 지역 정보 컨텐츠를 보유하고 있는 지역 정보 전문 포털 사이트다.

먹거리(레스토랑, 카페, 원조집, 요리법), 놀거리(여행 정보 · 지역 정보), 지리 정보(지도 위치 서비스), 날씨 정보 등을 테마별로 묶어 제공하는 방대한 데이터베이스와 시티헌터라는 CityOK만의 명예 기자들의 정보 교환의 장, 헌터 광장을 운영함으로써 웬만한 전문 가이드북 이상의 정보를 담고 있지만, 검색과 활용은 훨씬 편리한 것이 최대 장점이다.

먹거리 정보의 경우, 전문 취재 요원이 조사한 전국 유명 음식점 1만여 곳의 상세 정보와 한식 · 일식 등 업종별 분류 외에도 가족이 외식하기 좋은 곳, 회식하기 좋은 곳, 차와 음악이 있는 곳 등 세분화된 정보를 알아볼 수 있다.

놀거리 코너는 놀거리 집중 탐구, 트렉킹 정보, 호텔가소식을 포함한 숙박 정보 등을 모두 모아 소개하며, 산 · 해수욕장 · 섬 등 14개 테마별 여행지 정보와 국내 여행에 대한 질문을 전문가가 직접 답변하고 적절한 여행지를 추천해 주는 여행 길라잡이도 특색 있다.

CinemaOK라는 이름의 볼거리 코너에서는 영화 · 연극 등의 공연 장

소, 시간, 줄거리 등 기본 정보와 스타와 함께하는 영화 소식, 시네마
나(화제의 영화 패러디 만화), 그리고 관련 정보를 쉽게 검색할 수 있
는 자료실을 이용할 수 있을 뿐만 아니라 스타 소품 경매에 참여할 수
도 있다. 또한 최근 관심이 집중되고 있는 개봉 예정작의 시사회도 정
기적으로 진행하고 있다.

계절 등 주요 관심 이슈를 중심으로 변화된 정보를 엮은 웹진과 구
인 정보, 지리 정보, 날씨 정보 서비스도 유용하다.

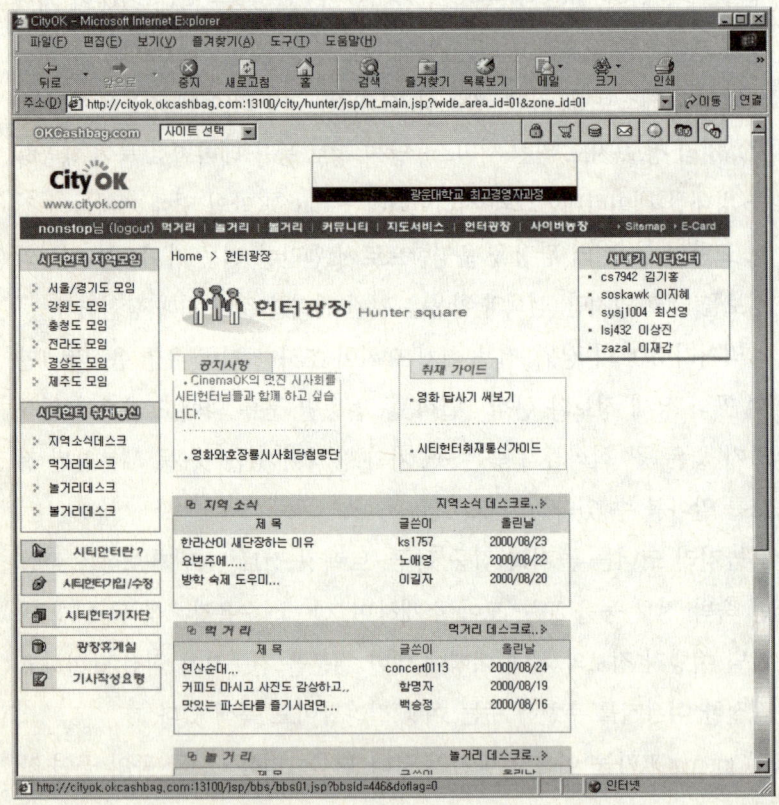

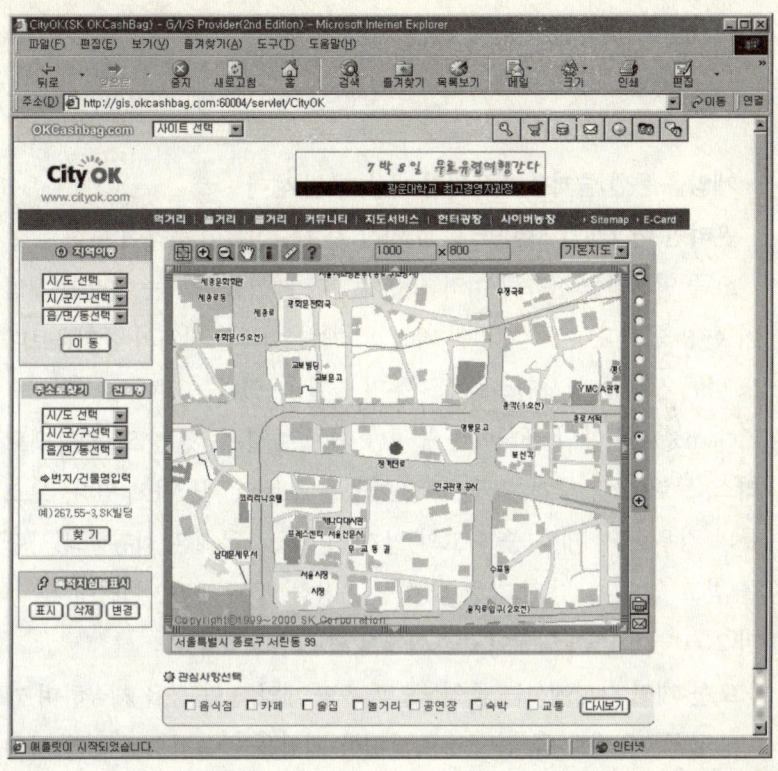

· 시티헌터 광장

· 지도 서비스

5) 5일째, 샤이암과 함께 하는 게임 세상
— www.Gameok.com

게임을 통한 즐거운 커뮤니티 세상, 게임 센터
온라인 머그게임 샤이암, 음성 인식 기술을 접목한 플레이 구현

요즘 인터넷을 접속해 여러 사람이 함께 게임을 즐기는 온라인 게임이 한창 인기다. 이런 게임의 가장 큰 매력은 게임 자체의 즐거움보다도 다른 사람들과 자연스럽게 겨루며 즐길 수 있다는 것이다.

GameOK의 게임 센터에는 누구나 쉽게 즐길 수 있는 고스톱, 테트리스, 틀린 그림 찾기, 당구, 퍼즐 게임을 무료로 제공하고 있다. 고스톱의 경우 프리 게임 중 최고의 인기 서비스로 폭넓은 회원층의 사랑을 받고 있으며, '틀린 그림 찾기'를 응용한 '히든캐치2 인터넷'은 이미 2,000명이 넘는 회원이 동호회에서 활동하고 있다.

또한 게임 강의에서는 동영상으로 유명 게임 전략 등을 제공하며 카드·당구·오델로 등 친숙하고 간편한 게임을 지속적으로 추가 서비스 하고 있다. 다양한 게임 관련 정보를 얻고 싶은 분들을 위해 웹진 서비스를 마련했다. 각종 게임들의 소개와 집중 공략을 다루는 게임 분석, 게임 만화와 환타지 소설에 대한 독창적인 컬럼과 기획 기사, 게임에 관한 알찬 뉴스 등이 있다. 게임 분석에서는 프로게이머 강은주 씨의 스타크래프트 공략을 연재 중이며, 출시 이후 폭발적인 인기를 얻고 있는 '디아블로2'에 대한 기사도 쉽게 찾을 수 있다. 기사 외에도 만화 코너 등이 있어 재미를 더한다.

이 밖에도 다양한 Freeware 게임을 자유롭게 다운받을 수 있는 다운로드 서비스, 인기 게임을 저렴한 가격에 구입하는 게임몰, 의견을 나누거나 서비스 내용을 문의할 수 있는 게시판 등도 마련되어 있다.

'샤이암'은 MUG(Multi User Graphic) 온라인 게임으로 자신의 Avatar(아바타/분신)를 정하고 여러 종류의 몬스터들과의 전투, 다른 사용자와의 경쟁·협동을 통해 새로운 세대의 지구 문명을 건설하고, 자신만의 영토를 구축한다는 점에선 다른 MUG 게임과 차이가 없어 보인다. 하지만 3D 그래픽 시뮬레이션 구현과 함께 음성 플레이가 가능하도록 하는 음성 인식 기술에 대한 테스트가 완료되면 인터페이스 및 전투 방식에 있어서 다른 게임과는 비교할 수 없는 '샤이암'만의 색깔을 갖게 될 것으로 기대된다. '샤이암'은 2/4분기 정보통신부 디지털 컨텐츠 대상 '우수 온라인 및 네트워크 게임'으로 선정되기도 하였다.

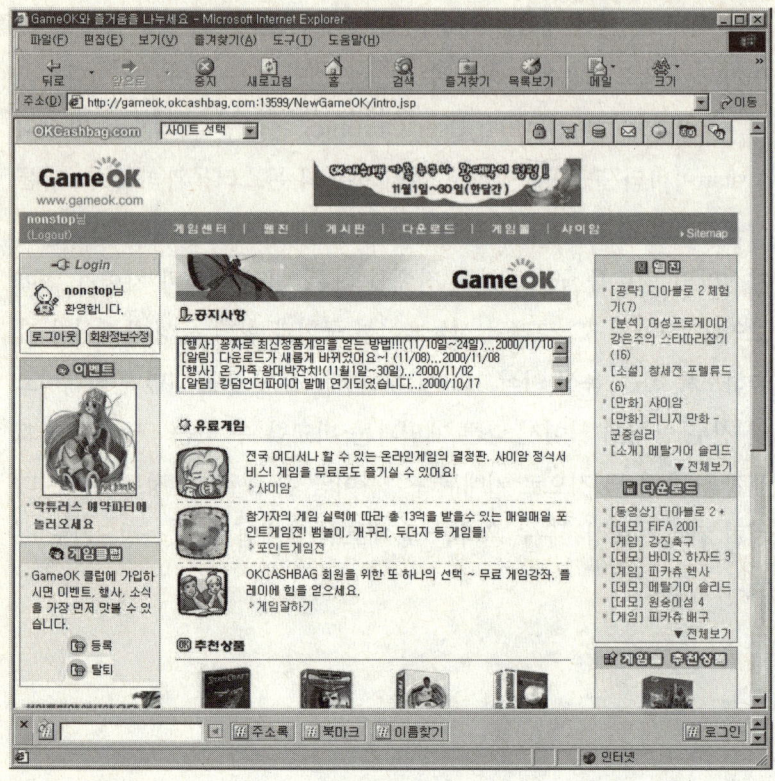

· GameOK 메인 화면

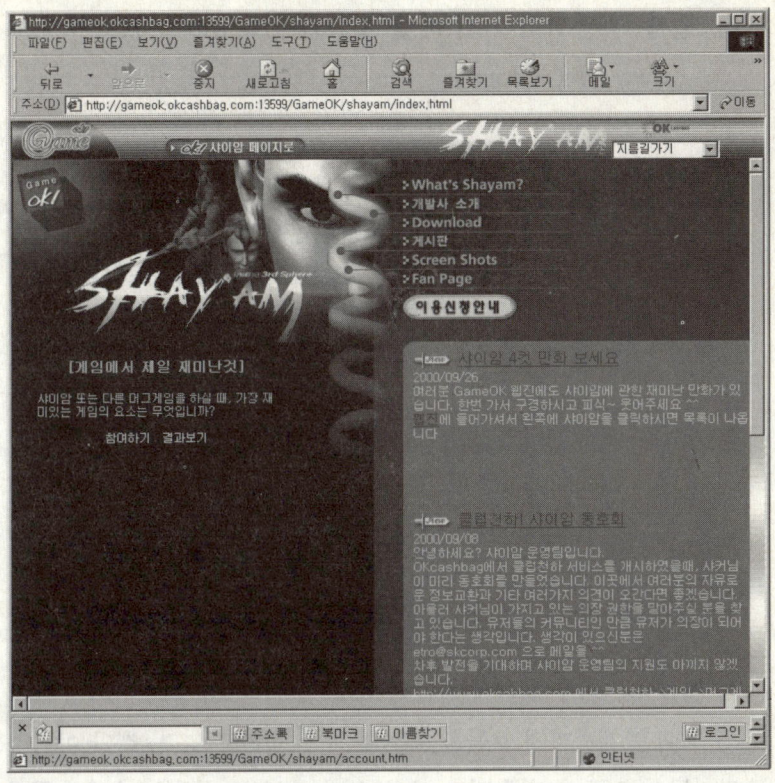

· 샤이암 홈페이지

6) 6일째, 학원까지 가서 배울 필요가 있나요?
— www.EduOK.com

인터넷 통한 온라인 강의
유아부터 성인까지 교육 관련 서비스 한번에 해결

유아교육, 수능 시험 공부, 취업 준비, 자기 계발 관리도 이제 인터넷으로 한다. 더 이상 비싼 돈 내고 시간에 맞춰 학원 다닐 필요가 없게 된 것이다.

EduOK의 교육 센터에는 각 분야 최고의 컨텐츠만 모여 있다. 유학 영어의 명문 박정어학원의 TOEFL, TOEIC, GRE 강의와 윙글리쉬의 비즈니스 잉글리쉬 프로그램, 그리고 한국오라클에서 개발한 오라클 DBI과정 등을 제공한다.

그 밖에 장애인에 대한 올바른 이해 등 대구대학교 재활 공학 센터에서 제공하는 특수 교육 강좌를 무료로 서비스하여 우리 사회에서 소외되기 쉬운 계층까지 보듬을 수 있도록 노력하고 있다. 뿐만 아니라 수강자들의 요구에 맞게 진도 관리, 성적 관리 등의 학습 관리도 철저하게 이루어진다.

EduOK정보 채널에서는 각종 자격증에 대한 정보와 각국의 유학생들로부터 듣는 생생한 유학 정보, 그리고 구인 구직 정보까지 수강자에게 다양한 정보를 제공한다.

웹진 형태로 서비스되는 헬로우 디지털과 테마가 있는 사이트 여행, 일반인을 위한 ART관련 읽을 거리를 제공하는 아트 센터도 아주 흥미롭다.

· EduOK 메인 화면

7) 7일째, 네티즌이여, 일상에서 탈출하자!
— www.LeportsOK.com

동영상으로 즐기는 레포츠
88개 레포츠 종목에 대한 동영상 지속적 업데이트

일상 탈출을 위한 LeportsOK는 크게 웹진, 레저몰, 쇼핑몰로 구성되어 있다. 웹진은 레포츠 전 종목에 대한 동영상 및 텍스트 정보가 매일 업데이트 된다.

쨈있는 레포츠, 동영상 강좌, 유행트랜드, 통통체험기, 오늘의 스포츠 등 다양하고 알찬 메뉴가 가득하다. 특히 실제 유용하게 배우고 체험할 수 있는 정보들이 다이나믹한 동영상으로 제작되어 실감나는 재미를 느낄 수 있다.

전문정보를 담은 종목별 자료실과 88개 레포츠 종목에 대한 상세 정보를 담은 레포츠 가이드는 마니아들에게 인기이다.

레저몰에서는 스키·골프·낚시·래프팅·등산·번지 점프·서바이벌 게임 등 실제 레포츠 이벤트가 열린다. 평소 관심이 있었거나 꼭 한번쯤은 체험해 보고 싶었던 종목을 선택하면 또 하나의 새로운 세상을 경험할 수 있다. 계절마다 동강 래프팅, 가을 바다 낚시 등 신나는 이벤트가 열리고, 초짜부터 마니아까지 각 종목 및 단계에 맞는 이벤트가 진행되므로 다양한 층의 고객에게 큰 호응을 받고 있다. 또 각종 단체행사 및 기업 체육 대회 등을 위한 차별화된 서비스도 제공한다.

쇼핑몰은 레포츠 상품 전문몰로 운영된다. 레포츠 전문 사이트인 만큼 질 좋은 상품을 저렴한 가격에 판매하므로 고객들이 안심하고 이용할 수 있는 게 장점이다. 상품 상담에서부터 배송과 환불에 이르기까지 모든 체계가 고객 입장에서 이루어지며, 고객이 원하는 인기 상품을 저렴한 가격에 구매할 수 있는 공동 구매가 활발히 이루어지고 있다. 또한 사이트 이용시 궁금한 점이 있으면 컴퓨터상에서 헤드셋을 이용해 무료로 통화할 수 있는 웹콜 서비스를 실시 중에 있다.

동영상 모음집, 포토갤러리, 이벤트 세상, 게시판 나라 등 고객이 보고 즐기며 참여할 수 있는 공간과 부가 서비스도 풍성하다.

· LeportsOK 동영상 모음

8) 8일째, 종합 건강 서비스, 온라인에서 해결한다
— www.HealthOK.com

동영상으로 보는 다양한 건강 정보
주치의에게 받는 무료 건강 상담과 병원 · 약국찾기 서비스까지

건강에 대한 관심이 날로 늘어가는 가운데 스스로 자신의 건강을 지키고 질병을 예방하는 데 도움이 되는 건강 · 의료 사이트들이 늘어나고 있다.

HealthOK에서는 각 테마별 · 시기별 고객에게 필요한 주제를 선정하여 동영상 프로그램으로 방영한다. 또한 각각의 동영상에 대한 관련 컨텐츠가 텍스트 정보와 이미지로 함께 제공되며, 관련 기사나 컬럼 혹은 해당 컨텐츠 외의 다른 상세 정보를 접할 수 있는 테마 사이트로의 이동이 가능하여 건강 정보를 보다 상세하고 재미있게 즐길 수가 있다.

자세한 의학 정보를 담고 있는 정보센터, 일상 생활에 필요한 건강 관련 상식 및 교육 정보를 제공하는 건강교실도 있어 간단한 건강 상식부터 자세한 의학 정보까지 검색이 가능하다.

뿐만 아니라 OKClinic에서는 비공개 1:1 온라인 건강 상담 서비스를 제공하고 있는데, 현재 각 진료 과목별로 총 33명의 전문의들이 신속한 답변을 제공하고 있다. 상담 의사들이 관리하는 추천 공개 상담의 게시물을 통해 유사 사례를 짚어본 후, 본인의 건강 상담 포인트가 무엇인지 본인이 놓치고 있는 다른 증상은 없는지 체크할 수 있는 코너도 마련되어 있다.

상담을 받은 후 실제 진료를 원할 때는 병원 · 약국을 조건별로 검색

하면 각각의 상세 정보(진료 과목·휴무일·병원 위치·전화 번호 등)와 해당 병원·약국의 약도 및 상세 지도를 제공하게 된다.

그 외 My Health에서는 바이오리듬, 나만의 소리, E-zine 신청 등의 Personal Service를 제공하며, HealthMall에서는 다양한 건강 관련 상품 구입도 가능하다.

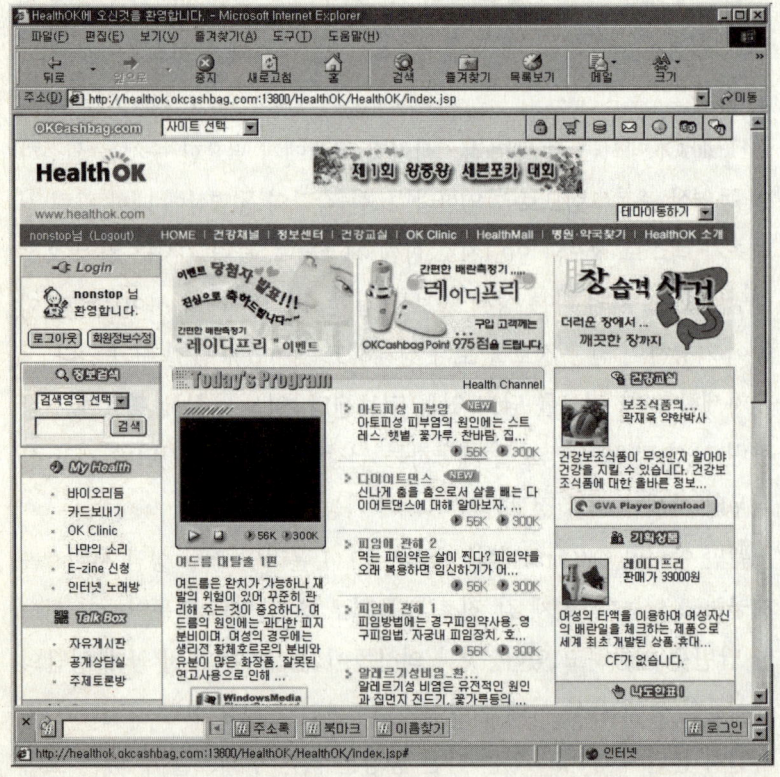

· HealthOK 메인 화면

9) 9일째, 은행 업무 · 증권 거래가 편해진다
　－ www.FinanceOK.com

클릭 한번으로 인터넷 뱅킹, 증권 거래,
보험 상품 가입은 물론 복권 구입까지 OK!

　은행에 가지 않아도 은행 업무를 볼 수 있고, 객장에 가지 않아도 증권 거래를 할 수 있다. FinanceOK에서는 다양하고 유익한 금융 정보의 제공은 물론 인터넷 뱅킹 · 대출 · 보험 · 카드 · 증권 · 복권 등 실질적인 금융 거래도 가능하다.

　자산 관리나 재테크 등에 고민하고 있다면 금융 상품 안내 및 기획 상품 코너가 도움이 될 것이다. 이 코너에서는 은행 · 보험 · 대출 · 카드에 대한 각종 금융 상품을 조회할 수 있고, 특히 30여 개 리딩 금융 기관과 공동으로 개발한 상품들이 있어 다양한 금융 상품 할인 혜택을 받아 일석이조의 효과를 볼 수 있다. 뿐만 아니라 재테크 광장에서는 전문가가 제공하는 고급 정보를 회원들에게 무료로 서비스하고 상담도 받을 수 있다.

　최근 개발된 신개념의 제휴 금융 상품인 캐쉬백 통장을 이용시 금융 거래를 통해 발생하는 수수료의 일부를 캐쉬백포인트로 되돌려 받을 수 있다.

　또한 국내 최초로 제공되는 금융 상품 할인 쿠폰을 이용하면 제휴 금융 기관으로부터 우대 및 할인 금리 혜택도 받을 수 있다.

　금융 타운에는 실제 은행에만 부여하는 지점 번호를 지닌 사이버 은행들이 입점해 있어 예금 조회 · 계좌 이체 · 대출 등의 은행 업무를 편리하게 볼 수 있다. 보험에도 사이버 지점이 입점해 있어 다양한 상품과 서비스를 제공 받는다.

증권 코너에서는 다양한 전문가 투자 정보 이외에 증권사들의 실시간 시황 속보와 인터넷을 통해 주식 거래를 할 수 있는 웹트레이딩 서비스를 제공한다. 최근에 오픈한 금융 재테크 전문 메일 매거진 《머니진》은 복잡한 회원 가입의 절차가 없이 필요로 하는 금융 정보에 이메일만 입력하면 원하는 정보를 메일을 통해 무료로 제공한다.

복권 구입 코너인 LotteryOK에서는 복권을 인터넷으로 간단하게 구입할 수 있다. 현금이나 신용카드, 가맹점에서 적립된 캐쉬백 포인트로도 구입할 수 있다. 주변분들에게 정성어린 카드와 함께 부담 없는 가격의 복권을 메일로 보내는 복권 선물하기 코너도 좋은 반응을 얻고 있는 사이트 중 하나다.

· FinanceOK 메인 화면

제6장

인터넷 관련 자료 모음

이제 본론은 끝나고 편지로 치면 추신만 남았다. 추신은 인터넷 관련 자료 중 중요하다고 판단되는 몇 가지만 추려서 제공할 것이다.

국내 인터넷의 역사와 인터넷의 기능들, 그리고 인터넷의 주소 체계, World Wide Web인 WWW의 개요 마지막으로 인터넷 접속까지만 다룰 생각이다.

1. 국내 인터넷의 역사

1982	서울대 – KIET 간 TCP/IP로 SDN구축
1983 ~ 84	미국·유럽에 UUCP 연결 사용
1987 ~ 89	교육 연구망 구성(ARPANET, BITNET 연결)
1990 ~ 91	연구망에서 인터넷 연결(HANA/SDN : 56Kbps)
1992	한국통신연구개발단으로 이관, 교육 전산망
	BITNET MAIL GATEWAY 구축
1993	HANA/SDN, 해외 접속 회선 56Kbps를 256Kbps 확충
	HANA/SDN, 일반인에게도 계정 개발
1994	한국통신에서 본격적인 상용 접속 서비스 제공
1995	본격적인 접속 서비스 회사인 INET 탄생
	SLIP 프로토콜을 이용한 인터넷 접속 서비스 제공

2. 인터넷의 기능

1) 월드 와이드 웹(World Wide Web, WWW)

관련된 정보들이 거미줄처럼 연결된 네트워크로서 광대한 하이퍼텍스트 기반 멀티 미디어 서비스이다.

2) 인터넷 전자 우편(이메일)

인터넷 전자 우편 네트워크로 연결된 다른 사용자에게 네트워크를 통해 편지를 보내고 받는 것을 말한다. 일반 편지를 보내기 위해서는 주소를 알아야 하듯이 인터넷 전자 우편을 보내기 위해서는 수신자의 주소를 알아야 보낼 수 있다.

① 인터넷 전자 우편 주소 형식 : 사용자 ID@domain-name 또는 사용자 ID@IP-address

② 인터넷 전자 우편 용어

· sendmail daemon : 시스템에서 인터넷 전자 우편을 관리하는 프로그램이다.

· 동보 편지 : 같은 내용의 편지를 여러 사람에게 보내는 것이다. 보통 받을 사람의 주소들을 쉼표(,)로 구분해 작성한다.

· Forward : 받은 편지를 원문 그대로 다른 이에게 보낸다.

· Attachment : 첨부 파일, 편지에 덧붙여 보내는 파일을 의미한다.

· POP Account : POP을 지원하는 서버에서 자신의 계정을 의미한다.

· Quoted-Printable : 7비트 이외의 데이터를 보낼 때 사용하는 포맷의 한 가지이다. 받는 사람에게 한글이 깨어져 보이는 원인이 되므로 주의한다.

③ 인터넷 전자 우편 전송 절차

인터넷 전자 우편 송수신을 위한 소프트웨어 프로그램이 수없이 많기 때문에 각각의 프로그램에 대해서는 별도의 관련 메뉴얼을 참고해야 한다. 비록 다양한 인터넷 전자 우편 소프트웨어가 있지만, 다음에서 알 수 있듯이 인터넷 전자 우편 송수신에는 몇 가지 공통된 절차가 있다.

ⓐ 인터넷 전자 우편을 보낼 때

· mail 또는 elm과 같은 인터넷 전자 우편 소프트웨어를 실행한다.

· 소프트웨어의 요구에 따라 수신자 계정이나 인터넷 전자 우편 주소를 입력한다.

· 소프트웨어의 요구에 따라 보내고자 하는 인터넷 전자 우편 주소를 입력한다.

· 소프트웨어의 요구에 따라 대개의 경우 참조(cc : carbon copies)로 같은 내용을 보낼 상대의 계정이나 인터넷 전자 우편 주소를 입력한다.

· 에디터를 사용해 보내고자 하는 인터넷 전자 우편 주소를 입력한다.

· 작성된 내용을 보낸다.

ⓑ 인터넷 전자 우편을 받을 때

· mail 또는 elm과 같은 인터넷 전자 우편 소프트웨어를 실행한다.

· 수신 우편함의 메일 박스에 쌓인 인터넷 전자 우편의 제목과 보낸

이의 목록 중에 읽고자 하는 인터넷 전자 우편을 선택해 읽는다.

· 필요에 따라 선택한 인터넷 전자 우편을 지우거나 특정 이름으로 저장하거나 다른 곳으로의 전송 또는 해당 인터넷 전자 우편에 대해 답장을 한다.

ⓒ 인터넷 전자 우편이 정상적으로 수신·발신되는지 알아보는 법

· 옵션 메뉴에의 Mail and New Preference에 있는 컴포지션을 클릭한다.

· By Default, email a copy of outgoing message to의 Mail Messages에 자신의 메일이 수신자에게 도착하면 송신자에게도 같은 내용이 보내진다.

· 테스트 메일을 보내면 자동으로 그에 대한 답장을 보내 주는 곳이 있다. 다음 주소 mailtest@infinity.yyz.org, mailtest@ais.yyz.org 중 하나로 메일을 보내면, 어떤 내용의 메일을 보내더라도 보낸 내용뿐만 아니라 몇 가지 안내와 함께 답장을 보내 준다. 만약 에러가 돌아오거나 답장이 오지 않는다면 그것은 메일 서버에 이상이 있다는 것이다.

ⓓ 반송 사유

· User Unknown : 수신자의 인터넷 전자 우편 주소가 잘못된 경우이다.

· Host Unknown : 호스트나 도메인의 이름이 잘못된 경우이다.

· Network Unreachable : 전달되는 네트워크 상에 문제가 생긴 경우이다.

· Connection Timed Out : 메일 서버에 문제가 있는 경우이다.

· Connection Refused : 수신자측의 메일 서버에서 접근을 불가한

경우이다.

· Local Configulation Error : 송신자측의 시스템에 문제가 있는 경우이다.

ⓒ 인터넷 전자 우편에서 한글 사용

· 인터넷 전자 우편은 7비트 지원 프로토콜(SMTP)인데 반해 한글은 8비트 코드 체계로 그대로 전송할 경우 글자가 깨진다.

· 한글 깨짐 현상 방지 방법 : 바이너리 형식으로 전송한다.

· 송신측 : KSC-5601 8비트 형식의 코드를 ISO-2022-KR 7비트 체계로 바꾸어 송신한다.

· 수신측 : ISO-2022-KR 7비트 체계로 수신한 후 KSC-5601 8비트 형식으로 변환한다.

④ FTP 서비스

FTP는 File Transfer Protocol 의 약자로 서로 기종이 다른 컴퓨터간의 파일 전송을 위한 표준 통신 규약이다. 이 프로토콜을 이용해 파일의 송수신을 지원하는 클라이언트 프로그램과 서비스를 지칭하기도 한다.

또, 다른 사용자들을 위해 이 프로토콜을 이용해 파일을 공유시켜 놓은 컴퓨터를 FTP 사이트라고 한다. 물론 이때 상대방의 컴퓨터에는 FTP 서버 프로그램이 실행 중에 있어야 하고 자신에게는 FTP 클라이언트 프로그램이 있어야 한다.

⑤ 텔넷(TELNET) 서비스

원격지에 있는 컴퓨터를 그 컴퓨터가 있는 위치에서 자신이 직접 사용하는 것처럼 하기 위해서는 두 컴퓨터간에 네트워크로 연결되어야 하는데, 이렇게 원격 접속을 하기 위해 필요한 약속을 텔넷이라고 한다. 즉, 텔넷이란 통신 규약을 사용해 인터넷으로 연결된 지역의 원격지 컴퓨터에 손쉽게 접속할 수 있도록 도와주는 인터넷 서비스이다.

⑥ 아키(Archie) 서비스

아키는 사용자가 원하는 파일이 어느 위치에 있는지를 알려 주는 서비스이다.

⑦ 고퍼(Gopher) 서비스

고퍼는 미국의 미네소타 대학에서 처음으로 소개된 인터넷 서비스로 데이터를 색인해 정보를 메뉴 방식으로 검색할 수 있도록 만든 자원 검색 도구이다. 우리가 고퍼 클라이언트(Gopher Client) 프로그램을 이용해 인터넷의 정보를 검색할 경우 고퍼 클라이언트는 고퍼 서버에게 실제 서비스를 요청하는데, 이 고퍼 서버들은 서로 연결되어 있어 직접 연결된 고퍼 서버가 원하는 정보를 가지고 있지 않더라도 다른 서버를 통해 원하는 정보를 얻을 수 있다.

⑧ 유즈넷 뉴스(Usenet News) 서비스

게시판 기능으로서 관심 분야별로 뉴스 그룹으로 구성해 관련 정보를 분석 조회할 수 있는 서비스이다.

⑨ 메일링 리스트

인터넷 전자 우편으로 운영되는 토론실 혹은 토론 그룹이라고 말할 수 있다. 예를 들어 영화에 관심이 있는 사용자들이 모여 자신들의 인터넷 전자 우편 주소를 모아 놓고 이를 이용해 다양한 정보를 교환하고 토론도 하는 것이다.

⑩ IRC(Internet Relay Chat)

인터넷에서의 채팅을 말하며 하이텔, 천리안 등의 대화방(채팅룸)과 같은 기능을 제공한다.

3. 인터넷 주소 체계

1) 계정 (Account)

여러 사람이 하나의 컴퓨터를 공유해 사용하는 다중 사용자 시스템 (Multi-user System)에서 사용자를 구별하고 이용 권한 부여를 목적으로 한다.
· 사용자 번호와 비밀 번호를 통칭해 부른다.
· Account, ID, Login Name, User ID 등으로도 불린다.

※ 패스워드 관리 방법
· 이용자 계정(USER ID)을 그대로 패스워드에 사용하지 말라.
· 이용자 전체 이름을 패스워드로 사용하지 말라.
· 이용자 개인 관련 정보를 패스워드로 사용하지 말라.
· 동일 숫자 또는 문자로 반복한 패스워드를 사용하지 말라.
· 6글자 이하, 또는 영어 단어를 패스워드로 사용하지 말라.
· 이전에 사용했던 것과 동일한 패스워드를 사용하지 말라.
· 주기적으로 패스워드를 변경하도록 하라.
· 장시간 사용치 않거나 퇴직시에는 계정 사용 중지를 요청하라.

2) IP 주소

인터넷에 연결된 컴퓨터를 연결하기 위해 소유의 숫자로 표현된 주소이다.

① IP 주소 체계

· 인터넷 주소는 인터넷에서 사용되는 컴퓨터의 주소를 말한다.

· 인터넷에는 수많은 컴퓨터들이 연결되어 있다.

· 해당되는 컴퓨터를 인터넷에서 찾아야 하는데 이때 필요한 것이 (각 컴퓨터에 할당된 주소인) IP 주소이다.

② IP 주소 구조

· Class A : IP 주소 1. 0. 0. 0 ~ 127. 0. 0. 0

최소 첫 단위인 IP만 받게 되며 256×256×256개의 IP를 자유로이 할당할 수 있다.

· Class B : IP 주소 128. 0. 0. 0 ~ 191. 255. 0. 0

최소 2단위인 IP가 고정되어 할당되며 256×256개의 IP를 자유로이 할당할 수 있다.

· Class C : IP주소 192. 0. 0. 0 ~ 223. 255. 255. 0

최소 3단위인 IP가 고정되어 할당되며 해당 네트워크는 256개의 IP를 자유로이 할당할 수 있다.

3) 도메인 이름 (Domain Name)

숫자로 된 IP 주소를 외우기 힘들기 때문에 '도메인 이름' 이라고 불리는 영어 단어로 된 이름을 별도로 가진다. 결국 IP 주소와 도메인 이름은 같은 것이다.

표 12 〈 **도메인 이름 구성 ①** 〉

internet	ccpak	or	kr
컴퓨터 이름	회사 이름	기관 성격	국가 코드

아래 표와 같이 도메인 이름은 계층적으로 구성되어 있으며 오른쪽으로 갈수록 범위가 커진다.

표 13 〈 **도메인 이름 구성 ②** 〉

구분	미국	우리나라
기업체	com	do.kr
교육 기관	edu	ac.kr
정부 부처	gov	kr
군사 기관	mil	go.kr
공공 기관	org	or.kr
인터넷 관련 기관	net	net

4) DNS(Domain Name System)

도메인을 IP 주소로 바꾸어 주거나 또는 그 반대의 작업을 처리해 주는 시스템이다. 즉, IP 주소와 도메인 이름을 상호 변환시키는 일을 한다.

· DNS는 자신의 도메인에 속한 IP 주소 도메인 이름을 모두 보유하고 있다.

· 클라이언트가 어떤 IP 주소에 해당하는 도메인 이름을 요청하거나 또는 그 반대의 작업을 요청하면 작업한 결과를 클라이언트에게 알려준다.

· DNS는 자신의 도메인에서만 작업을 처리한다.

· DNS가 알지 못하는 도메인 이름을 클라이언트가 요청할 때는 자신의 상위 계층에 위치한 DNS에게 다시 요청한다.

· 최종 루트 서버(Root Server)는 도메인에 대한 모든 책임을 진다.

4. WWW 개요

1) WWW의 개념

WWW(World Wide Web)은 인터넷의 많은 서비스들 중에서 가장 최근에 개발된 멀티미디어 서비스다. 이 서비스는 주로 문자를 기반으로 전송하던 기존의 인터넷 서비스들과는 달리 사진과 그래픽, 심지어는 음성과 동영상을 하이퍼텍스트라는 편리한 방법으로 전송하고 검색할 수 있게 해준다.

2) WWW의 특징

① 하이퍼텍스트라는 기술을 사용해 문자뿐만 아니라 그림·음성·비디오 등의 자료를 전송할 수 있다는 점이다.

② 웹은 하이퍼링크(hyperlink)라는 기술을 사용해 전 세계의 컴퓨터를 거미줄처럼 연결하고 있다. 그래서 임의의 웹에 접속만 하면 전 세계 웹 서비스의 바다 속으로 쉽게 들어갈 수가 있다.

③ 기존의 인터넷 서비스들인 아키·FTP·고퍼·유즈넷 등을 그대로 지원한다. 즉 특정 서비스를 선택해 이용할 필요 없이 알아서 자동으로 판단해 관리해 준다는 것이다.

특히 고퍼와 같은 자료검색 도구가 계층적 트리 구조인데 반해 웹은 연결 선형 구조, 즉 관련된 자료 레코드를 서로 거미줄처럼 연결시켜 놓은 형태의 멀티 미디어 제공이 가능한 정보 형태를 말한다.

3) WWW 관련 기본 용어

① 하이퍼텍스트

하이퍼링크로 서로 연결된문서를 말한다. 웹에서 사용되는 하이퍼텍스트는 HTML 형식으로 만들어진다. 하이퍼(Hyper)의 어원은 Huper라는 그리스어로서 그 의미는 'over', 'above', 'exceeding' 또는 'excessive'의 뜻이다.

즉, 하이퍼텍스트 문서는 그 문서 자체 이외에도 문서가 더 있다는 뜻이다. 본 문서 이외에 더 있는 문서들은 고리(링크)로써 연결되어 있어 고리만 따라가면 관련 문서를 더 볼 수 있다.

② HTML(Hyper Text Markup Language)

웹에서 사용하는 하이퍼텍스트를 작성하는 언어이다. 하이퍼텍스트는 여러 가지 태그(TAG)로써 문단 형식·표·글자 크기 등을 기술하는 MARK-UP 언어이다.

③ 하이퍼링크

하이퍼텍스트 내에서 다른 문서를 가리키는 지시자 역할을 한다. 브라우저로 보면 보통 밑줄이 그어져 있거나 눈에 띄는 색으로 되어 있다. 단어나 문장 또는 그림 등이 링크가 될 수 있다. 링크를 마우스로 클릭하면 연결되어 있는 문서를 보여준다.

④ HTTP(Hyper Text Transfer Protocol)

웹 서버와 클라이언트(브라우저) 간에 통신할 때 사용하는 프로토콜이다. 하이퍼텍스트 형식으로 된 문서를 전송하기 적합하도록 설계되었다. 월드 와이드 웹이 개발되면서 새로 나온 프로토콜이다.

여기서 클라이언트란 사용자의 브라우저 프로그램을 말하는 것이고, 서버란 사용자가 보고 싶어하는 문서를 갖고 있어서 클라이언트에게 문서를 보내 주는 시스템을 말한다. 'Hypertext Transfer'의 약자이긴 하지만 HTML 형식의 문서뿐 아니라 일반 문서·음성 정보·화상 데이터 등 모든 형식의 데이터 파일을 전송할 수 있다.

⑤ URL(Uniform Resource Locators)

WWW에서 이용 가능한 문서에 대한 위치(주소)와 그 문서에 접근하는 방법(프로토콜)을 통합해서 기술하는 형식이다. 일관된 방식으로 기존의 여러 가지 인터넷 서비스를 이용할 수 있도록 해준다.

⑥ 브라우저(Browser : Client Program)

WWW가 폭발적인 인기를 끌게 된 주요 이유는 사용하기 편리한 브라우저가 나오면서부터이다. 브라우저란 웹 서버에 접속해 정보를 전송받아서 화면에 보여 주는 프로그램을 말한다. 브라우즈(Browse)의 원래 뜻은 책 따위를 펼쳐 보다는 뜻이다.

즉, 책을 군데군데 펼쳐보는 것을 브라우즈한다고 말한다. 따라서 웹에서도 여러 문서들을 잠깐씩 펼쳐보는 도구라는 의미를 부여해 브라우저(Browser)라고 한 것이다.

대표적인 브라우저로는 모자이크(Mosaic) · 넷스케이프(Netscape) · 링스(Lynx) · 익스플로러(MS-Explorer) 등을 들 수 있다. 1989년 CERN에서 처음 WWW가 개발되었을 때는 크게 인기를 못 끌다가 모자이크가 나오면서 폭발적인 인기를 끌었다. 모자이크는 GUI(Graphic Users Interface)를 제공하는 브라우저로서 사용하기 쉽기 때문이다.

⑦ 홈페이지(Home Page)

홈페이지에서의 페이지란 웹에서 하나의 URL에 대응한다. 다시 말하면 각 페이지마다 URL이 있는 것이다. 따라서 페이지는 브라우저가 한번에 화면에 보여주는 문서를 말한다.

홈페이지는 다음과 같이 두 가지 측면에서 이해할 수 있다.

ⓐ 서버 측면 : 한 기관이나 단체에서 '홈페이지를 만들었다'라고 말할 때는 기관이나 단체가 만든 웹 서버 중에서 얼굴이 되는 페이지,

즉 대표되는 페이지를 말한다. 따라서 서버의 홈페이지는 보통 자기 서버의 여러 문서들에 대한 링크를 포함한다.

ⓑ 클라이언트 측면 : 브라우저를 사용할 때 홈페이지를 설정하는 옵션이다. 이 때 말하는 홈페이지는 클라이언트의 홈페이지로서 브라우저를 실행할 때 처음으로 화면에 보여 주는 페이지를 말한다. 따라서 사용자가 자주 이용하는 페이지를 브라우저에 설정해 놓는다. 사용자가 직접 HTML 문서를 만들어 사용하는 경우도 있다.

5. 인터넷 접속

인터넷을 사용하려면 ISP(Internet Service Provider)를 통해 인터넷에 접속이 가능하다. ISP는 기존 PC 통신 사업자를 포함해 전국에 여러 회사가 있는데 요금과 동시 접속 인원의 차이가 있으므로 인터넷 사용 목적에 따라 선택해야 한다. 요즈음에는 무료 인터넷 접속 서비스도 있으나 속도나 서비스는 미흡한 편이다.

ISP에 가입하면 접속할 수 있는 소프트웨어를 제공받아서 설치하면 된다. 인터넷을 사용하기 위해서는 자신의 컴퓨터에 네트워크 장비가 설치되어야 한다. 접속 장비의 종류에 따라 모뎀을 통한 접속과 랜을 통한 접속이 있다.

가정에서 사용하고 있는 음성 전화를 이용해서 인터넷에 접속하려면 컴퓨터에 모뎀이라는 장치가 있어야 하며, 랜을 통해 접속하려면 랜 카드라는 장치가 컴퓨터에 설치되어 있어야 한다.

전화를 통해 접속하면 전화 요금이 추가되고 랜 카드에 의한 접속은 전용선 요금이 부과된다. 윈도95 사용자가 대부분이므로 PC 환경은 윈도우 95 이상의 펜티엄급 컴퓨터를 기준으로 접속 방법을 설명하기로 한다.

1) 모뎀을 통한 인터넷 접속 방법(전화 접속 네트워킹)

인터넷을 처음 활용하려는 이에게 가장 손쉽고 저렴한 접속 방법은 바로 기존 전화선을 이용한 모뎀 접속 방식이다. 모뎀의 역할은 디지털 방식의 컴퓨터와 아날로그 방식의 전화선 사이에 데이터 전송을 가능케 하는 것이다.

요컨대 컴퓨터와 모뎀, 그리고 이것을 인터넷 서비스 업체와 연결해 주는 전화선만 있다면 어느 곳에서나 인터넷을 즐길 수 있다. 일단 모뎀으로 인터넷 사용에 입문한 후, 자신의 사용 형태와 시간 등에 따라 차차 다른 접속 방식도 고려해 볼 수 있다.

① 모뎀의 종류

모뎀의 종류는 크게 외장형과 내장형으로 나누어진다. 이들이 서로 다른 점은 말 그대로 컴퓨터 속으로 들어가느냐, 아니면 밖에다 두고 사용하느냐 하는 점이다. 즉, 내장형의 경우 컴퓨터 케이스를 열어 메인보드에 있는 슬롯에 끼우는 방식이고, 외장형은 컴퓨터를 분리하지 않고 모뎀과 컴퓨터의 뒷면에 있는 시리얼(serial, 직렬) 포트를 시리얼 케이블로 연결해 사용한다.

물론 외장형이든 내장형이든 일단 설치한 후에는 성능에 큰 차이가 없지만, 이동성이나 가격 면에서 차이가 있으므로, 구입에 앞서 각각의 특징을 잘 고려해야 한다.

표 14 〈 모뎀의 종류 〉

구분	외장형	내장형
설치 방법	시리얼 케이블로 연결 (비교적 간편)	컴퓨터 내부의 슬롯에 직접 설치
전원 스위치	전원 스위치가 있어 언제 든지 켜고 끌 수 있다	컴퓨터 내부의 전원을 사용한다
가격	내장형에 비해 비싸다	외장형에 비해 싸다
장점	많은 장비의 사용으로 내부의 슬롯이 부족할 때 유용하며, 이동할 수 있어 편리하다	일단 제대로 설치되면 외장형에 비해 신경 쓸 게 없다
단점	어댑터를 통한 별도의 전원이 필요	1개의 PCI 또는 ISA 슬롯 사용

② 모뎀 설치하기

최근에 구입한 컴퓨터라면 대부분 내장형 모뎀이 이미 장착되어 있을 것이다. 이런 경우 컴퓨터 뒷면에 있는 연결 포트에 전화선을 꽂으면 바로 사용할 수 있다. 만일 모뎀을 새로 구입했거나 더 나은 성능을 가진 모뎀으로 업그레이드하려고 한다면, 다음과 같은 방법으로 설치하면 된다.

ⓐ 사용 안내서를 꼼꼼히 확인한다.

내장형의 경우 모뎀이 플러그와 플레이(plug and play : 별도의 설치 과정 없이 포트에 꽂기만 하면 사용할 수 있는 방식) 기능을 지원하는지, 아니면 별도로 설정을 해주어야 하는지 미리 안내서를 통해 확인해야 한다.

플러그와 플레이를 지원하지 않는 경우, 사용 안내서에서 제시한 방법을 참고해 모뎀이 사용할 시리얼 포트를 조절해 주어야 한다. 플러그와 플레이 모뎀이더라도 다른 장치와 충돌을 일으킬 경우, 별도로 사용할 시리얼 포트를 정해주는 것이 좋다.

특히 마우스가 시리얼 마우스라면 이미 시리얼 포트를 하나 사용하고 있는 것이므로, 모뎀이 마우스가 사용하는 포트와 같은 포트를 사용하지 않도록 설정해야 한다.

그럼 마우스가 사용하고 있는 통신 포트를 어떻게 알 수 있을까? 매우 간단하다. 다른 하드웨어 환경 설정과 마찬가지로 제어판을 살펴보면 된다.

제어판의 시스템을 실행하면 현재 마우스가 사용하고 있는 포트를 알려줄 뿐만 아니라 현재 사용하는 데 이상은 없는지에 대한 정보를 준다. 사용하고 있는 통신 포트가 어떤 것인지 다음과 같은 방법으로 확인할 수 있다.

바탕화면의 상태 표시줄에서 [시작] → [설정]으로 이동해 [제어판]을 클릭한다. [시스템]에서 [장치 관리자] 탭을 선택하고 마우스 앞의 [+] 기호를 클릭하면 현재 사용하고 있는 마우스 포트가 어떤 것인지 알 수 있다.

ⓑ 모뎀을 설치한다.

외장형의 경우 단지 시리얼 케이블로 컴퓨터 본체와 연결하면 되고, 내장형의 경우에는 컴퓨터를 분리해 모뎀에 맞는 빈 슬롯에 모뎀을 삽입한 후 본체와의 연결 부위를 볼트로 잘 조인다.

ⓒ 전화선을 연결한다.

외장형 모뎀의 경우 모뎀 뒤편에 있는 전화선 포트에, 내장형 모뎀의 경우는 본체의 뒷면에 있는 전화선 포트에 전화선을 연결한다. 전화선 포트는 보통 2개씩 있는데, 'LINE'이라는 글씨가 새겨져 있거나 연결잭 모양이 그려진 부분이 전화선을 연결하는 곳이고, 'PHONE' 혹은 전화기 모양이 그려진 또 하나의 포트가 전화기 연결을 위한 부분이다.

③ 모뎀 드라이버를 설치한다.

하드웨어에 모뎀을 설치했다고 해서 곧바로 통신이나 인터넷을 사용할 수 있는 것은 아니다. 아직 모뎀 드라이버를 설치하는 과정이 남아 있다. 모뎀 드라이버는 어떠한 모뎀이 시스템에 설치되었는지 윈도95나 윈도98에 알려줌으로써 이를 제대로 사용할 수 있는 환경을 마련해 주는 역할을 한다.

플러그 & 플레이 방식의 모뎀은 모뎀을 설치한 후 컴퓨터를 켜면 바로 어떤 모뎀이 설치되어 있는지 윈도95나 윈도98이 알아서 확인하고 드라이버를 설치하기 때문에 비교적 간단하다. 하지만 이외의 경우에는 하드웨어 마법사를 통해 직접 해당 모뎀 드라이버를 찾아 설치해야 한다.

2) 랜을 통한 인터넷 접속 방법

　랜을 통해 인터넷을 사용하는 경우라면 사용하는 시스템에 랜 카드가 설치되어 있어야 한다. 랜 카드가 설치되어 있으면 윈도95는 설치 과정에서 랜 카드를 인식해 기본적으로 필요한 사항을 설치한다.

　윈도95를 모두 설치한 다음에 랜 카드를 시스템에 설치한 경우라면 설정에서 '새로운 하드웨어 찾기'를 통해 랜 카드 설치와 네트워킹에 필요한 기본적인 사항을 설치하면 된다.

　위와 같이 랜 카드와 기본적인 네트워킹 기능이 설치되면 바탕화면에 '네트워크 환경'이라는 아이콘이 표시된다. 네트워킹에 필요한 기본적인 사항만 설치되어 있는 경우에는 곧바로 인터넷을 사용할 수 없으므로 TCP/IP 등을 추가로 설치해 주어야 한다.

　'네트워크 환경' 아이콘을 마우스의 오른쪽 버튼으로 클릭해 '등록정보'를 선택하면 다음과 같은 화면이 나타난다.

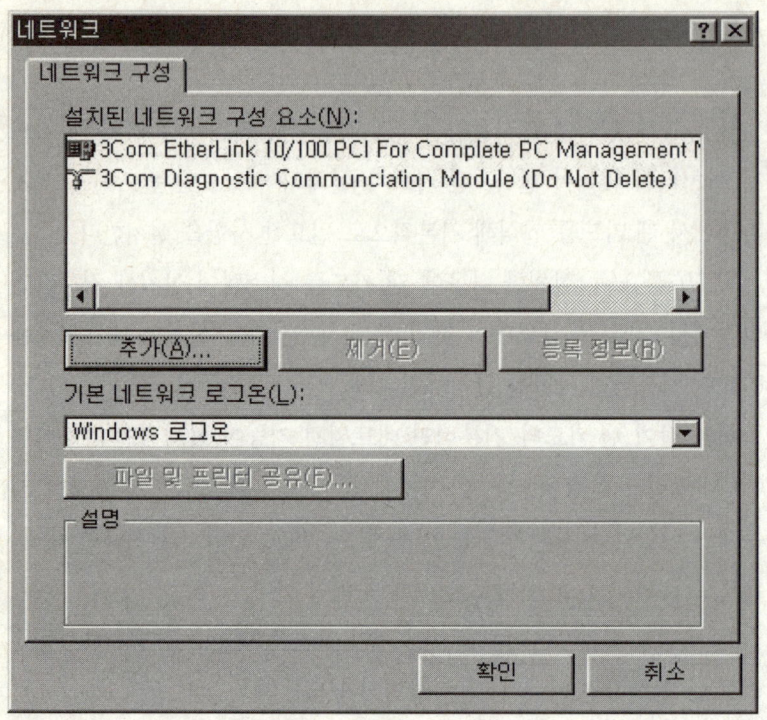

　　처음 설치하는 경우라면 위의 화면과 약간 다르다. 이중에서 관심을
가져야 하는 부분은 프로토콜로 처음 설치한 경우에는 IPX/SPX
Novell 네트워킹에 대한 프로토콜과 NetVEUI 프로토콜이 설치되어 있
을 것이다.

　　'IPX/SPX'는 Novell 네트워킹을 이용하는 경우에 필요한 것이므로
Novell 네트워킹을 사용하지 않는 경우에는 선택해서 삭제해도 무방
하다.

　　인터넷 서비스를 사용하기 위해서는 TCP/IP 프로토콜이 필요한데

아직 TCP/IP 프로토콜이 설치되어 있지 않다. 따라서 TCP/IP 프로토콜을 설치해 주어야 한다. 화면 중에서 '추가'를 선택해 TCP/IP 프로토콜을 설치한다.

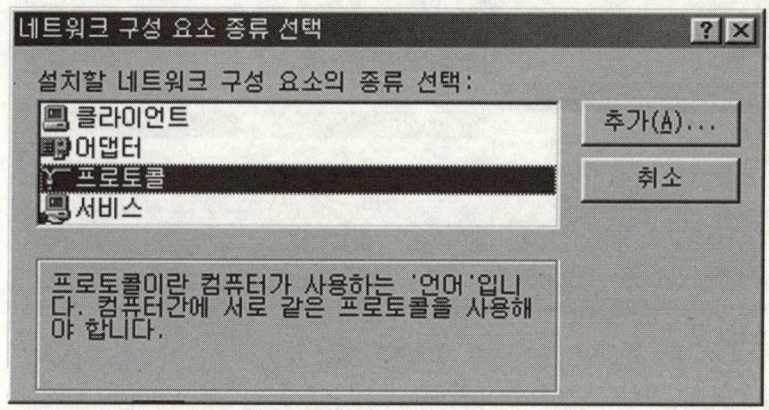

'추가'를 선택하면 위와 같은 화면이 나타나는데 '클라이언트'는 마이크로소프트 네트워크를 사용하는 경우와 Novell 네트워크를 사용하는 경우에 필요한 클라이언트를 설치하는 것이고, '어댑터'는 설치된 랜 카드에 관한 사항이다.

그리고 '서비스'는 파일 및 프린터의 공유에 관한 사항이다. TCP/IP 프로토콜을 설치하기 위해 '프로토콜'을 선택하고 '추가'를 클릭한다.

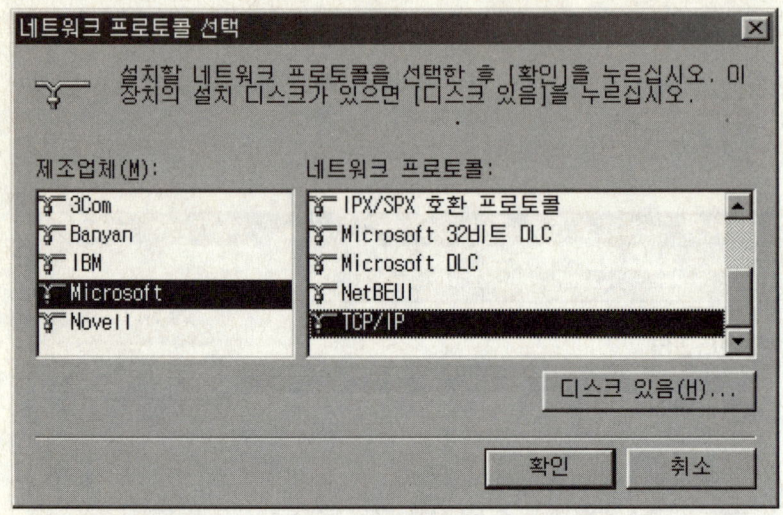

그러면 위와 같은 화면이 표시되는데, 그 중에서 Microsoft를 선택하고 TCP/IP를 선택해 '확인'을 클릭한다. 그러면 윈도 CD를 넣으라는 메시지가 표시되는데, 이때 디스켓이나 CD를 넣으면 TCP/IP 프로토콜이 설치된다.

인터넷 서비스를 사용하기 위해 TCP/IP에 관련된 DNS, IP 주소 등을 추가로 설정해 주어야 한다.

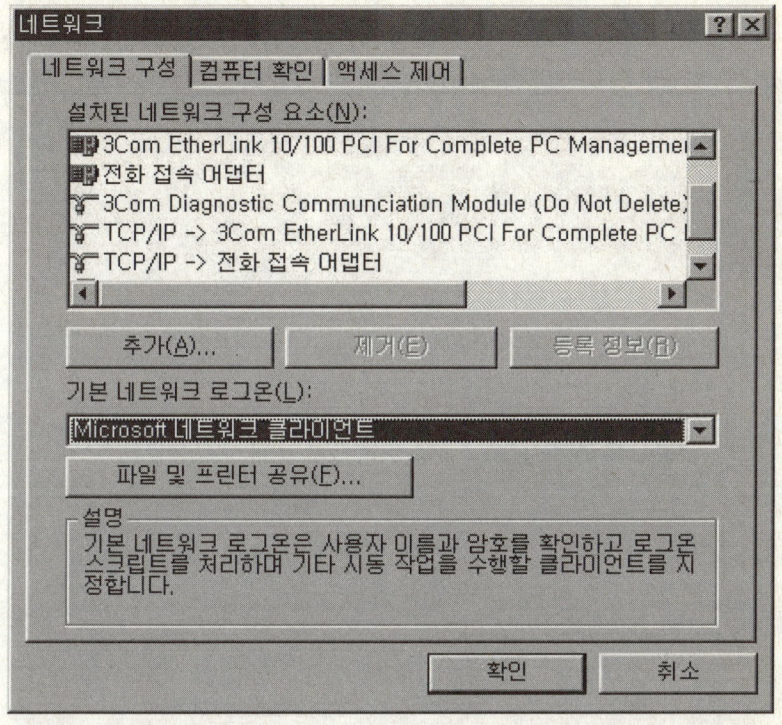

위 화면상에서 TCP/IP를 선택하고 '등록 정보' 를 선택하면 다음과
같은 화면을 볼 수 있다.

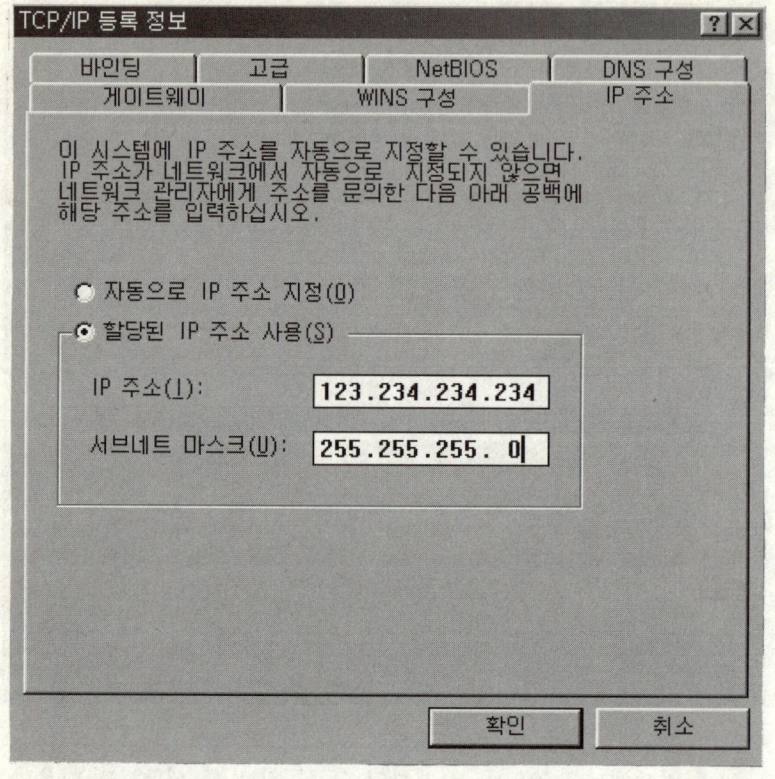

위 화면을 통해 TCP/IP에 관련된 모든 사항을 설정할 수 있다. 먼저 IP 주소는 랜으로 인터넷에 연결되어 사용하는 경우이므로 '할당된 IP 주소 사용'을 선택하고 자신의 시스템에 할당된 IP 주소를 입력한다. 서브네트 마스크는 사용하는 랜 시스템에 관련된 사항이므로 랜 관리자에게 문의해 알아보면 된다.

WINS는 마이크로 소프트 네트워크에서 지원하는 기능으로 대부분 사용하지 않으므로 '사용하지 않음'을 선택하면 된다.

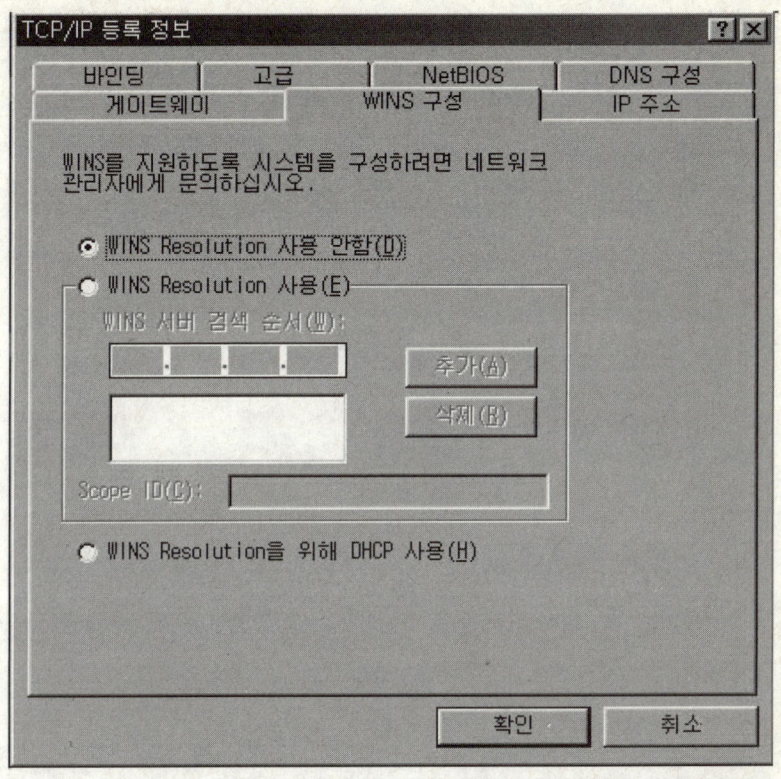

게이트웨이는 사용하는 랜에서 외부의 인터넷으로 데이터가 나가거
나 들어오는 통로로 라우터나 게이트웨이의 IP 주소값을 설정해 주어
야 하는 부분이다. '새 게이트웨이'에 사용하는 랜의 라우터나 게이트
웨이의 IP 주소를 네트워크 관리자에게 문의해 기록하고 추가해 주면
된다.

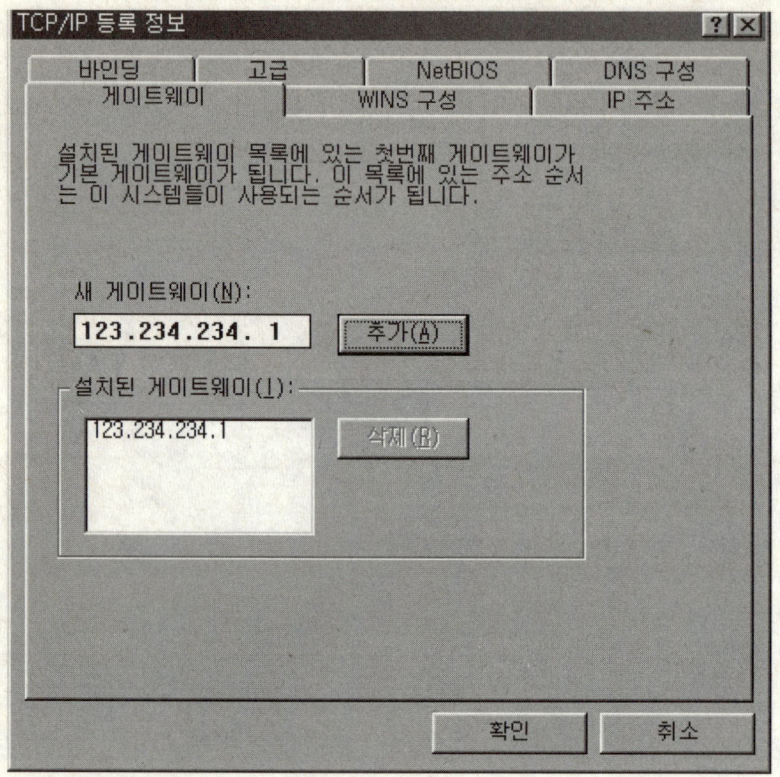

    DNS 구성은 중요한 부분으로 정확히 기록해 주어야 한다. DNS는 호스트 이름과 IP 주소를 서로 변환해 주는 시스템으로 대부분의 랜에는 하나의 DNS 서버가 운영된다.

    이때 'DNS 사용'을 선택하고 자신의 시스템 호스트 이름과 사용하는 랜의 도메인 이름을 기록한다. '찾을 DNS 서버 주소'는 서버의 IP 주소를 기록하는 부분으로 DNS 서버의 IP 주소를 네트워크 관리자에게 문의해 추가해 주면 된다.

여기서 찾을 도메인 주소는 사용하는 도메인 이름을 추가해 주면 된다. 바인딩과 고급은 기본값을 그대로 사용하면 되는데 TCP/IP에 관한 사항을 모두 기록했다면 시스템을 다시 부팅해서 인터넷을 사용하면 된다.

에필로그

에필로그

이 글을 쓰려고 생각한 때가 올해 봄이었으니 상당한 시간이 흘렀다. 나름대로 글의 완성도를 높이기 위해 노력했으나, 이 정도에서 맺기로 한다. 워낙에 주제가 필자의 능력에 비해 어려운데다, 드러나지 않은 길이 아직도 많아 등불 하나 들고 열심히 찾아가는 중이기 때문이다.

분명한 것은 인터넷 사업이 해볼 만한 가치가 있다는 것이다. 고객의 행태에 아주 익숙해야 하고, 컨텐츠를 모으고 이를 상거래와 연결시키는 복합 사업이기 때문이다.

그런데도 이 사업을 통해 직원들이 얻는 교육적 효과는 엄청나다. 그들은 늘 고객과 대화해야 하고, 아주 쉽게 떠나가는 고객을 무력하게 쳐다보아야 한다. 고객이 원하는 것을 전시하고 이를 실상품과 맞추어 주어야 한다.

또 하나 분명한 것은 진부한 얘기이지만 인터넷 사업으로 이익을 내기가 무척 어렵다는 것이다. 전자 상거래나 광고로 이익을 내는 것이 아주 좁은 길이라는 것은 이미 우리 모두가 알고 있는 사실이다.

그러나 길이 아주 없는 것은 아니다. 문제는 인터넷 사업에 필수적으로 소요되는 컨텐츠 자체의 수익 모델에서 답을 얻어야 한다는 점이다.

왜 고객들은 무선 데이터나 자동응답(ARS)을 사용할 때는 돈을 내고 인터넷 컨텐츠 사용시에는 돈을 내려 하지 않을까?

불편하기 때문이다. 컨텐츠가 많아질수록 내비게이션(Navigation)이 힘들어지고, 찾는 데 너무 많은 노력과 시간이 들어가기 때문이다.

무선 데이터나 ARS는 여러 단계 거치지 않아도 원하는 정보를 제공하지만, 인터넷은 '정보의 바다'이므로 그만큼 항해가 어렵기 때문이다.

고객이 원하는 정보를 버튼 하나 눌러서 찾아올 수 있게 한다면, '정보의 바다'는 진정한 자기 빛을 발산할 것이다.

이 책을 이만큼이라도 정돈하기까지 도와주신 우리 고객사업개발본부 직원들께 감사드리고, 묻혀버릴 수도 있었던 프로젝트를 이렇게 할 수 있게 해주신 분께 존경을 드린다.

또한 거의 하숙생 같은 행태를 보이는 필자를 지금껏 사랑해 주는 아내와 인석, 진아에게 이 글을 드린다.

2000년 깊은 가을에

정만원을 읽으면 e · business가 보인다

지은이 · 정만원
초판1쇄 인쇄 2000년 11월 18일
초판1쇄 발행 2000년 12월 1일

펴낸이 · 한순
영업 · 이희섭 박신용
편집 · 임상택
펴낸곳 · 나무생각
출판등록 · 1998년 4월 14일 제 13-529호
주소 · 서울특별시 마포구 서교동 328-13 송암빌딩 3층
전화 · (대) 334-3339, (편) 334-3308
팩스 · 334-3318
E-mail · namu3339@hitel.net
값은 뒤표지에 있습니다.
ISBN 89-88344-22-7   03320
잘못된 책은 바꾸어 드립니다.